AF597627

Dirk Mathias Dalberg

*Der „Versuch, in der Wahrheit zu leben“:*

# Václav Havels Politikbegriff und politische Strategie in den Jahren 1969 bis 1989

Über herkömmliche, technische, nicht- und antipolitische Politik

Dirk Mathias Dalberg

*Der „Versuch, in der Wahrheit zu leben“:*

# Václav Havels Politikbegriff und politische Strategie in den Jahren 1969 bis 1989

Über herkömmliche, technische, nicht- und antipolitische Politik

*ibidem*-Verlag
Stuttgart

**Bibliografische Information der Deutschen Nationalbibliothek**
Die Deutsche Nationalbibliothek verzeichnet diese Publikation in der Deutschen Nationalbibliografie; detaillierte bibliografische Daten sind im Internet über http://dnb.d-nb.de abrufbar.

**Bibliographic information published by the Deutsche Nationalbibliothek**
Die Deutsche Nationalbibliothek lists this publication in the Deutsche Nationalbibliografie; detailed bibliographic data are available in the Internet at http://dnb.d-nb.de.

Coverabbildung: Václav Havel
Quelle: //commons.wikimedia.org/wiki/File:V%C3%A1clav_Havel_foto_HPrykiel_DD_nr_38(105)_22-24_II_1991.jpg.
Foto: Henryk Prykiel, lizenziert unter der Creative-Commons-Lizenz
(s. //creativecommons.org/licenses/by-sa/3.0/deed.en)

Die vorliegende Studie entstand mit finanzieller Unterstützung der Akademie der Wissenschaften der Tschechischen Republik (AV ČR) im Rahmen des Programms für auswärtige Bohemisten im Jahre 2012.

∞

Gedruckt auf alterungsbeständigem, säurefreien Papier
Printed on acid-free paper

ISBN-13: 978-3-8382-0473-4

© *ibidem*-Verlag
Stuttgart 2014

Alle Rechte vorbehalten

Das Werk einschließlich aller seiner Teile ist urheberrechtlich geschützt. Jede Verwertung außerhalb der engen Grenzen des Urheberrechtsgesetzes ist ohne Zustimmung des Verlages unzulässig und strafbar. Dies gilt insbesondere für Vervielfältigungen, Übersetzungen, Mikroverfilmungen und elektronische Speicherformen sowie die Einspeicherung und Verarbeitung in elektronischen Systemen.

All rights reserved. No part of this publication may be reproduced, stored in or introduced into a retrieval system, or transmitted, in any form, or by any means (electronical, mechanical, photocopying, recording or otherwise) without the prior written permission of the publisher. Any person who does any unauthorized act in relation to this publication may be liable to criminal prosecution and civil claims for damages.

Printed in Germany

INHALTSVERZEICHNIS

# EINLEITUNG

Obgleich in den letzten Jahren etwas an Bedeutung verlierend, gehören zwei mit Václav Havel verbundene (paradox anmutende) Ideen zum Mainstream des tschechischen politischen Denkens: die nichtpolitische und die antipolitische Politik. Interessanterweise sprach der Dramatiker und ehemalige Präsident der Tschechoslowakei sowie Tschechiens selbst *nicht* von nichtpolitischer Politik. Er verwendete stattdessen Begriffe wie „potentielle Politik" (Havel 1978a: 11-41/85), „krypto-politisch" und „Halb-Politik" (Havel 1985b: 165f.). Es waren die Interpreten Havels, die dessen „Versuch, in der Wahrheit zu leben" (Havel 1978a) als nichtpolitische Politik bezeichneten (z.B. Sviták 1984: 121; Komárek 1990; Vašíček 1990; Havelka 1998, Otáhal 1998; Mandler 2004: 55ff.; Rezek 1991; Fidelius 1992; Tucker et al. 2000).[1] Havel sprach hingegen von einer „antipolitischen Politik" (Havel 1984a: 4-110/57). Dies nach eigenen Aussagen indes nur zwei Mal und zudem in Anführungszeichen (vgl. Havel 1994: 1, zit. Havelka 1998: 462). Es würde jedoch zu kurz greifen, Havels Verständnis von der Politik auf Formulierungen wie nicht- und „antipolitische" Politik zu begrenzen bzw. zu reduzieren. Er sprach ebenso von „herkömmlicher", „normaler" bzw. „traditioneller" sowie technischer Politik (Havel 1978a: 11-38/82, 16-59/102, 20-83/125; Havel 1985b: 165; Havel 1984a: 2-93ff./47ff.). Diese sind für das Verständnis der nicht- und „antipolitischen" Politik indes bedeutsam, stellen sie doch deren Ausgangspunkte dar.

Obgleich der als nichtpolitische Politik interpretierte „Versuch, in der Wahrheit zu leben" und die „antipolitische Politik" miteinander verbunden sind und aufeinander aufbauen, sollten sie nicht, wie es oft geschieht, synonym gebraucht werden (z.B. Komárek 1990; Vašíček 1990; Pinc 1990; Otáhal 1998; Keane 2000: 307; Auer 2004: 34; Suk 2008: 28).

---

[1] Diese Auslegung gründet sich auf die in der Zeit von 1890 bis 1940 im tschechischen politischen Denken populäre Vorstellung von der nichtpolitischen Politik (vgl. Kapitel IV 2; Dalberg 2013). Im Folgenden wird vorrangig die Formulierung nichtpolitische Politik verwendet. Diese lässt sich bei Havel jedoch nur in seiner Schrift „Letní přemítání", also nach 1989, nachweisen, wo er sie direkt mit der Idee des „Lebens in Wahrheit" verband. In der deutschen Ausgabe wird der Ausdruck „nepolitická politika" (nichtpolitische Politik) als „antipolitische Politik" (Havel 1991: 135/101) übersetzt.

Havels „Versuch in der Wahrheit zu leben", d. h. die nichtpolitische bzw. kryptopolitische oder Halb-Politik, ist untrennbar mit dem Kampf um die Menschenrechte im realexistierenden Sozialismus in den Siebziger- und Achtzigerjahren des 20. Jahrhunderts verbunden. Er stellt eine konkrete *Strategie* dar, sich mit dem kommunistischen Normalisierungsregime in der Tschechoslowakei nach dem niedergeschlagenen Prager Frühling von 1968 auseinanderzusetzen und dieses herauszufordern. Zugleich hat er spezifische gesellschaftliche Folgen, die es erlauben, ihn als nichtpolitische *Politik* zu bezeichnen. Als solche gedeutet dreht sich dieser „Versuch" um die Frage, was alles Politik ist, und zwar in einer Situation, in der die herkömmliche Politik sozusagen verschwunden war. Die „antipolitische Politik" fragt hingegen nach den Interpretationen und Normen, an denen die Legitimität politischen Handelns bemessen wird sowie nach den gespeicherten Vorstellungen von einem guten politischen Design (vgl. Rohe 1994: 1, 3, 7, 14f.). Es geht um die Frage, wie Politik sein bzw. nicht sein soll. Sie ist eine Kritik am (technischen) Politikverständnis des kommunistischen Regimes in der Tschechoslowakei im Besonderen und der modernen Zivilisation im Allgemeinen. Während die „antipolitische Politik" ein Ziel ist, beschreibt der „Versuch, in der Wahrheit zu leben" einen Weg zu dieser.

Als Strategie und Politikvorstellung sind die beiden Ideen Havels Antwort auf die Herausforderungen der Siebziger- und Achtzigerjahre des 20. Jahrhunderts in der Tschechoslowakei. Sie sind deshalb nur dann angemessen nachvollzieh- und interpretierbar, wenn sie in ihrem Entstehungs- und Wirkungszusammenhang untersucht werden. Der Dialektik von Begriff und Rahmenbedingungen entsprechend besteht die Notwendigkeit, die spezifischen soziologischen, kulturellen, philosophischen und politikwissenschaftlichen Zusammenhänge der Zeit zu erörtern (vgl. Havelka 1998: 455). Erforderlich ist die Herstellung eines Zusammenhangs zwischen den geistigen Vorgängen der Formulierung und Propagierung des „Lebens in Wahrheit" und der „antipolitischen Politik" sowie den konkreten historischen Entwicklungen (vgl. Göhler 1990: 9). Ein erstes Ziel der Untersuchung, die sich um eine *Reinterpretation* von Havels Ideen bemüht, besteht deshalb im Aufzeigen der geschichtlich entstandenen Gesellschaftsformation, in der sich dessen Ideen vom „Leben in Wahrheit" und der „antipolitischen Politik" entwickelten. Wie war das gesellschaftliche Klima, die zeitgenössische Problemlage, die zur Formulierung dieser Strategie und normativen Politikvorstellung führten? In diesem Kontext besteht das zweite Ziel im Aufzeigen der

Interpretation des gesellschaftlichen Klimas und der zeitgenössischen Problemlage durch Havel selbst. Mit welchen Begriffen beschrieb er die damalige tschechoslowakische Gesellschaft? Welche Bedeutung haben diese und wie sind sie miteinander verbunden? Drittens geht es um das Aufspüren der auf Havel einwirkenden ideengeschichtlichen Einflüsse. Wer beeinflusste ihn bei seiner Gesellschaftsanalyse? Was sind die Vorläufer und Stammbäume des „Lebens in Wahrheit" und der „antipolitischen Politik"? Ziel ist die in der bisherigen Forschung zu kurz gekommene Einordnung Havels Denken in den weiteren Kontext des (tschechischen) politischen Denkens im 19. und 20. Jahrhundert.[2] Das nächste Ziel ist das Enthüllen der Kernpunkte und Inhalte des „Lebens in Wahrheit", der antipolitischen, der herkömmlichen und technischen Politik. Was ist das Politische am „Versuch, in der Wahrheit zu leben"? Welches Politikverständnis liegt diesem als Halb-Politik bzw. als krypto- oder nichtpolitische Politik interpretierten Versuch und der „antipolitischen Politik" zu Grunde? In welchem Verhältnis stehen sie zur herkömmlichen und zur technischen Politik? Handelt es sich um Qualitäts-, Richtungs- oder Kategoriebegriffe? Hierbei stellt sich die Frage nach den Funktionen beider Ideen. Ansatzweise wird die Rezeption Havels Ideen in den Siebziger- und Achtzigerjahren untersucht.[3]

Auf Grundlage dieser Erkenntnisziele ist die Studie in vier Hauptteile untergliedert. Zunächst wird der allgemeine historische Rahmen, in dem sich Havels Ideen entwickelten, skizziert und seine Biografie vorgestellt. Der zweite Teil zeigt Havels Interpretation des Zustands der tschechoslowakischen Gesellschaft im Besonderen und der westlichen Zivilisation im Allgemeinen auf und verweist auf philosophische Einflüsse, denen er bei seinen Analysen ausgesetzt war. Zu-

[2] Ausnahmen sind die Beiträge Tuckers ([1997] und Tucker et al. [2000]). Die Einflusssuche gestaltet sich bei Havel kompliziert, da sich in seinen Schriften zwar Namen, aber selten konkrete Werke finden. Die auf ihn wirkenden Einflüsse sind zumeist durch den Philosophen Jan Patočka vermittelt, der Havel mit verschiedenen Denkern bekannt machte (vgl. Havel 1977a).

[3] Eine sich über mehrere Jahre ziehende Diskussion zum Thema antipolitische Politik bzw. nichtpolitisches Wirken begann Ende der Siebzigerjahre im Rahmen der Charta 77 (vgl. Prečan 1990). Nach der samtenen Revolution vom November 1989 erfreute sich das Thema eines starken Interesses, wenn auch nur aus journalistischer bzw. politisch doktrinärer Sicht. Inhalt der zwischen 1990 und 1992 in den Wochenzeitungen „Přítomnost", „Tvář" und „Literarní noviny" stattfindenden Debatte war der Sinn antipolitischer Politik und nichtpolitischen Wirkens in der neuen gesellschaftlichen Situation (vgl. Havelka 1998: 454). Eine Diskussion über die theoretischen und historischen Aspekte der „nichtpolitischen Politik" fand Ende der Neunzigerjahre in der Soziologischen Zeitschrift statt (vgl. Otáhal 1998; Havelka 1998).

dem analysiert er die von Havel verwendeten Kernbegriffe. Der anschließende dritte Teil beschäftigt sich mit dem „Versuch, in der Wahrheit zu leben", mit auf Havel einwirkenden Einflüssen sowie mit konkreten Beispielen der Umsetzung dieses Versuchs, wie bspw. der parallelen Polis und der Charta 77. Hierauf folgt eine knappe Darstellung der Wahrnehmung Havels „Versuch, in der Wahrheit zu leben" im tschechischen Dissens sowie die Folgen dieses Versuchs. Der abschließende vierte Hauptteil analysiert auf theoretischer Ebene den „Versuch, in der Wahrheit zu leben" und die „antipolitische Politik". Beide Ideen werden hierbei in die weitere Tradition des tschechischen politischen Denkens im 19. und 20. Jahrhundert eingeordnet. Ziel ist es, aufzuzeigen, dass die von Havel formulierten Gedanken eine längere Geschichte haben als der tschechische Dissens (vgl. Havelka 1998: 455). Abgeschlossen wird dieser Teil mit der Einordnung seiner Grundgedanken in den Kontext des politischen Denkens des ostmitteleuropäischen Dissens' der Siebziger- und Achtzigerjahre. Herangezogen werden der Pole *Adam Michnik* und der Ungar *György Konrád*. Die neben Havel führenden Dissidenten Ostmitteleuropas formulierten unter analogen Rahmenbedingungen ähnliche Ideen wie dieser.

Die Untersuchung zu Václav Havels Politikverständnis umfasst den Zeitraum von 1969 bis 1989. Das Jahr 1969 wird als Ausgangspunkt gesetzt, weil sich Havels Ideen ab diesem Jahr nachweisen lassen. Das Jahr 1989 stellt den Endpunkt dar, da beide Vorstellungen im Gefolge der „samtenen Revolution" vom 17. November 1989 und der auf diese folgenden neuen gesellschaftlichen und politischen Situation recht schnell verworfen wurden (vgl. Havelka 1998: 465).

Um die Zeitfolge der Primärliteratur in Erinnerung zu rufen, sind Quellenzitate nach dem ursprünglichen Veröffentlichungsjahr wiedergegeben, nicht nach der genutzten Auflage des Werkes, worauf sich jedoch die Seitenzahlen beziehen. Die verwendete Auflage ist im Quellenverzeichnis angegeben. Aufsätze werden selbstständig zitiert, auch dann, wenn das Zitat nicht aus der Erstveröffentlichung, sondern aus Sammlungen stammt. Existieren von relevanten Quellentexten deutsche und tschechische Auflagen, werden nach Möglichkeit zunächst die Seiten der deutschen und dann die Seiten der tschechischen Ausgabe angegeben. Da von manchen Schriften mehrere Auflagen erschienen sind, wird zur besseren Orientierung zunächst der Abschnitt angeführt und dann, durch Bindestrich getrennt, die Seitenzahlen. Hervorhebungen sind, wenn nicht anders angemerkt, von mir selbst vorgenommen.

# I PROLOG: HISTORISCHER RAHMEN UND KURZBIOGRAFIE

## 1. Die Tschechoslowakei

Infolge des 2. Weltkrieges wurde die am 28. Oktober 1918 im Ergebnis des 1. Weltkrieges gegründete Tschechoslowakei zum Grenzland des in zwei Blöcke geteilten Europas, konkret des Ostblocks. Im tschechischen Fall ging diese Entwicklung mit einer Krise der Beziehung zum Westen einher (vgl. Křen 1992: 82). Die bis dahin verbreitete nationale Vorstellung, in einem Meer von Diktaturen die letzte Insel der Demokratie und dadurch ein Teil des Westens zu sein, erlitt durch das als Verrat des Westens empfundene Münchner Abkommen vom 30. September 1938 einen schweren Schaden (vgl. Winkler 1998: 316f.; Kárník 2008: 387; Pernes 2013: 196).[4] Aus diesem Grunde waren in den ersten Jahren nach dem Krieg viele Tschechen von der kommunistischen Propaganda begeistert. Allerdings hatten linke Strömungen in der tschechischen Gesellschaft eine lange Tradition, was sich positiv auf dieses Gefühl auswirkte. Seit der zweiten Hälfte des 19. Jahrhunderts fand der Marxismus unter den Arbeitern großen Zulauf, und nach 1918 erzielte die im Mai 1921 gegründete Kommunistische Partei bei allen Wahlen zum tschechoslowakischen Parlament beachtliche Ergebnisse (vgl. Korbel 1977: 251; Pernes 2013: 191; URL 1). In der Weltwirtschaftskrise am Ende der Zwanziger- und zu Beginn der Dreißigerjahre präsentierte sich die Partei als „Kämpferin für die Rechte der Arbeiterklasse". Ab 1938 stellte sie sich entschieden auf die Seite der politischen Kräfte, die die Demokratie in der Tschechoslowakei auch ohne westliche Hilfe verteidigen wollten und lehnte konsequent das Münchner Abkommen ab. Während des 2. Weltkrieges wurde die Kommunistische Partei „endgültig zu einer für die Mehrheit der Gesellschaft akzeptablen politischen Kraft". Immer mehr Tschechen und Slowaken schenkten ihren „patriotischen Proklamationen" Glauben (Pernes 2013: 192f.; vgl. Mandler 2004: 14ff.; 106f.). Es ist deshalb wenig überraschend, dass die Rote Armee der kommunistischen Sowjetunion im Frühjahr 1945 von der tschecho-

[4] Die Tschechoslowakei war von 1918 bis 1938 einer der stabilsten demokratischen Staaten Europas. Bis zum Münchner Abkommen waren die Fundamente ihres politischen Systems nie ernsthaft bedroht. In München verlor sie ihre vorrangig von Deutschen bewohnten Randgebiete mit ihren starken militärischen Grenzbefestigungen und wichtigen Rohstoffquellen (vgl. Kárník 2008: 381ff.; Rataj 1997: 12).

slowakischen Bevölkerung nicht als Besatzerin, sondern als Befreierin gefeiert und das sowjetische Slawentum als eine Form der Demokratie und Humanität betrachtet wurde (vgl. Pecka 2000: 70). Verbunden war dieser Zustand mit einer Idealisierung des sowjetischen Staatsmodells. Die Sowjetunion galt als Staat, der sich von der blutigen Diktatur der Dreißigerjahre entfernt hatte (vgl. Pernes 2013: 193). Im Verständnis des überwiegenden Teils der tschechoslowakischen Bevölkerung war Moskau ein Partner des Westens. Entsprechend fasste sie das Bündnis mit der UdSSR nicht als ein gegen die westlichen Mächte gerichtetes auf.[5] Der die Alleinherrschaft der Kommunistischen Partei in der Tschechoslowakei einleitende Umsturz vom 25. Februar 1948 war danach nicht nur von außen diktiert. Er wurde auch von innen mitgetragen (vgl. Pecka 2000: 69f.; Křen 1992: 83f.; Falk 2003: 59f.; Pernes 2013: 196ff.; Kaplan 1990, 1997).[6]

Die propagierten Vorzüge des sowjetischen Musters konnten im täglichen Vergleich mit der Realität jedoch nicht bestehen (vgl. Křen 1992: 84; Pecka 2000: 72). So geriet die Tschechoslowakei zu Beginn der Fünfzigerjahre in eine wirtschaftliche Krise, die sich negativ auf die materielle Lage der Bevölkerung auswirkte. Dies wiederum führte zu „wachsender Unzufriedenheit und zur Entfremdung jener Gruppen von der Partei, die sie und ihre Politik bis dahin rückhaltlos unterstützt hatten" (Pernes 2013: 202). Des Weiteren zerstörten Schauprozesse gegen führende Parteifunktionäre das öffentliche Vertrauen in die Kommunistische Partei der Tschechoslowakei (KSČ)[7] (vgl. ebd.). Der Tod Stalins am 5. März 1953[8] sowie die damit verbundene Einsetzung einer neuen Führung in der Sowjetunion führten in der Tschechoslowakei wie in den anderen

[5] In den ersten Nachkriegsjahren hatte ebenso der alte tschechische Traum, eine Brücke zwischen Ost und West zu sein, Hochkonjunktur (vgl. Brenner 2009: 309ff.). Die Brückenmetapher gründet sich auf František Palacký (*1798 †1876; Palacký 1861: 379), den Vater der tschechischen Nation und „Begründer der tschechischen Politik" (Kosatík 2010: 9ff.). Sein wichtigstes Werk ist die „*Geschichte von Böhmen*" (Palacký 1836/67). Nicht minder bedeutsam ist sein Brief an die Frankfurter Nationalversammlung von 1848 (Palacký 1848). In den folgenden Jahrzehnten wurde die Idee der Brücke immer wieder aufgegriffen (z.B. Schauer 1886; Masaryk 1893; Drtina 1912b).

[6] Dem Druck der Kommunistischen Partei nachgebend akzeptierte der damalige Präsident Edvard Beneš (*1884 †1948) den Rücktritt von zwölf Ministern seines Kabinetts und ernannte im Gegenzug zwölf kommunistische (vgl. Brenner 2009: 446ff; Kocian/Devátá 2011).

[7] Bedeutsam ist v.a. der Prozess gegen den ehemaligen Generalsekretär der KSČ Rudolf Slánský 1951/52 (vgl. Falk 2003: 60). (Zu den politischen Prozessen Kaplan/Paleček 2011.)

[8] Wenige Tage später, am 14. März 1953, starb auch der am 23. November 1896 geborene tschechoslowakische Staatspräsident Klement Gottwald.

Ostblockstaaten und der Sowjetunion selbst zu Veränderungen in der Innen- und Außenpolitik. Die kommunistische Regierung des Landes unternahm Maßnahmen, um die bestehenden Spannungen in der Gesellschaft abzubauen und das Lebensniveau der Bevölkerung zu heben. Die Senkung zuvor erhöhter Verbraucherpreise brachte der KSČ verlorengegangene Unterstützung zurück. Dieses neugewonnene Vertrauen zeigte sich insbesondere im Jahre 1956. Das benachbarte Polen wurde von Massenprotesten erschüttert und im Nachbarstaat Ungarn brach „ein antikommunistischer Aufstand" aus, der von sowjetischen Truppen blutig niedergeschlagen wurde. Die Tschechoslowakei blieb hingegen „eine Insel der Ruhe und Ordnung" (Pernes 2013: 202). Diese Entwicklung stärkte wiederum das kommunistische Regime, welches in der 1960 verabschiedeten Verfassung die führende Rolle der KSČ im Staat festschrieb. Dieser wurde zugleich in Tschechoslowakische Sozialistische Republik umbenannt (ČSSR) (vgl. ebd.). Nichtsdestotrotz setzte am Ende der Fünfzigerjahre ein ideologischer „Gärungsprozess" innerhalb der Kommunistischen Partei ein. Jüngere Mitglieder der Partei gelangten zur Überzeugung, dass der Kurs der Regierung bestehende wirtschaftliche Probleme nicht wirklich lösen könne. Sie forderten eine neue, dem authentischen Marxismus verpflichtete Politik, die Entscheidungen mehr nach pragmatischen und weniger nach ideologischen Gesichtspunkten trifft. Reformorientierten Parteimitgliedern, wie dem Publizisten Jiří Pelikán (*1923 †1999), dem Politiker Zdeněk Hejzlar (*1921 †1993) oder dem Wirtschaftswissenschaftler Ota Šik (*1919 †2004) ermöglichte dies, Verbindung mit der tschechischen Öffentlichkeit aufzunehmen, die Dogmatismus und Revolutionismus seit geraumer Zeit ablehnte (vgl. Baer 1998: 105).

Zu Beginn der Sechzigerjahre rief die weitgehend indifferente Haltung der Staats- und Parteispitze gegenüber der in der Sowjetunion einsetzenden Entstalinisierung in allen gesellschaftlichen Bereichen Kritik hervor.[9] Trotz der da-

[9] Eine erste Entstalinisierungswelle begann dort mit dem XX. Parteitag der KPdSU im Februar 1956. Auf diesem griff Parteichef Nikita Chruschtschow (*1894 †1971) in einer Geheimrede den Personenkult um Stalin an. Die zweite Entstalinisierungswelle begann nach dem XXII. Parteitag im Oktober 1961 (vgl. Skilling 1976: 38ff.). Sie zeitigte auch in der Tschechoslowakei gewisse Folgen. So wurde das 1955 eingeweihte Stalindenkmal auf der Letná-Ebene in Prag gesprengt und der Leichnam Klement Gottwalds aus seinem Mausoleum entfernt und eingeäschert. Zudem wurde an dessen Politik erstmals Kritik geäußert und der Personenkult um ihn verurteilt (vgl. Pernes 2013: 203). Im Jahre 1962 begann zudem eine Revi-

raufhin verschärften Zensur gelang es der tschechoslowakischen Regierung nicht, diese zu kanalisieren oder gar zu kontrollieren (vgl. Baer 1998: 105; Pecka 2000: 74). Ab dem Jahre 1967 nahm der Einfluss des Reformflügels innerhalb der KSČ zu. Bis zum Herbst des Jahres erreichten die allgemeine Unzufriedenheit in der Bevölkerung und die Missstimmung in der Partei deren Führung. Der Konflikt zwischen Reformern und Konservativen führte Anfang Januar 1968 zur Ablösung des bisherigen Generalsekretärs Antonín Novotný (*1904 †1975) und zur Einsetzung des gemäßigt progressiven Alexander Dubček (*1921 †1992).[10] Dieser bekannte sich zwar zur Sowjetunion, zugleich wies er aber auf die Notwendigkeit innerer Reformen hin. In den folgenden drei Monaten wurde eine deutliche Liberalisierung in der politischen Entwicklung des Landes sichtbar. Ihren vorläufigen Höhepunkt erreichte diese Entwicklung mit dem *Aktionsprogramm* der KSČ vom 5. April 1968.[11] Dieses stellte den Versuch dar, die sozialistische Ordnung in politischer und wirtschaftlicher Hinsicht zu reformieren. Eine Demokratie nach westlichen Maßstäben strebte die Partei jedoch nicht an, wollte sie doch ihre Führungsrolle in Staat und Gesellschaft bestätigt wissen (vgl. Baer 1998: 110).

Auf Grundlage des Aktionsprogrammes (1968) erhielten Gewerkschaften und Kulturorganisationen mehr Autonomie. Ebenso wurde die Zensur abgeschafft. Infolgedessen gaben die Medien nicht mehr nur die offiziellen Ansichten der Partei wieder. Sie wurden zu allgemein „zugänglichen, objektiveren und differenzierteren" Berichterstattungsforen (Baer 1998: 108; vgl. Pernes 2013: 205). In wirtschaftlicher Hinsicht bestand das Ziel darin, die „desolate Wirtschaftslage mit der Einführung einer sich an marktwirtschaftlichen Prinzipien orientierenden Strukturreform des ökonomischen Systems" zu verbessern (vgl. Hoensch 1992: 162). Kern der wirtschaftlichen Reformen war die Beseitigung der direktiven Lenkung der Wirtschaft und die Wiederbelebung des Marktes. Angestrebt wurde eine Synthese von Markt- und Planwirtschaft. Einerseits sollten die Produktionsmittel Staatseigentum bleiben, andererseits sollte den einzelnen Betrieben die

sion der politischen Prozesse der Fünfzigerjahre. Die KSČ gab hier öffentlich zu, „Verbrechen verübt zu haben" (ebd.: 204).

[10] Ende März des Jahres musste Novotný zudem das Amt des tschechoslowakischen Staatspräsidenten an Ludvík Svoboda (*1895 †1979) abgeben. Dies bedeutete eine Trennung der beiden höchsten Partei- und Staatsfunktionen (vgl. Casteyger 2005: 223).

[11] Die wichtigsten Autoren des Programms waren der Jurist und Politiker Zdeněk Mlynář (*1930 †1997), Ota Šik sowie Pavel Auersperg (*1926 †1987) (vgl. Falk 2003: 71).

Möglichkeit zugestanden werden, selbstständig ökonomische Entscheidungen treffen zu können, was eine Entwicklung in Richtung marktwirtschaftlicher Subjekte bedeutet hätte (vgl. Baer 1998: 106). Die anvisierte Bewahrung bzw. die Betonung der nichtkapitalistischen Wirtschaftsordnung ist von größter Bedeutung. Das im tschechischen Bewusstsein präsente ungarische Beispiel aus dem Jahre 1956 verdeutlichte nämlich, dass „ein Infragestellen des gesellschaftlichen Eigentums an den Produktionsmitteln, der Rolle der Partei und der besonderen Beziehungen zur Sowjetunion“ (Sotelo 1987: 465) negative Folgen für die eigenen Reformbemühungen haben kann.[12] Nichtsdestotrotz stellte die Reformkonzeption den Versuch dar, die „grundlegenden Koppelungen im sozialistischen System sowjetischen Typs in einem so großen Umfang zu verändern“, dass diese die „Aufhebung des totalitären Charakters der politischen Macht und die Perspektive der Entfaltung eines pluralistischen politischen Systems auf der Basis nichtkapitalistischer ökonomischer und sozialer Verhältnisse bedeuten mussten“ (Mlynář 1983: 56). Bemerkenswert sind in diesem Zusammenhang zwei Punkte. Erstens betrachtete der größere Teil der Bevölkerung der Tschechoslowakei den Sozialismus als gesellschaftliches Ziel. Zweitens bestand zwischen reformorientierten Kommunisten und der Bevölkerung Einvernehmen. Beide standen in Opposition zur konservativen Führung der KSČ. Um eine weitere Demokratisierung der sozialistischen Gesellschaft zu ermöglichen, hielten die reformorientierten Kommunisten die Bürger zur Einheit an (vgl. Pecka 2000: 83f.; Pernes 2013: 205).[13]

Der als *Prager Frühling* bezeichnete Versuch, durch ökonomische und politische Reformen eine Demokratisierung von Partei und Gesellschaft in der Tschechoslowakei herbeizuführen, begann „von oben“. Er wurde jedoch spontan „von unten“ mitgetragen. In kurzer Zeit entwickelte er eine solche Dynamik, die von

[12] Gemeint ist die Niederschlagung des ungarischen Volksaufstandes durch die Sowjetunion im Herbst 1956 (hierzu Dalos 2007).

[13] Als funktionierender Faktor der demokratischen Gesellschaft war „Opposition“ im Bewusstsein der tschechischen Bevölkerung der Tschechoslowakei eine widersprüchliche Problematik und entwickelte keine stabile Organisation (vgl. Pecka 2000: 84, 86). Dies gründet sich auf das Mitte des 19. Jahrhunderts aufgekommene – aber selten verwirklichte – Ideal der einheitlichen politischen Repräsentation der tschechischen Nation. Opposition war hiernach eine problematische Erscheinung (vgl. Velek 2005: 58; Palacký 1875). Verstärkt wurde dies durch eine die tschechische politische Kultur kennzeichnende diffuse Achtung, die den „Führern der Nation“ für gewöhnlich entgegengebracht wird (vgl. Pecka 2000: 73f.).

den übrigen sozialistischen Staaten und deren Führungsmacht Sowjetunion „als Bedrohung empfunden wurde“ (Baer 1998: 107; vgl. Falk 2003: 70f.). Die Führung der KPdSU um Leonid Breschnew (*1906 †1982) charakterisierte diese Entwicklung als Konterrevolution und Umsturzversuch (vgl. Pernes 2013: 205; TASS 1968: 56). Diese Deutung führte in den Abendstunden des 20. August 1968 zum Einmarsch von fünf Warschauer Paktstaaten in die Tschechoslowakei, die den Versuch der Errichtung eines „Sozialismus mit menschlichem Antlitz“ niederschlugen. Der Prager Frühling wurde letztlich ein Opfer des Vertrauens der tschechoslowakischen Spitzenpolitiker in die Sowjetunion. Sie waren der Überzeugung, „für die Festigung des Sozialismus im eigenen Land unverzichtbare Reformen“ durchzuführen, wobei sie immer auf die Respektierung der sowjetischen Spielregeln und Interessen bedacht waren (Sotelo 1987: 465).[14] Nach der Besetzung der Tschechoslowakei entstand eine paradoxe Situation: Um sich eine gewisse Unabhängigkeit zu bewahren, versuchte die Parteispitze durch „kompromissreiches Taktieren“ ihre Reformpolitik weitgehend fortzusetzen. Dies aber verunsicherte die Bevölkerung trotz des anhaltenden zivilen Widerstands (Baer 1998: 113f.).

Die Beendigung des Prager Frühlings stellte die Sowjetunion und den prosowjetischen Teil der tschechoslowakischen Kommunisten vor die Frage, wie die bisherige Entwicklung umgekehrt werden könne und wie ein System zu installieren sei, das alle Reformbemühungen verhindern könne. Hierzu war es zunächst notwendig, die bisherige Führung abzulösen. Die als Rücktritt getarnte Absetzung Alexander Dubčeks und die Ernennung Gustav Husáks (*1913 †1991) zum Generalsekretär der KSČ im April 1969 leitete die sogenannte *Normalisierung* ein (vgl. Hoensch 1992: 177). Mit diesem Begriff wird euphemistisch die Zeit nach der Invasion der Warschauer-Pakt-Staaten in die Tschechoslowakei bezeichnet. Sie stellte eine harsche Reaktion auf den dortigen Reformprozess dar. Ziel war die Beseitigung aller erreichten demokratischen Elemente, wie z. B. die Pressefreiheit, v.a. aber die Wiederherstellung sowie Stabilisierung des Machtmonopols der Kommunistischen Partei, die ihrerseits die Kontrolle über die gesamte (tschechoslowakische) Gesellschaft zurückgewinnen wollte (vgl. Otáhal 2006: 36ff.; Falk 2003: 80ff.). Handlungsbasis des Normali-

[14] Es ging darum, „mit dem Stalinismus im Inneren zu brechen, ohne ihn nach außen in Frage zu stellen“ (Sotelo 1987: 465).

sierungsregimes war das *Moskauer Protokoll* vom 26. August 1968. In diesem forderte die sowjetische Führung die Rücknahme aller Reformschritte in der Tschechoslowakei (vgl. Baer 1998: 113; Falk 2003: 79f.).

Das von inneren und äußeren Faktoren beeinflusste Normalisierungsregime stellte jedoch keine einfache Rückkehr der politischen und gesellschaftlichen Verhältnisse in die Fünfziger- oder Sechzigerjahre dar. Eine Schlüsselrolle bei dessen Installierung und Absicherung kam der Sowjetunion zu. Deren Anwesenheit auf dem Territorium in der Tschechoslowakei sollte einerseits die Westgrenze des Staates absichern. Andererseits sollte sie bei potentiellen inneren Massenunruhen eingreifen. Sie wurde dergestalt zu einer wichtigen innenpolitischen Macht. Das Hauptaugenmerk der Sowjetunion aber galt der KSČ. Deren Beherrschung war die erste und grundlegende Bedingung, das Normalisierungssystem überhaupt installieren zu können. Um ihren verfassungsrechtlich verankerten Führungsanspruch durchzusetzen, verwandelte sie sich in eine bürokratisch-zentralistische Partei zurück. Mit sowjetischer Zustimmung tauschte sie in den Jahren von 1969 bis 1971 ihre bisherigen mittleren und führenden Funktionäre aus, was zu einer direkten Abhängigkeit der tschechoslowakischen politischen Führung von der UdSSR und der KPdSU führte (vgl. Otáhal 2006: 36). Infolge dieser politischen Säuberungen war die Entstehung einer innerparteilichen Opposition unmöglich (vgl. ebd. 38). Eine solche entstand außerhalb der Partei. Hierdurch aber war sie grundsätzlich illegal. Politische Prozesse gegen reelle und potentielle Oppositionsgruppen in den Jahren von 1970 bis 1972 verfolgten das Ziel, aktive Gegner des Regimes aus dem öffentlichen Leben zu beseitigen und die Bevölkerung einzuschüchtern. Sie stellten einen wichtigen Bestandteil der Repressionen des Normalisierungsregimes bei dessen Bestreben dar, die Gesellschaft zu beherrschen. Die hierdurch in der Bevölkerung hervorgerufene Angst war ein wichtiger Faktor in den Beziehungen zwischen Volk und politischer Führung. Sie sollte verhindern, dass sich die Unzufriedenheit der Bevölkerung öffentlich zeigte (vgl. ebd. 37; Pecka 2000: 97).

Das Verhältnis von Bevölkerung und Partei gründete sich allerdings nicht ausschließlich auf Angst. Eine wichtige Rolle spielte ein spezifischer Gesellschaftsvertrag. Dessen Ausgangspunkt war die begründete Annahme der kommunistischen Führung, dass die Bürger nach der negativen Erfahrung mit dem Prager Frühling und dem damit verbundenen Versuch, den Sozialismus zu reformieren, nicht mehr als politische Akteure auftreten (wollen) würden. Sie zogen sich ins Privatleben zurück. Die Partei zeichnete ihrerseits keine kommunistischen Ideale mehr, sondern verwies nunmehr auf die (realen) Schwächen des Kapitalismus, wie Arbeits- und Obdachlosigkeit. Ein weiteres Kennzeichen war die Organisation von immer wiederkehrenden Feierlichkeiten, auf denen die Bürger öffentlich ihre Loyalität gegenüber dem System zum Ausdruck bringen sollten. Kernpunkt des Gesellschaftsvertrages war die Orientierung der kommunistischen Führung am sogenannten Konsumsozialismus. Dieser sollte den Bürgern einen gewissen Lebensstandard sichern, sie zugleich aber von der politischen Partizipation und Teilnahme am öffentlichen Leben ausschließen. Beides reduzierte sich auf die Teilnahme an (unfreien) Wahlen und öffentlichen Feierlichkeiten, wie dem 28. Oktober, dem 1. und 9. Mai (vgl. Otáhal 2006: 37f.; Jičínský/Škaloud 50ff.). Soziologisch betrachtet führte die Flucht in das private Leben zu einer prinzipiellen Teilung der privaten und öffentlichen Sphäre in der tschechischen Gesellschaft (vgl. Havelka 1998: 461). Verbunden war diese mit einer Abnahme öffentlichen Engagements und einem Anstieg politischen Desinteresses. Auf Grund der internationalen und innenpolitischen Lage, die eine reale Alternative unmöglich machte, nahmen die Bürger dieses Angebot an. Ihre Haltung gegenüber dem Normalisierungsregime war zumeist neutral oder loyal. Nur wenige identifizierten sich mit ihm (vgl. Otáhal 2006: 38).

Zusammengefasst strebte der Gesellschaftsvertrag zwischen dem Normalisierungsregime und der tschechoslowakischen Bevölkerung die Verbesserung der Lebenssituation der Menschen an. Ziel war in erster Linie die materielle Sicherstellung und Erhöhung des Lebensstandards. Allerdings setzte dies die Bereitschaft zu einer besseren Arbeitsleistung voraus (vgl. ebd.). Zugleich sollte die Bevölkerung, von wenigen Ausnahmen abgesehen, vom öffentlichen, d. h. politischen Leben ferngehalten werden.

Nach 1969 zerfiel die tschechische Gesellschaft in drei große Gruppen: die Nomenklatura, die Dissidenten und die zwischen beiden Gruppen stehende Mehrheit der Bevölkerung.[15] Die Nomenklatura genoss außerordentliche Privilegien und konzentrierte die politische Macht in ihren Händen. Ihre soziale Grundlage und Stütze waren diejenigen, die infolge der politischen Säuberungen

[15] Sie formte jedoch keine einheitliche Gruppe (vgl. Otáhal 2006: 37). Zu erwähnen ist in diesem Zusammenhang die sogenannte „Graue Zone“. Es handelt sich hierbei um einen zeitgenössischen Ausdruck für die Sphäre des geduldeten Nichtoffiziellen (vgl. Vrba 2006: 90). Bedeutsam war sie insbesondere in der Musik (vgl. z.B. Suk 2013: 254ff.).

an die Stelle der bisherigen kommunistischen Würdenträger traten (vgl. Otáhal 2006: 37). Der Dissens war eine Form des Widerstands gegen das Normalisierungsregime und dessen Institutionen. Sein Ausdruck waren intellektuelle Aktivitäten und Reflexionen über philosophische, wissenschaftliche und ideologische Strömungen, ferner die kritische Analyse der realen gesellschaftlichen Lage und politischer Zusammenhänge (vgl. Alan 2001: 19f.). Zu den Dissidenten sind jene Bürger zu zählen, die mit dem Regime nicht einverstanden waren. Im weiteren Sinne gehörten auch jene zu dieser Gruppe, die durch Überprüfungen in ihrer persönlichen Entwicklung und in ihrem alltäglichen Leben behindert wurden. Sie hatten nicht dieselben Rechte wie andere Bürger. Sie durften bestimmte Berufe nicht ausüben, und/oder ihre Kinder durften nicht studieren. Auch wenn es den Dissidenten nicht gelang, größere Gruppen der Bevölkerung anzusprechen und zu motivieren[16], formten sie die Grundlage der Opposition in der Tschechoslowakei (vgl. Otáhal 2006: 37). Diese umfasste ihrerseits drei Gruppen. Zu ersten gehörten aus der Partei ausgeschlossene reformorientierte Kommunisten. Die zweite stellten ehemalige Kommunisten. Die dritte Oppositionsgruppe war der sogenannte „Underground“. Dieser geriet jedoch nicht wegen seiner politischen Ansichten in einen Konflikt mit dem Regime, sondern infolge seines Bemühens, sich in der Musik unabhängig von der offiziellen Linie der Kulturpolitik frei auszudrücken (vgl. ebd.: 38; Otáhal 2011: 15ff.; Falk 2003: 84). Im Jahre 1977 einigten sich die Oppositionsrichtungen auf ein gemeinsames Programm: die Einforderung der verfassungsrechtlich garantierten Bürger- und Menschenrechte, und gründeten die Charta 77. Eine maßgebliche Rolle spielten hier die um Václav Havel gruppierten Intellektuellen (vgl. Otáhal 2006: 38).[17] Nach dem Machtantritt Michail Gorbatschows (*1931) im Jahr 1985 nahm die Zahl unabhängiger Oppositionsgruppen zu. Zugleich ist eine programmatische Ausdifferenzierung festzustellen. Bedeutsam ist hier die 1987 entstandene, der Charta 77 kritisch gegenüberstehende, Demokratische Initiative um Emanuel Mandler[18] (vgl. Suk 2008: 31; Mandler 2004: 62f.; Mandler 2007; Hlušičková/ Otáhal 1993).

---

[16] Sie lebten in einem „gesellschaftlichen Ghetto“, waren von der Bevölkerung also isoliert und fanden bei dieser nur wenig Verständnis für ihr Handeln (vgl. Otahál 2006: 37).

[17] Deren Kennzeichen war laut Milan Otáhal (2006: 38) die nichtpolitische Politik.

[18] Der Historiker und Publizist Mandler (*1932 †2009) war einer der wenigen Dissidenten, die nicht zu den Unterzeichnern der Charta 77 gehörten.

Das Ende des tschechoslowakischen Normalisierungsregimes ist mit den Veränderungen im gesamten Ostblock verbunden. Infolge der sowjetischen Reformbemühungen ab der zweiten Hälfte der Achtzigerjahre geriet die kommunistische Führung der Tschechoslowakei in eine komplizierte Lage. Sie war gezwungen, sich den neuen inneren und äußeren Bedingungen anzupassen und neue Wege zur Lösung bestehender Probleme zu finden, was ihr jedoch nicht gelang. Die über die gesamte Zeit der kommunistischen Herrschaft durch die Unterordnung unter die KPdSU gekennzeichnete Politik der KSČ bekam auf Grund Michail Gorbatschows Politik der Perestroika und Glasnost, die u.a. die Aufgabe der bisherigen Strategie des bedingungslosen Gehorsams der sogenannten Bruderstaaten[19] beinhaltete, Risse und wurde inkonsistent. Im Dezember 1987 wurde Gustav Husák von Miloš Jakeš (*1922) als Generalsekretär der KSČ abgelöst. Diese Ablösung stellte jedoch keine grundsätzliche Veränderung der bisherigen Parteilinie dar.[20] Die personellen Veränderungen vermochten ebenso wenig, den seit geraumer Zeit schwelenden Konflikt zwischen den Pragmatikern und den Orthodoxen in der Führung der KSČ zu verdecken oder gar zu lösen. Waren die Pragmatiker insbesondere im wirtschaftlichen Bereich zu gewissen Zugeständnissen bereit, so lehnten die Orthodoxen die von den Pragmatikern ins Spiel gebrachten Möglichkeiten ab. Sie fürchteten, dass dies der Beginn von Prozessen sein werde, die in den Nachbarländern der Tschechoslowakei bereits zur schrittweisen Demontage des Machtmonopols der Kommunistischen Partei sowohl in der wirtschaftlichen als auch in der politischen Sphäre führten. Für die dortige kommunistische Elite bedeutete sie den dauerhaften Verlust ihrer Machtposition (vgl. Otáhal 2006: 39). Die Ereignisse vom November 1989 trafen die KSČ völlig unvorbereitet. Sie war unfähig, angemessen und sinnvoll auf die Entwicklungen zu reagieren. Am 29. November wurde die Füh-

---

[19] Gemeint ist die Breschnew-Doktrin. Diese, am 12. November 1968 vom damaligen Chef der KPdSU, Leonid Breschnew, verkündete Doktrin, besagte, dass die sozialistischen Staaten nur über eine beschränkte Souveränität verfügten. Sie unterstrich den Anspruch der sowjetischen Vorherrschaft im Warschauer Pakt. Breschnew leitete hieraus das Recht der Sowjetunion ab, militärisch in Staaten einzugreifen, in denen der Sozialismus bedroht war (vgl. Meissner 1969: 34ff.). Der sowjetische Staats- und Parteichef Gorbatschow nahm im Jahre 1985 Abstand von dieser Doktrin und bekräftigte das Recht eines jeden Staates, sein politisches und soziales System selbst frei zu wählen (vgl. Paczkowski 2013: 222; URL 2).

[20] So war bspw. die Mitgliedschaft in der KSČ auch weiterhin eine Bedingung für eine (professionelle) politische Betätigung (vgl. Otahál 2006: 39).

rungsrolle der Kommunistischen Partei aus der Verfassung gestrichen. Dies bedeutete das Ende ihres Machtmonopols und zugleich das Ende der zwanzig Jahre andauernden Normalisierung (vgl. ebd.: 36), die zusammengefasst den Versuch darstellte, eine ideologisch motivierte und konsumorientierte Legitimation des kommunistischen Regimes unter strenger Überwachung der Sowjetunion zu erreichen und zu gewährleisten (vgl. Kusin 1979: 26).

## 2. Václav Havel

Václav Havel wurde am 5. Oktober 1936 in Prag in eine großbürgerliche Familie hineingeboren.[21] Seine Eltern und Großeltern gehörten zur Elite der 1. Republik.[22] Der Großvater väterlicherseits war der Architekt des Geschäftshallenkomplexes und Kulturpalastes Lucerna nahe dem Wenzelsplatz im Zentrum Prags. Sein Vater Václav M. (*1897 †1979) war als Bauingenieur und Unternehmer für die Entwicklung der Filmstudios im Prager Stadtteil Barrandov verantwortlich. Seine Mutter Božena (*1913 †1970) war die Tochter des tschechischen Konsuls in Hamburg und Botschafters in Wien und Budapest, Hugo Vavrečka (*1880 †1952).

Ihre bürgerliche Herkunft brachte der Familie Havel nach dem (kommunistischen) Umsturz von 1948 Schwierigkeiten. Ihr Vermögen wurde beschlagnahmt und Václav Havels schulische Ausbildung beeinträchtigt. Da er für das Gymnasium nicht zugelassen wurde, arbeitete er nach dem Abschluss der Schule zunächst in einem Labor der Technischen Universität (ČVUT) in Prag. Nebenbei besuchte er ein Abendgymnasium und legte dort sein Abitur ab (vgl. Baer 1998: 99). Nach erfolglosen Versuchen, eine humanistische Ausbildung an der Universität zu erhalten, begann er an der ČVUT das Studium der Verkehrswissenschaften. Da ihm dieses missfiel, bemühte er sich (vergeblich) um die Aufnahme an die Akademie der Musischen Künste (AMU) (ebd.: 101).

Im Alter von 13 Jahren begann Havel Gedichte und Geschichten zu schreiben. Ab seinem 15. Lebensjahr beschäftigte er sich systematisch mit Literatur und

[21] Biografien zu Havel: Kriseová (1989); Simmons (1992); Keane (2000); Suk (2013); Baer (1998: 98ff.).

[22] Die erste (tschechoslowakische) Republik bestand vom 28. Oktober 1918 bis zum Münchner Abkommen vom 30. September 1938 (hierzu u.a. Broklová 1992; Olivová 2000).

gründete mit Gleichaltrigen den „Klub der Sechsunddreißiger", in dem Debatten über Politik, Ökonomie und Literatur geführt wurden. Dieser von 1951 bis 1953 existierende Klub gab auch eine eigene Zeitschrift heraus (vgl. ebd.: 100; Putna/Hron 2010).

Havels erster öffentlicher Auftritt datiert aus dem Jahre 1956 und steht im Zusammenhang mit dem II. Kongress des Tschechoslowakischen Schriftstellerverbandes, auf dem die Forderung nach einer Liberalisierung des Kulturbereiches aufgestellt und das Dogma des sozialistischen Realismus angezweifelt wurde. Zugleich begann die Suche nach neuen Wegen in der Literatur. In einem Brief in der Zeitschrift *Květen*[23] übte Havel im selben Jahre Kritik am Konzept, an der mangelnden Konsequenz und an den inneren Widersprüchen der Zeitschrift selbst. Dies führte zu einer lebhaften Diskussion und brachte Havel im Oktober 1956 eine Einladung zur „Konferenz junger Schriftsteller". Dort warf er dem Schriftstellerverband Heuchelei vor, da seine Mitglieder sich einerseits als Reformer verstanden, andererseits die propagierten Veränderungen aber nicht mit dem notwendigen Elan verfolgten und in die Tat umsetzten (vgl. Baer 1998: 102).

Während seines Militärdienstes in den Jahren von 1957 bis 1959 hatte Havel seine erste Begegnung mit dem Theater und gründete mit seinem Kameraden Karel Bryna eine Theatergruppe (vgl. ebd.). Nach dem Ende des Wehrdienstes bewarb er sich erfolglos bei der Theaterabteilung der Akademie der Musischen Künste. Stattdessen bekam er eine Anstellung als Kulissenschieber im Theater ABC[24] vermittelt. Nebenbei schrieb er einige Artikel für die Zeitschrift *Divadlo* und verfasste unter dem Einfluss Ionescus[25] ein erstes ernsthaftes Theaterstück, den „Familienabend" (vgl. ebd.: 103). Ab 1960 arbeitete Havel im Prager Theater „Na zábradli" (Am Geländer) als Bühnenarbeiter, Sekretär und später außerdem als Dramaturg und Autor. Hier wurden auch drei Stücke Havels uraufgeführt: „Das Gartenfest" (1963), „Die Benachrichtigung" (1965) und „Erschwerte

---

[23] Die Zeitschrift „Květen" wurde im Jahre 1955 gegründet. Ursprünglich war sie ein Blatt für ausländische Autoren. Nach der II. Konferenz des Bundes der tschechoslowakischen Schriftsteller (SČSS) 1956 stand sie vor allem jüngeren tschechischen Autoren offen. Ihre Publikation wurde im Jahre 1959 nach massiver ideologischer Kritik eingestellt (vgl. URL 3).

[24] Das Theater ABC führte die Tradition Avantgarde-Theater weiter und war für seine Clownereien, Improvisationen und freien Humor bekannt (vgl. Baer 1998: 103f.)

[25] Der rumänisch-französische Theaterautor Eugen Ionescu (*1909 †1994) gehörte zu den führenden Vertretern des absurden Theaters. Er trat auch als Maler hervor.

Möglichkeit der Konzentration“ (1968). Nachdem er im Jahre 1964 seine langjährige Freundin Olga Šplíchalová (*1933 †1996) geheiratet hatte, war Havel von 1965 bis 1969 Mitglied im Redaktionsbeirat der kulturkritischen Monatsschrift *Tvář* (Anlitz), in der er zuvor einige typografische Gedichte veröffentlichte (ebd.: 104ff.; Havel 1986a: 95/70).[26]

Auf dem außerordentlichen Kongress des Schriftstellerverbandes im Jahre 1965, anlässlich des 20. Jahrestages der Befreiung von der deutschen Besatzung, bemängelte Havel in einer Rede zunächst den Zustand Prager Wohnhäuser und sprach über die Unnormalität der tschechoslowakischen Kulturpolitik (vgl. Mervart 2010: 121). Im Anschluss kritisierte er den Verband mit scharfen Worten und teilweise sehr zynisch (vgl. Havel 1965: 385ff., 391). Er warf diesem mangelnde Selbstkritik, Dogmatismus, Bürokratismus und Intoleranz gegenüber der Zeitschrift Tvář vor. Der Verband sollte nicht der Literatur Aufgaben geben, sondern im Gegenteil, die Literatur habe diese dem Verband zu stellen. Die Führung des Verbandes sollte zudem für eine „Atmosphäre maximaler Toleranz“ sorgen. Havels Rede beinhaltete auch die Forderung nach mehr (gesellschaftlichem) Pluralismus. Er forderte die Schaffung eines Raumes für schöpferisch tätige Gruppen mit unterschiedlichen Ausrichtungen. Diese sollten in ihrer künstlerischen Selbstrealisierung nicht eingeschränkt werden. Darüber hinaus forderte er die Verbandsführung auf, ein größeres Interesse an der Gründung von Zeitschriften für die verschiedenen künstlerischen Gruppierungen zu zeigen (vgl. Mervart 2010: 121). Höhepunkt Havels Rede war jedoch die Kritik am Anspruch des Verbandes, die einzige Institution für Literatur in der Tschechoslowakei zu sein (vgl. Baer 1998: 106):

> „Jeder gute Schriftsteller weiß nämlich selbst am besten, was seine Aufgabe ist. Der Schriftstellerverband sollte nur sicherstellen, dass die Autoren und die Zeitschriften diejenigen Aufgaben, die sie sich selbst gestellt haben, bestmöglich erfüllen“ (Havel 1965: 392).

---

[26] Tvář erschien erstmals im Jahre 1964. Die inhaltliche Ausrichtung der Zeitschrift entsprach den Ansichten der jungen Schriftstellergeneration. Sie erwies sich jedoch als unvereinbar mit der offiziellen Kulturpolitik der KSČ. Ende 1965 wurde Tvář zunächst eingestellt, um drei Jahre später wieder herausgegeben zu werden (vgl. Mervart 2005: 257; Mervart 2010: 125ff.). Eine Bedingung für die Übernahme dieser Funktion war der Beitritt Havels zum Tschechoslowakischen Schriftstellerverband (vgl. Baer 1998: 106).

Nicht weniger kritikfreudig präsentierte sich Havel auf dem IV. Schriftstellerkongress 1967. Hier unterstellte er dem Verband „pseudohafte Reformfreudigkeit". Des Weiteren sprach er sich kritisch gegen die bestehende Zensur und den Machtapparat der KSČ aus (vgl. Havel 1967: 399ff.; Baer 1998: 108).

Am 4. April 1968, einen Tag vor der Verkündung des *Aktionsprogramms* der KSČ, veröffentlichte Havel in den *Literární listy* (Literaturzeitung) einen Beitrag „*Zum Thema Opposition*" (Havel 1968). Dessen Inhalt war eine deutliche Kritik am in der Verfassung der Tschechoslowakei festgeschriebenen Führungsanspruch der Kommunistischen Partei und die Forderung nach der Gründung einer nichtkommunistischen Oppositionspartei. Diese sollte mit der KSČ in einen legalen Wettbewerb um die Macht treten. Das Havel vorschwebende Zwei-Parteien-Modell sollte den begonnenen Reformprozess kontrollieren und zu einer wirklichen Demokratisierung des politischen Systems führen (vgl. Baer 1998: 108f.; Pecka 2000: 87).

> „Wir hören verhältnismäßig oft, dass auf Grund der gegenwärtigen und zukünftigen Freiheit des Wortes (die angeblich die Grundlage der Demokratie darstellt), die öffentliche Meinung die natürliche Kontrollfunktion der Opposition erfüllen wird. Eine solche Auffassung setzt den *Glauben* voraus, dass die Regierung aus der öffentlichen Kritik die gebührenden Konsequenzen ziehen würde. Die Demokratie ist jedoch nicht eine Sache des Glaubens, sondern des Garantierens" (Havel 1968: 413 - HiO).[27]

Zur Zeit des Prager Frühlings war Havel Vorsitzender des „Klubs unabhängiger Schriftsteller" (KNS). Des Weiteren war er einer von 150 Unterzeichnern eines offenen Briefes an das Zentralkomitee der Kommunistischen Partei der Tschechoslowakei, in dem die Forderung nach mehr Demokratie aufgestellt wurde. Als Wortführer nichtkommunistischer Intellektueller bzw. unabhängiger Schriftsteller stand er der Reformpolitik Alexander Dubčeks offen gegenüber (vgl. Baer 1998: 108).

---

[27] Später bezeichnete Havel sein Zwei-Parteien-Modell als unrealistisch und nahm Abstand von diesem Vorschlag, da die Gründung einer Partei nur von jenen vorgeschlagen werden sollte, die auch tatsächlich eine Partei gründen wollten. Seinen Artikel stellte er als Ausdruck der Atmosphäre der damaligen Zeit dar. Das Thema habe „irgendwie in der Luft" gelegen (Havel 1986a: 123/89; vgl. Havel 1985b: 163; vgl. auch Kapitel III 6).

Am 21. August 1968, dem Tag der Besetzung der Tschechoslowakei, verfasste Havel Kommentare für den lokalen Radiosender im nordböhmischen Liberec, schrieb Reden für den Vorsitzenden des Nationalausschusses und entwarf über Lautsprecher öffentlich vorgetragene Erklärungen, Proklamationen sowie Artikel für die Kreisleitungen der KSČ, die den Reformkurs unterstützten (vgl. Baer 1998: 113; Kriseová 1991: 85; Havel 1986a: 133/96).

Wenige Tage vor dem ersten Jahrestag des Einmarsches des Warschauer Paktes in die Tschechoslowakei schrieb Havel einen „*Brief an Alexander Dubček*“, mit dem Ziel, „etwas für die Sache“ zu tun, die er „schicksalhaft wichtig für das Land“ hielt, „in dem er lebe und in dessen Sprache“ er schaffe (Havel 1969: 11/428). Havel befürchtete, dass die Anerkennung des Moskauer Protokolls, welches er als „sowjetische Erläuterung der tschechoslowakischen Ereignisse des Jahres 1968“ bezeichnete, nur eine Frage weniger Wochen sei (ebd.: 12/428). An Dubček, den er als „Symbol aller Hoffnungen auf ein besseres, würdigeres und freieres Leben“ beider Nationen der Tschechoslowakei betrachtete (ebd.: 13/429), wandte sich Havel mit dem Ziel, diesem seine Sympathie zu bekunden. Zugleich wollte er ihm aber auch die Fehler seiner Politik klarmachen und ihm Handlungsmöglichkeiten aufzeigen, vor denen er infolge seiner Absetzung als Generalsekretär der Kommunistischen Partei in den nächsten Wochen und Monaten stehen würde (vgl. ebd. 17ff./432ff.). Havel appellierte an Dubčeks Gewissen, standhaft zu bleiben, die eigenen Ideale nicht zu verraten und auch nicht auf die Argumente seiner Widersacher, gemeint war die neue kommunistische Machtelite im Normalisierungsregime, hereinzufallen. Er sollte keine „Konzessionen gegenüber der Moskauer Parteiführung“ machen (Schmidt 2001: 152).

Während der Normalisierung widersetzte sich Havel dem Regime. Hieraufhin wurde er mit einem Aufführungs- und Publikationsverbot im gesamten Ostblock belegt und mehrmals zu Hausarrest und Haftstrafen verurteilt.[28] Nachdem er Prag verlassen hatte, verdingte er sich als Hilfsarbeiter in der Brauerei Trutnov. Im westlichen Ausland erfreute sich Havel als Dramatiker und Autor von Hörspielen in den Siebziger- und Achtzigerjahren wachsender Bekannt- und Beliebtheit. In den Jahren von 1975 bis 1979 wurden seine satirische Komödie

[28] Havel wurde viermal inhaftiert und verbrachte insgesamt fünf Jahre im Gefängnis (vgl. Kriseová 1989: 450).

„Die Retter“ (1974), seine Kurzdramen „Audienz“ (1976) und „Vernissage“ (1976) sowie sein Schauspiel „Protest“ (1979) auf deutschsprachigen Bühnen aufgeführt, wobei sich das Wiener Burgtheater zu seiner künstlerischen Heimat entwickelte. Der Erfolg seiner Theaterstücke im Ausland brachte ihm Tantiemen westlicher Verlage und mehrere Literaturpreise ein (vgl. Baer 1998: 107).

Im November 1989 wurde Havel unbestrittener Anführer der „samtenen Revolution“ (vgl. Simmons 1992: 7), die mit einem harten Polizeieinsatz gegen zumeist studentische Demonstranten am 17. November in der Prager Innenstadt ihren Anfang nahm. In den Abendstunden des 19. November 1989 gründete sich auf Initiative Havels im Prager Theater *Činoherní klub* das *Bürgerforum* (Občanské forum, OF). Es handelte sich um eine offene Vereinigung unabhängiger Bürgerinitiativen, Künstlerverbände und auch einigen Vertretern offizieller Organisationen, die sich als Sprecher der unzufriedenen Öffentlichkeit verstand (vgl. Suk/Vaněk 2006: 2; Suk 2006: 4ff.; Suk 1997). Das Mandat des Forums definierte Havel, der auch dessen Sprecher war, als vorläufig und improvisiert. Er begründete dies mit dessen Offenheit, die keine feste Mitgliedschaft kannte. Seine einzige Aufgabe bestand darin, die Tschechoslowakei zu freien Wahlen zu führen. Der durch Akklamation eingesetzte Ausschuss des Forums sollte die Öffentlichkeit repräsentieren (vgl. Suk 2013: 329). Nach kontroversen Diskussionen wählte die (kommunistische) tschechoslowakische Nationalversammlung Václav Havel am 29. Dezember 1989 zum (neunten) Präsidenten der Tschechoslowakei (vgl. Auer 2004: 42). Seine Wiederwahl fand am 5. Juli 1990 statt. Am 20. Juli 1992 trat er von diesem Amt zurück, nachdem er am 3. Juli 1992 nicht wiedergewählt wurde. Von 1993 bis 2003 bekleidete Havel das Amt des Präsidenten der seit dem 1. Januar 1993 eigenständigen Tschechischen Republik. Nach dem Tod seiner Frau Olga im Jahre 1996 heiratete Havel im darauffolgenden Jahr die Schauspielerin Dagmar Veškrnová (*1953). In den Jahren 2006/07 schrieb er das autobiografische Züge tragende Theaterstück „Odcházení“, welches seine Premiere im Jahr 2008 feierte und später auch verfimt wurde. Des Weiteren unterstützte er die Grünen und gründete die Bibliothek „Václav Havel“ (URL 4). Havel starb am 18. Dezember 2011 in Vlčice-Hrádeček.

Havels Betrachtungen setzen zu einer Zeit ein, in der das Normalisierungsregime unter Gustav Husák seine Macht festigte und auf eine massive Propaganda setzte (vgl. Korbel 1977: 314; Pecka 2000: 95ff.).

# II VÁCLAV HAVELS BLICK AUF DIE GESELLSCHAFT

## 1. Das posttotalitäre System

In seinem berühmten Essay „*Versuch, in der Wahrheit zu leben*" bezeichnete Václav Havel das tschechoslowakische Normalisierungsregime als ein „posttotalitäres System" (Havel 1978a: 2-10/56). Posttotalitär nannte er es, um es von der klassischen Diktatur abzutrennen und um aufzuzeigen, dass es grundsätzlich anders funktioniere als diese (vgl. ebd.: 2-13/59; Komárek 1990: 1). Die klassische Diktatur war für Havel durch lokale Beschränktheit, historische Ortlosigkeit, Ideologiefreiheit sowie Improvisation und ungeregelte Willkür gekennzeichnet. Charakteristisch sei für sie darüber hinaus eine „Atmosphäre des revolutionären Enthusiasmus, des Heroismus, der Opferbereitschaft und der enthusiastischen Gewalt auf allen Seiten". Diese Kennzeichen der klassischen Diktatur fehlten ihm zufolge im posttotalitären System. Im Gegensatz zu dieser war es nicht auf die Tschechoslowakei beschränkt, sondern herrschte im gesamten Sowjetblock. Historisch verankert war es in der „Arbeiter- und sozialistischen Bewegung". Es verfügte über eine „konzisere, logisch strukturierte, allgemein verständliche und in ihrem Wesen sehr elastische Ideologie" sowie perfekt ausgearbeitete Mechanismen für die Beherrschung der Gesellschaft. Es war durch technisch und psychologisch perfektionierte Methoden der Manipulierung und Entmündigung der Bürger gekennzeichnet. Die für herkömmliche Diktaturen typische Atmosphäre des revolutionären Enthusiasmus war verflogen (Havel 1978a: 2-10ff./56ff.).

Im Jahre 1975 erläuterte Havel in einem offenen Brief an den damaligen Generalsekretär der KSČ, Gustav Husák, vom moralischen Standpunkt aus, aber mit durchaus politischen Begriffen, die Lage der Gesellschaft, die Funktionsweise sowie ansatzweise auch die Strukturen des bestehenden posttotalitären Systems in der Tschechoslowakei.[29]

[29] Emanuel Mandler (1995: 80) zufolge verwendete Havel vorrangig nichtpolitische Begriffe. Diese Ansicht lässt sich, wie im Folgenden gezeigt wird, allerdings nur eingeschränkt aufrechterhalten. Mandler kritisiert an Havels Gesellschaftsanalysen dessen Betonung des moralischen Aspekts und die Verengung der komplexen gesellschaftlichen Situation auf die subjektive Lage des Menschen und seiner inneren Beziehung zur Normalisierungsrealität (vgl. Otáhal 1998: 470).

> „In unseren Betrieben und Ämtern wird diszipliniert gearbeitet, die Arbeit der Bürger zeigt sichtbare Ergebnisse in dem langsam wachsenden Lebensstandard, Leute bauen Häuser, kaufen Autos, zeugen Kinder, amüsieren sich, leben [...]. Die Menschen [...] beschränken sich jedoch nicht darauf, dass sie ihrer Arbeit nachgehen, einkaufen und auf ihre Art leben. Sie tun mehr: sie nehmen viele Arbeitsverpflichtungen auf, die sie erfüllen und überschreiten; sie beteiligen sich einmütig an Wahlen und wählen einstimmig die vorgeschlagenen Kandidaten; sie arbeiten aktiv in verschiedenen politischen Organisationen; sie nehmen an Versammlungen und Manifestationen teil; sie äußern ihre Unterstützung all dem, was sie unterstützen sollen; man kann nirgends Zeichen der Missbilligung von irgendeiner Maßnahme der Regierung beobachten" (Havel 1975: 35/19).

Trotz dieser positiv anmutenden Äußerlichkeiten, die auf eine funktionierende Gesellschaft und erfolgreiche Konsolidierung schließen lassen, sei die (tschechoslowakische) Gesellschaft in eine tiefe Krise gelangt und durch Lethargie gekennzeichnet (vgl. ebd.: 37/20; Havel 1986b: 99). Für Havel stellte sich die grundsätzliche Frage, warum die Menschen alles tun, um den Eindruck einer einheitlichen Gesellschaft zu erwecken. Seine einfache Antwort lautete: „Sie werden dazu von der *Angst* getrieben" (Havel 1975: 37/20 - HiO). Der Mensch heuchle seine bejahende Position zum Regime nur vor, und zwar aus Angst um seine Existenz. Das System des *Existenzdrucks* habe die gesamte Gesellschaft erfasst und systemkonformes Verhalten erzwungen (vgl. Havel 1978b: 226).

Die überall sichtbare existentielle Angst veranschaulichte Havel am Beispiel eines Gemüsehändlers: „Ein Leiter eines Gemüseladens placiert im Schaufenster zwischen Zwiebeln und Möhren das Spruchband ‚Proletarier aller Länder vereinigt euch!'" (Havel 1978a: 3-14/59). Dieses Transparent stelle er aber nur auf, um keine Probleme zu bekommen und um seine Position zu behalten. Aus Angst um seine Existenz drücke er mit der Banderole scheinheilig, um nicht der Illoyalität bezichtigt zu werden, seine Treue gegenüber dem Regime aus. Dies sichere ihm im Gegenzug aber ein ruhiges Leben in der Gesellschaft (vgl. ebd.).

Diese Parole hatte Havel zufolge die Funktion eines Zeichens. Als Loyalitätsbekundung signalisiert sie Gehorsam und schlägt eine Brücke zwischen dem Individuum und dem posttotalitären System. Sie vermittelt dem Einzelnen die

Illusion, sich im Einklang mit der bestehenden Ordnung zu befinden (vgl. Havel 1978a: 3-15/61). Diese Brücke verschleiert ihrerseits aber die Kluft zwischen den Intentionen des Lebens, für Havel Pluralität, Vielfalt und unabhängige Selbstkonstitution, und den Intentionen des Systems, d. h. monolithische Einheit, Uniformität und Disziplin (vgl. ebd.: 4-16f./62; Havel 1987: 180/119). Die Parole gibt vor, dass erstere letztere bedingen und „die Ansprüche des Systems aus den Bedürfnissen des Lebens" hervorgehen (Baer 1998: 209). Zugleich verweist sie, so Havel, auf etwas Höheres, die *Ideologie*. Als „Attrappe gewisser ‚überpersönlicher' und wertfreier Zwecke" (Havel 1978a: 3-15/61) wird diese zum grundlegenden Moment für das Funktionieren des Systems sowie zu dessen räumlicher und zeitlicher Legitimation (vgl. Havel 1987: 182f./121). Als offizielle Sprache und Norm durchdringt sie alle Gesellschaftsschichten, formt und reproduziert spezifische, als wahr erachtete Kriterien. Die Ideologie war für Havel untrennbar mit der Macht verbunden (vgl. ebd.: 181/120). Dieser ist es möglich, die Situation, ohne Blick auf die Realität, als fortschrittlich und wahr zu interpretieren und mit der Gesellschaft zu kommunizieren (vgl. Komárek 1990: 1). Die Macht hat die gleichsam natürliche Tendenz, sich von der Wirklichkeit zu emanzipieren und eine unwirkliche Scheinwelt zu schaffen (vgl. Havel 1978a: 5-19/65).

> Sie „fälscht die Vergangenheit, die Gegenwart und die Zukunft. Sie fälscht statistische Daten. Sie täuscht vor, dass sie keinen allmächtigen und zu allem fähigen Polizeiapparat hat, sie täuscht vor, dass sie die Menschenrechte respektiert, sie täuscht vor, dass sie niemanden verfolgt, sie täuscht vor, dass sie keine Angst hat, sie täuscht vor, dass sie nicht vortäuscht" (ebd.: 4-18/63).

Im Verständnis Havels diente die Ideologie als Instrument einer rituellen Kommunikation innerhalb der Macht. Ohne sie würde die gesamte totalitäre Machtstruktur ihren inneren Zusammenhalt verlieren. Die Kommunikation ist eine alle ihre Glieder zusammenbindende „‚metaphysische' Ordnung", die den Individuen ihre verbindlichen Spielregeln bzw. Normen gibt (ebd.: 5-19/64). Um sich Gehör verschaffen zu können, ist es allerdings notwendig, Codes zu verwenden, mit denen der Kanal vom Sender zum Empfänger hergestellt wird (vgl. Baer 1998: 209). Ein solcher Code ist das Spruchband des Gemüsehändlers.

Die Ideologie hatte für Havel zudem eine Alibifunktion (vgl. ebd.: 208). Das Individuum ist nicht verpflichtet, an die Rechtmäßigkeit und Legitimität des Systems zu glauben. Ebensowenig muss es an die Losung, die nichts weiter als eine leere Hülle ist, glauben. Letztlich ist es sogar nebensächlich, was es über sie denkt. Es genügt, sie gewohnheitsmäßig aufzuhängen. Hierdurch wird das System durch das Individuum aber bestätigt und entsprechend akzeptiert. Die inhaltsleere Legitimation des Systems als Bestandteil der rituellen Kommunikation führt im Verständnis Havels jedoch zu einer Anonymisierung der Macht. Der Mensch löse sich im rituellen Bekenntnis zum System fast auf und lasse sich von ihm tragen. Aus dieser anonymisierten und entmenschlichten Macht entsteht eine weitere systemimmanente Charakteristik: die „grundlegende *Eigenbewegung des Systems*“ (Havel 1978a: 4-17/63) mit seinen komplexen und mächtigen Manipulationsinstrumenten (Havel 1987: 180/120).

> „Es gehört zum Wesen des posttotalitären Systems, dass es *jeden* Menschen in die Machtstruktur einbezieht. Freilich nicht nur darum, dass er in ihr seine menschliche Identität realisiert, sondern, dass er sie zugunsten der ‚Identität des Systems' aufgibt, dass er zum Mitträger der allgemeinen ‚Eigenbewegung', zum Diener ihres Selbstzwecks wird, damit er sich an der Verantwortung für diese ‚Eigenbewegung' beteiligt, damit er in sie hineingeschleppt und mit ihr verflochten wird, wie Faust mit Mephisto“ (Havel 1978a: 6-24/69f.).

Als Parole dient das Spruchband des Gemüsehändlers nicht allein zur Sicherung eines ruhigen Lebens; es stellt zugleich auch das Panorama des Alltags dar. Durch das Aufhängen der Parole wird eine Forderung erfüllt, eine andere zugleich aber aufgestellt. Einer zwingt den anderen durch sein Spruchband, das vorgegebene Spiel und seine Normen zu akzeptieren und die gegebene Macht zu bestätigen. „Einer hält einfach den anderen in Gehorsam“ (Havel 1978a: 6-24/69). Das gegenseitige Bedingen aller Parolen macht die Bürger zum Objekt und Subjekt der Beherrschung. Auf diese Weise bestätigen, erfüllen und gestalten die Individuen das System, sie sind das System (vgl. ebd.: 4-18/64). Diese Objekt-Subjekt-Beziehung gehört zum Wesen des posttotalitären Systems. Der Mensch soll zugunsten der „Identität des Systems“ seine eigene Identität aufgeben und zum Mitträger der allgemeinen „Eigenbewegung“ werden. Die Verflochtenheit von Individuum und Macht schafft die totale gegenseitige Kontrolle, die Havel als gesellschaftliche *Autototalität* bezeichnete. Hiermit wollte er ausdrücken, dass sich ein jeder auf irgendeine Weise am Lauf der totalitären Maschinerie beteiligt. Die Grenze zwischen Macht und Machtlosigkeit verlaufe im Inneren eines jeden Menschen (vgl. Havel 1986b: 111). Niemand ist voll von der Verantwortung entbunden, aber auch niemand trägt sie ganz (vgl. Havel 1978a: 6-24/69). In diesem Sinne führte Havel im Jahre 1990 rückblickend aus: „Wir sind *alle* [...] für den Gang der totalitären Maschinerie verantwortlich, niemand ist nur ihr Opfer, sondern alle sind wir zugleich ihr Mitschöpfer“ (Havel 1990: 237).

Im Zusammenhang mit der angedeuteten Alibifunktion der Ideologie war das gesellschaftliche Leben im posttotalitären System für Havel nach dem Prinzip der *äußerlichen Adaption* aufgebaut. Konkret bedeutet dies, dass sich die Bürger in den privaten Bereich zurückziehen und sich vor allem an den materiellen Parametern ihrer privaten Existenz orientieren (vgl. Havel 1975: 46/26). Nach außen erfüllen sie jedoch alle Forderungen des Systems und bejahen es derart. Die Bürger hängen zwar die geforderten Losungen auf und beteiligen sich ebenso an Wahlen, äußern aber weder privat noch öffentlich ihre wirkliche Meinung. Stattdessen biedern sie sich höheren Organen an und denunzieren, mit dem Ziel, sich selbst zu retten, ihre Mitmenschen und Mitbürger (vgl. ebd.: 37f./20f.). Ein solches Verhalten wurde vom herrschenden posttotalitären System allerdings unterstützt. Die Regierung gab dem Menschen folgenden Rat:

> „Mensch, um die Politik sollst du dich nicht kümmern, das ist unser Bier, tu nur, was wir dir sagen, philosophiere nicht und stecke nicht deine Nase in Sachen, die dich nichts angehen, schweige, mach deine Arbeit und kümmere dich nur um dich selbst – und du wirst glücklich sein“ (ebd.: 50f./29).

Die politische Macht unterstützte die Verlegung des Energieflusses ins „Private“ deshalb, weil die Flucht aus der „öffentlichen“ in die „private“ Sphäre sie vor einem Umschwenken der nach innen gerichteten Kräfte gegen sie bewahrt. Eine Folge der äußeren Anpassung der Bevölkerung an das Leben im realen Sozialismus war, wie ausgeführt, eine Apathie gegenüber öffentlichen Angelegenheiten (vgl. Otáhal 1994: 44). Für Havel wurde diese jedoch zu einem gesellschaftlichen Faktor, der die bestehende Ordnung aufrechterhält (vgl. Havel 1975:

45/26). Gerade die Resignation und Flucht in die Apolitie ermöglichte ihm nach das Funktionieren des Systems.[30]

Die erwähnte Alibifunktion ist jedoch nicht allein mit der Ideologie verbunden. Sie ist auch ein Kennzeichen der *Rechtsordnung* im posttotalitären System, die zugleich Bestandteil der rituellen Kommunikation und Bestandteil der posttotalitären Scheinwelt ist (vgl. Havel 1978a: 17-66/110). Bei deren Beschreibung und Kennzeichnung verglich Havel das posttotalitäre System noch einmal mit der klassischen Diktatur. Während sich der Machtwille in dieser direkt und ungeregelt realisiere, die Machtausübung entsprechend öffentlich stattfindet und die Rechtsordnung nur eine Nebensächlichkeit ist, findet die Ausübung von Macht im posttotalitären System verdeckt, d. h. im Rahmen einer Rechtsordnung, statt. Dieses System wolle, so Havel, alles ordnen. Es handele sich deshalb um ein bürokratisches System, in dem das Leben „von einem Netz von Vorschriften, Erlassen, Instruktionen, Normen, Anordnungen und Regeln" durchreguliert ist (ebd.: 17-64/107f.). Der Mensch sei „nur ein winziges Schräubchen in einem gigantischen Mechanismus", dessen Bedeutung „auf seine Funktion in diesem Mechanismus beschränkt" ist. Arbeit, Wohnen, Bewegungen, gesellschaftliche und kulturelle Äußerungen müssen „so fest wie möglich gegängelt, bestimmt und kontrolliert werden". Abweichungen vom dirigierten Lauf des Lebens würden als „Fehltritt, Eigenwilligkeit und Anarchie" sanktioniert werden (ebd.: 17-64f./108).

Die Rechtsordnung des posttotalitären Systems erfüllte in Havels Denken deshalb eine Alibifunktion, weil sie die direkte Machtausübung der Partei verdecke und verschleiere. „Sie hüllt die ‚niedere' Ausübung der Macht in das erhabene Gewand ihres ‚Buchstabens'" (ebd.: 17-65/108). Richter und Prokuratoren arbeiten und handeln zwar in Rahmen der Gesetze und der Verfassung, allerdings nur scheinbar. Die bestehende Rechtsordnung und mit ihr die Gesetze sind letztlich nichts weiter als eine Fassade (vgl. ebd.: 17-66/109, 17-68/111). Diese stellt ihrerseits zwar das Funktionieren des Systems sicher, denn sie legitimiert es als Ganzes vor den Bürgern, den Kindern in den Schulen usw. Zugleich aber belügt sie laut Havel die Öffentlichkeit, das Ausland und auch die Geschichte, denn die niedergeschriebenen Gesetze bzw. Normen gelten nur auf

[30] Havel beschrieb auf diese Weise den oben dargestellten Gesellschaftsvertrag zwischen der kommunistischen Führung und der Bevölkerung der Tschechoslowakei.

dem Papier. Sie sind lediglich willkürlich interpretierte „Worte, Worte, Worte“ (ebd.: 17-67/110; vgl. Havel 1986b: 106).

In seinem Essay *„Ereignis und Totalität“* beschrieb Havel ein weiteres Kennzeichen des posttotalitären Regimes, welches er nun als spättotalitäres oder einfach nur als totalitäres bezeichnete: die gesellschaftliche Ruhe (vgl. Havel 1987: 176ff./117ff; auch Havel 1985b: 164). Er sprach von dumpfer politischer, geistiger sowie wirtschaftlicher Unbeweglichkeit, bürokratischer Anonymität, geistlosem Stereotyp (vgl. Havel 1987: 179/119) und, in Verbindung damit, vom Verschwinden des Ereignisses. Dessen Verschwinden bedeutet wiederum eine „Dekonstruktion des grundlegenden Instruments der menschlichen Erkenntnis und Selbsterkenntnis“ (ebd. 177/118). Ausgangspunkt dieses Verschwindens ist die Absenz der Pluralität von Wahrheiten, Logiken und Subjekten „des Entscheidens und Handelns“ (ebd. 180/120). Statt *Pluralismus*, im Verständnis Havels die „Logik des Dialoges, des Aufeinandertreffens und gegenseitigen Einwirkens verschiedener Wahrheiten, Haltungen, Gedanken, Leidenschaften, menschlicher Wesen, höherer Mächte, gesellschaftlicher Bewegungen und ähnlichem, also mehrerer souveräner oder selbstständiger und sich gegenseitig zuvor nicht determinierender Kräfte“ (ebd.: 180/120), gibt es nur noch *ein einziges* zentrales und monopolistisches Subjekt aller Wahrheit und Macht, das „zum einzigen Subjekt allen gesellschaftlichen Geschehens wird“ (ebd.: 181/120), die Ideologie der Kommunistischen Partei.

Die Logik und das Kennzeichen des Ereignisses erblickte Havel im Spannungsfeld der verschiedenen Meinungen und der Unbestimmtheit dessen, was aus deren Konfrontation hervorgeht (vgl. ebd.: 180/120). Deshalb kann der Mensch auch nicht durch ein bestimmtes Subjekt der alleinigen Wahrheit angesprochen werden. Die menschliche Welt offenbart sich nach Havel im Ereignis als dem erregenden Raum des Kontakts vieler Subjekte der Wahrheit. Eine konkrete Folge des Verschwindens des Ereignisses war für ihn das Verschwinden des Gefühls für die Geschichtlichkeit (vgl. ebd.: 181/120). Die eigentlich unvorhersehbare Geschichte bleibt gleichsam stehen und wird durch künstliche Ereignisse ersetzt, „durch rhythmisierte kalendarische Jahrestage, Kongresse, Feiern und Spartakiaden“ (ebd.: 182/121). Havel kritisierte hier die Vorhersehbarkeit der Geschichte und entsprechend die Absenz des Unvorhersehbaren, d. h. des Ereignisses. Diese Vorhersehbarkeit ist für das Regime jedoch ein überaus wichtiges Mittel, die eigene Macht unaufhörlich zu festigen und zu vervollkommnen (vgl. ebd.: 183/122). Die Herrschaft über die Geschichte schützt die Macht vor der Unkalkulierbarkeit des geschichtlichen Ereignisses. Da die vorhersehbare Geschichte bereits ihren Sinn gefunden hat, braucht es in der Logik des Regimes auch keine Pluralität und Anders- bzw. Einzigartigkeit mehr. Diese werden vielmehr zum Bösen und entsprechend kriminalisiert (vgl. ebd.: 186/124; 190/126). Monismus und Gleichheit treten infolgedessen an die Stelle der natürlichen Pluralität und Verschiedenheit.

An diesem Punkt stellte Havel wieder die Verbindung zur Ideologie her. Gerade mit ihrer Hilfe würden alle historischen Notwendigkeiten enthüllt. Sie war für Havel deshalb der größte „Feind der Geschichte“ (ebd.: 185/123) und ebenso der Pluralität. Da die Ideologie ihrerseits mit der Macht verbunden ist, kann letztere nicht allein das öffentliche, sondern auch das private Leben deformieren (vgl. ebd.: 188/123), in das sich die Bürger mit wohlwollender Unterstützung des Regimes zurückgezogen haben (vgl. ebd.: 188/124). Privates und öffentliches Leben fallen letzten Endes zusammen. Sie sind für Havel bloß zwei Formen eines unteilbaren Lebens (vgl. ebd.: 187f./123f.; 201/133).

Wird im öffentlichen Leben keine (politische, wirtschaftliche und geistige) Pluralität geduldet, wirkt sich dies auch auf den privaten Sektor aus. Individuelle Bemühungen um wirtschaftliche Verbesserungen laufen ins Leere, da diese nicht in eine freie Öffentlichkeit gelangen, wo sie frei diskutiert und entsprechend weiterentwickelt und verbessert werden können. Da dieser freie öffentliche Raum der Diskussion nicht gegeben ist, verschwindet auch das Bestreben und Bemühen, sich fortzuentwickeln, denn es fehlt die öffentliche gesellschaftliche Rückkoppelung. Verstärkt wird diese Entwicklung für Havel durch die ausufernde Bürokratie, die individuelle Einfälle, Sehnsüchte und Projekte einschläfere, da sie unzählige Hürden in Form von Formularen und Genehmigungen aufstellte. Auf diese Art und Weise bringe sie den Menschen um sein potentielles Ereignis (vgl. Havel 1987: 197/131; Havel 1978a: 17-65/108).

Im Zusammenhang mit dem Verschwinden des Ereignisses und der fehlenden gesellschaftlichen Pluralität steht auch Havels Aussage, wonach das posttotalitäre System durch die Absenz „*normaler Politik*“ gekennzeichnet und „jegliches politisches Leben *im traditionellen Sinne* des Wortes ausgerottet“ ist (vgl. Havel 1978a: 20-83/125; 11-38/82; 16-59/102). Wahlen waren keine Wahlen und das Parlament war kein Parlament mehr. Ebenso wurde die öffentliche Meinung unterdrückt (vgl. Havel 1985b: 164). Die Bürger hatten keine Möglichkeit, sich öffentlich politisch frei zu äußern oder sich politisch zu organisieren (vgl. Havel 1978a: 11-38/82). Gerade aus diesem Grund zogen sie sich aus dem öffentlichen Leben zurück und hörten auf, politisch zu denken. Havel sprach deshalb auch von einer „*Liquidierung* der Politik" (Havel 1989a zit. nach Suk 2013: 229) im posttotalitären System. Als öffentliche und freie Leitung der öffentlichen Sachen existierte Politik in der Tschechoslowakei seinen Aussagen zufolge nicht mehr; sie war sozusagen abgeschafft worden (vgl. ebd.; Havel 1985b: 164f.). Die These vom Verschwinden der Politik wird nicht zuletzt dadurch bestätigt, dass Havel von einer „Zeit *vor* dem Verschwinden der Politik" sprach (ebd.: 164).

Um das Verschwinden der (normalen) Politik im posttotalitären System zu verdeutlichen, griff Havel abermals auf das Stilmittel des Vergleichs zurück. Erneut konfrontierte er es mit westlichen demokratischen politischen Systemen, in denen die (normale) Politik noch vorhanden gewesen sei. Dort sei alles einfach und klar. Politiker würden die Polis verwalten. Die Polis, im Sinne von Bürgerschaft, würde ihrerseits die Politiker wählen, kontrollieren und zugleich beeinflussen, und zwar mithilfe der Presse oder durch Demonstrationen. Ein jeder habe hier nicht allein das formelle, d. h. in der Verfassung verankerte Recht, sondern auch die reale Möglichkeit, die Politik tatsächlich zu beeinflussen, ohne zugleich ein Politiker sein zu müssen. Ein (westlicher) Politiker war für Havel ein Spezialist für die Verwaltung der öffentlichen Angelegenheiten. Zu seinem Beruf würde es gehören, die Meinungen anderer zu berücksichtigen und zugleich zu versuchen, diese Meinung zu beeinflussen (vgl. Havel 1985b: 164).

Die von Havel subjektiv empfundene Beseitigung der (normalen) Politik im posttotalitären System des Ostblocks entspricht weitgehend der realhistorischen Erfahrung. Ideologisch begründet wurde sie mit der Geschichtstheorie des „wissenschaftlichen Sozialismus". Nach der methodischen Aufdeckung der „natürlichen" Gesetzmäßigkeit der historischen Entwicklung durch die Ideologie des Marxismus-Leninismus würde die (innere) Politik (eines Staates) überflüssig werden. Laut dieser aufgeklärt-positivistischen Überzeugung schien es möglich, dass sich die Wissenschaft direkt mit der Politik, die politische Theorie mit der politischen Praxis, verbindet. Ideen sollten sich von selbst realisieren und das Sein sich unmittelbar mit dem Soll vereinigen. Die aus der totalitären Führung der Gesellschaft erwachsende Liquidierung der Politik verlief quer durch das System und betraf alle seine Sphären (vgl. Havelka 1994: 66). Genauer betrachtet konnte es im posttotalitären System (des Ostblocks) nur Außenpolitik geben.

Diese hatte ihrerseits einen systemformenden Charakter. Dem Argument der äußeren Bedrohung folgend, diente sie als abstraktes Prinzip innenpolitischer Integration. Hierbei handelte es sich aber nicht um eine bloße politisch-ökonomische Reproduktion bestimmter Formen von Politik, sondern um eine Reproduktion der Macht sowie um eine ideologisch-gewaltsame Durchsetzung spezifischer imperialer Interessen hierarchischer politischer Gruppierungen, deren konkreter Ausdruck die *Breschnew-Doktrin* war (vgl. Havelka 1998: 462; Meyer 2010: 259f.).

Zusammengefasst basierte das posttotalitäre System für Havel auf einer Scheinwelt, einem Netz von Lügen. Gerade die Ideologie ermöglicht es dem Menschen, sich selbst zu betrügen. Weil sich auch das Leben vor dem Hintergrund allseitiger Lügen und Heuchelei abspielt, handelt es sich um ein „*Leben in der Lüge*" (Havel 1978a: 10-35/79; vgl. ebd. 4-17/63, 7-28/73). Darüber hinaus ist es durch apolitische Bürger und durch die Absenz von Politik im herkömmlichen Sinne gekennzeichnet.

## 2. Die Kernbegriffe Havels Gesellschaftsanalyse und ihre Bedeutung

### *2.1 Macht, Ideologie, Normen und Kommunikation*

Havel beschrieb das posttotalitäre System mit Hilfe von vier Begriffen, die er immer wieder direkt oder indirekt ansprach und deren Zusammenwirken zur spezifischen Situation im posttotalitären System führte: Macht, Ideologie, Normen und Kommunikation (vgl. hierzu Patzelt 2007: 36ff.).

Macht hatte für ihn, auch wenn er sie nicht direkt definierte, letztendlich zweierlei Bedeutung. Einerseits war sie identisch mit der Kommunistischen Partei. Andererseits begriff er sie im Weberschen Sinne als Chance, den eigenen Willen in einer sozialen Beziehung auch gegen Widerstreben durchzusetzen, worauf auch immer diese Chance beruht (vgl. Weber 1918: 506f.).

Ideologie war im Verständnis Havels Ausdruck der Interpretation von Wirklichkeit. Allerdings gibt sie diese nicht so wieder wie sie ist. Sie verfälscht diese. Er unterschied somit zwischen Operations- und Perzeptionswirklichkeit. Ideologie ist die Perzeptionswirklichkeit, die die Operationswirklichkeit nicht so wiedergibt, wie sie tatsächlich ist. Ideologie ist für Havel in diesem Sinne falsches

Bewusstsein, weshalb er sie mit dem Akzent des Negativen, Falschen und Verblendeten verband (vgl. Havel 1978a: 4-18/63, 5-19f./64f; Patzelt 2007: 41).

Normen waren im Verständnis Havels Vorschriften, Erlasse, Instruktionen, Anordnungen, Regeln, Gesetze, d. h. konkrete Richtlinien, mit denen das Zusammenleben der Menschen in einer Gesellschaft organisiert wird (vgl. Havel 1978a: 17-64/108, 69f./112f.). Dergestalt sind sie Faktoren der sozialen und politischen Wirklichkeit. Sie können „formal oder informal, bewusst gesetzt oder unbemerkt entstanden sein". Als Produkt von Politik legen sie fest, „was allgemein verbindlich sein soll" (Patzelt 2007: 43). Sie beeinflussen somit das eigene Handeln. Normen waren für Havel zugleich auch Interpretationshilfsmittel. Sie ermöglichen es, das Handeln anderer Menschen zu verstehen.

Auch den Begriff Kommunikation definierte Havel nicht direkt. Aus seinen Aussagen lässt sich jedoch ableiten, dass er sie im klassischen Sinne als eine elementare soziale Beziehung, als Austausch von Informationen zwischen zwei Subjekten, dem Sender und dem Empfänger, verstand. Kommunikation dient hierbei zur Verbindung, zum Zusammenhang, zum Verkehr, zum Umgang und zur Verständigung zwischen den Menschen untereinander, aber auch zwischen den Menschen und dem (politischen) System. Mit ihrer Hilfe werden die für soziales Handeln notwendigen Informationen und Sinndeutungen ausgetauscht. Diese teilen Regelungsbedarf mit. In ihrem Kern sind Kommunikationsprozesse somit Prozesse der Konstruktion politischer Wirklichkeit (vgl. Patzelt 2007: 44f.; Havel 1978a: 5-19f./64f.).

Die vier Begriffe Macht, Ideologie, Normen und Kommunikation stehen bei Havel in einer engen Wechselbeziehung. Im posttotalitären System verfügt die kommunistische Führung über positive und negative Macht. Sie kann sich einerseits gegen Widerstand durchsetzen, d. h. sie ist fähig, die Bürger mit oder ohne offene und direkte Androhung von Sanktionen zum Aufhängen von Parolen, an die sie jedoch nicht glauben (müssen), zu zwingen. Sie kann ihren Willen demnach positiv durchsetzen. Zugleich hat sie die negative Macht, andere Meinungen und Ansichten zu unterdrücken bzw. nicht zu Wort kommen zu lassen. Sie kann also gegen sie gerichtetes Handeln unterdrücken.

In diesem Zusammenhang ist ihre Fähigkeit von Bedeutung, die öffentliche Kommunikation zu steuern. Sie vermag es, die Meinungsfreiheit einzuschränken, indem sie Bücher, Zeitungen und Zeitschriften verbietet. Sie macht die offizielle Ideologie, d. h. die Perzeptionswirklichkeit, den Sozialismus, verbindlich und verhindert, dass durch öffentliche Kritik der Wahrheitsgehalt von Behauptungen der Ideologie überprüft und aufgedeckt wird. Niemand darf die Ideologie hinterfragen. Die kommunistische Führung kann zudem die Normen, d. h. die verbindlichen Spielregeln des Systems, in Form und mittels gültiger positiver Gesetze durchsetzen und in Geltung halten. Ebenso ist sie in der Lage, abweichendes Handeln von den Normen zu sanktionieren. Eine der wichtigsten Normen ist hierbei die absolute Gültigkeit der (sozialistischen) Ideologie im öffentlichen Leben und der in der Verfassung niedergeschriebene Machtanspruch der Kommunistischen Partei.

Die (kommunistische) Ideologie, die subjektive und damit falsche Interpretation der Wirklichkeit durch die Partei, ist im posttotalitären System das einzige und zentrale Objekt der Wahrheit und des gesellschaftlichen Geschehens. Sie dient der Rechtfertigung der Macht der Kommunistischen Partei. Mit der Ideologie werden die geltenden Normen, d. h die bestehenden Gesetze und Verhaltensregeln begründet. Sie prägt die (öffentliche) Kommunikation, die im posttotalitären System nur auf Grundlage und im Rahmen der Ideologie der Kommunistischen Partei stattfinden kann.

Hinsichtlich der Normen ist festzuhalten, dass diese von der Macht, d. h. der Kommunistischen Partei aufgestellt, durchgesetzt und mit der Ideologie begründet werden. Sie regulieren die öffentliche und auch die private Kommunikation, denn niemand kann sich sicher sein, ob seine privaten Ansichten nicht nach außen kommuniziert werden. Von Bedeutung ist in diesem Zusammenhang die Geheimpolizei, die Havel als Spinne bezeichnete (vgl. Havel 1975: 41/23). In der Öffentlichkeit bevorzugen die Normen bestimmte soziale Schichten, wie die Arbeiterschaft, und darüber hinaus auch die offizielle und allgemeinverbindliche Ideologie zu Lasten anderer. Eine andere Weltanschauung als die sozialistische wird nicht zugelassen. Auf diese Weise unterdrücken sie den gesellschaftlichen Pluralismus, begrenzen das Ereignis und verunmöglichen „normale“ Politik. Als Interpretationshilfsmittel schaffen die Normen das Panorama der überall sichtbaren Losungen. Sie beeinflussen das individuelle Handeln, indem sie den anderen auffordern, ebenfalls eine für alle sichtbare Losung aufzuhängen. Somit geben sie dem anderen wiederum eine Orientierungs- und Interpretationshilfe.

Die Kommunikation dient im posttotalitären System dazu, Perzeptionswirklichkeiten, d. h. die (kommunistische) Ideologie, aufzubauen und weiterzugeben. Mittels der Kommunikation werden die in den geltenden Gesetzen niedergeschriebenen Machtansprüche der Kommunistischen Partei mitgeteilt. Die Kommunikation wird von der Macht auch zur Abschreckung benutzt, mit dem Ziel, Angst zu erzeugen. Hier findet die Kommunikation von oben nach unten, von der politischen Führung in die Gesellschaft statt. Zugleich existiert aber auch eine Kommunikation von unten nach oben. Durch das Aufhängen der Parole kommuniziert das Individuum und mit ihm die Gesellschaft mit der Macht. Es weist die bestehenden Normen und die Ideologie als geltend auf und stabilisiert somit die Macht der Kommunistischen Partei (vgl. Patzelt 2007: 45).

Auf den von Havel angeführten Gemüsehändler bezogen bedeutet dies Folgendes: Sein Spruchband ist Ausdruck der offiziellen, alleinigen und allgemein verbindlichen Ideologie. Er kommuniziert diese mithilfe der Losung nach außen und verfestigt sie auf diese Weise, da sie das alltägliche Panorama darstellt (vgl. Havel 1978a: 6-23/68). Indem er die Losung aufhängt, teilt er der Staatsmacht mit, im Einklang mit dem System zu leben und sich an die geltenden Normen zu halten. Er bekommt keinerlei Probleme mit ihr. Hält er sich nicht an die geltenden Normen und hängt er die Losung nicht auf, ist es möglich, ihn der Illoyalität zu bezichtigen und sein Leben zu erschweren, wenn nicht sogar zu zerstören. Diese potentielle Gefahr verursacht die überall sichtbare Angst vor Nachteilen im privaten Leben. Die kommunistische Führung setzte ihren Willen positiv mit Hilfe von Angst verursachenden Drohungen durch. Diese überall sichtbare Angst ist für Havel jedoch keine konkrete Emotion im Sinne einer Angst vor körperlichen Strafen wie Folter, Deportation oder Hinrichtung, sondern eine „globale“ Angst im ethischen Sinne. Es handelt sich „um eine mehr oder weniger bewusste Beteiligung am kollektiven Bewusstsein der permanenten und allgegenwärtigen Bedrohung“ (Havel 1975: 39/21; vgl. Havelka 1999: 18).

### *2.2 Die herkömmliche Politik*

Ein weiterer überaus wichtiger Begriff in Havels Analyse des posttotalitären Systems ist die (verschwundene) „normale Politik“ bzw. „Politik im herkömmlichen“ oder auch „traditionellen Sinne“ (vgl. Havel 1978a: 11-38/82, 16-59/102, 20-83/125; Havel 1985b: 165).

Die herkömmliche Politik ist für Havel zunächst ein bestimmter Bereich menschlicher Aktivitäten (vgl. Havel 1985b: 165), deren Ausgangspunkt der konkrete Mensch ist (vgl. Havel 1978a: 16-60/103). In Verbindung damit ist sie zweitens Ausdruck der Auseinandersetzung verschiedener Ansichten und Meinungen auf der Suche nach dem Wohl des Staates (vgl. z.B. Havel 1985b: 164). Sie gründet sich für Havel somit auf den Pluralismus, d. h. verschiedene, auch widersprüchliche Ansichten, die nebeneinander existieren und ggf. auch gegeneinander wirken. Sie ist sozusagen Ausdruck des Grundsatzes „der *legitimen Vielfalt* von Individuen und Gruppen in der Gesellschaft". Normale Politik ist auf Grundlage der „Anerkennung der gesellschaftlichen Heterogenität" (Kremendahl 1977: 33) ferner dadurch gekennzeichnet, dass sie neu entstehende Probleme anspricht, also fähig ist, auf sich ändernde Umstände zu reagieren. Hier geht es um *responsivness*, d. h. die Fähigkeit und Bereitschaft der Politiker, die Interessen und Probleme des Volkes wahrzunehmen, in den politischen Prozess einzubringen und sie auch zu bearbeiten (vgl. Marschall 2005: 58). In diesem Sinne setzt die normale Politik im Verständnis Havels ein *„positives* Programm" voraus (Havel 1978a: 16-59/102f., 17-63/106; vgl. Havel 1986b: 102, 106). Sie muss etwas verändern wollen. Hierzu benötigt sie aber Macht, denn ohne diese lassen sich Veränderungen nicht durchsetzen (vgl. Fidelius 1992: 3). Der Faktor Macht wird hier als notwendig betrachtet (vgl. Havel 1968: 413f.). Normale Politik ist dann auch durch die *Offenheit der Entscheidungsprozesse* gekennzeichnet, da unklar ist, wer sich mit seinen Vorschlägen durchsetzen kann (vgl. Havel 1987: 180/120; Meyer 2010: 62).

Die herkömmliche bzw. normale Politik ist im Zusammenhang mit dem sie kennzeichnenden Meinungspluralismus ferner eine *öffentliche* Sache. Dies lässt sich direkt aus Havels Kritik ableiten, wonach die „Politik als *öffentliche* und freie Leitung der öffentlichen Angelegenheiten" in der Tschechoslowakei nicht mehr existierte (vgl. Havel 1989a zit. Suk 2013: 300; Havel 1985b: 164f.). Erklärbar ist diese Annahme ebenso mit Havels Aussage, dass „in den Gesellschaften des posttotalitären Systems" die Menschen keine Möglichkeit haben, „sich *öffentlich* zu äußern, geschweige denn, sich politisch zu *organisieren*" (Havel 1978a: 11-38/82).[31] Verbunden ist die herkömmliche Politik des Weiteren mit Wahlen zum Parlament (vgl. Havel 1985b: 164) sowie mit Parteien und mit Kategorien wie „links" und „rechts" (vgl. Havel 1978a: 11-41/86). Zusammenge-

[31] Die herkömmliche Politik ist somit ebenso mit einer wie auch immer gearteten Organisation verbunden, ohne die sie nicht existieren kann.

fasst ist die herkömmliche Politik mit Begriffen verbunden, mit denen sich ein (westliches) politisches System beschreiben lässt. Von diesem aber war das posttotalitäre System zu unterscheiden, in dem die herkömmliche Politik verschwunden war (vgl. ebd.: 16-60/103). Pluralität, Offenheit der Ergebnisse sowie freie und selbstständige Organisation waren nicht mehr vorhanden.

## 3. Havels Bezugs- und Orientierungspunkte I

Bei der Beschreibung der Funktionsweise des posttotalitären Systems war Havel von verschiedenen Denkern beeinflusst bzw. stützte er sich auf diese. Zugleich wurden seine Ausführungen im tschechoslowakischen Dissens aufgegriffen.

Wenn Havel die herkömmliche bzw. normale Politik als Ausdruck der Auseinandersetzung verschiedener Ansichten und Meinungen beschreibt und mit dem Pluralismus verbindet, dann nähert er sich dem Politikverständnis Hannah Arendts (*1906 †1975).[32] Der deutsch-amerikanischen Philosophin zufolge beruht Politik „auf der Tatsache der Pluralität von Menschen". Sie „handelt von dem Zusammen- und Miteinander-Sein der *Verschiedenen*. Politisch organisieren sich die Menschen nach bestimmten wesentlichen Gemeinsamkeiten in einem absoluten Chaos oder aus einem absoluten Chaos der Differenzen" (Arendt 1950: 9f.).

Havels Verständnis von der herkömmlichen Politik ist darüber hinaus, ebenso wie seine Ansichten zur *rituellen Kommunikation* der Macht, von der kybernetischen Systemtheorie Karl W. Deutschs beeinflusst (*1912 †1992) an (vgl. Baer 1998: 210; Deutsch 1963).[33] Die Theorie des in Prag geborenen und später in den USA wirkenden deutschen Politikwissenschaftlers gründete sich auf die Annahme, dass die Politik eine gesellschaftliche Steuerungsfunktion hat. Um diese zu erfüllen, ist eine ungehinderte Informationszirkulation aus den verschiedenen Teilen der Gesellschaft hin „zu den zentralen Steuerungseinheiten

[32] Bei Havel findet sich zwar kein Hinweis auf Arendt. Allerdings beruft sich Jan Patočka (1975b: 60ff.) auf sie. Dessen Denken war Havel wiederum bekannt (vgl. Kapitel II 5).

[33] In Havels Schriften findet sich kein konkreter Verweis auf Karl W. Deutsch. Da sich Havels Bruder, Ivan M. Havel (*1938), im Zuge seiner Arbeit am „Institut für Information und Automatisationstheorie" jedoch mit Kybernetik und Information beschäftigte, ist eine Kenntnis dieser Theorie nicht ausgeschlossen (vgl. Baer 1998: 210 FN 804).

und von diesen zurück in alle Teile der Gesellschaft" notwendig. Auf dem Weg angemessener Informationsverarbeitung wird der politische Prozess zu einem Steuerungsvorgang. Der Einsatz von Macht ist hierbei nicht notwendig. Ebenso besteht kein Zwang, „unauflösliche Konflikte durch Herrschaftshandeln regeln zu müssen" (Meyer 2010: 56). In Systemen, in denen Wettbewerb um die Macht stattfindet, muss sich jede praktische und auch theoretische Handlung fortwährend den sich ständig ändernden äußeren Gegebenheiten, d. h. der Realität, anpassen und auf äußere Einflüsse „mit einem Feedback, einem inneren Korrektiv reagieren" (Baer 1998: 210). Dieses innere Korrektiv existiert unter den Bedingungen des posttotalitären Regimes jedoch nicht. So wird bspw. die Ideologie zu einer Wirklichkeit *sui generis*. Dies bedeutet dann aber, dass die Macht sich nicht mehr, wie oben ausgeführt, durch die Ideologie legitimiert. Vielmehr wird die Ideologie durch die Macht legitimiert. Das ursprüngliche Leitmotiv des Sozialismus „Wir sind an der Macht, weil wir den Sozialismus aufbauen wollen" wird durch das Leitmotiv des Posttotalitarismus ersetzt: „Weil wir an der Macht sind, wollen wir den Sozialismus aufbauen" (ebd.). Nicht der Mensch entscheidet über die Ideologie, sondern die Ideologie über den Menschen.

Havels Ansichten zur *Autotalität* und deren Funktionieren im posttotalitären System gründen sich auf Martin Heideggers (*1889 †1976) phänomenologische Analyse der Existenzbedingungen des Menschen, wie er sie in der Schrift „Sein und Zeit" niederschrieb (vgl. Keane 2000: 320ff.; Heidegger 1927; Ottmann 2012: 3; Tucker 1997: 16ff., 151ff.). Für den deutschen Philosophen, dessen Denken Havel durch die tschechischen Philosophen Jan Patočka (*1907 †1977) und Václav Bělohradský (*1944) vermittelt wurde (vgl. Tucker et al. 2000: 423f.; Tucker 1997: 151, 154ff.), schafft die Verflochtenheit von Individuum und Macht die angesprochene gesellschaftliche Autototalität. Einerseits ist niemand voll von der Verantwortung entbunden. Andererseits trägt sie auch niemand gänzlich. Die Konfliktlinie zwischen den Intentionen des Lebens und den Intentionen des Systems verläuft durch jeden einzelnen Menschen: „Jeder ist der Andere und Keiner er selbst". Selbst zu den Anderen gehörend wird die Macht der Anderen verfestigt (Heidegger 1927: 128). Hierdurch verfällt der Mensch dem „Man", der Alltäglichkeit, dem Gerede, der Neugier, der Zweideutigkeit (vgl. Ottmann 2012: 3): „Das Man, mit dem sich die Frage nach dem Wer des alltäglichen Daseins beantwortet, ist das Niemand, dem alles Dasein im Untereinandersein sich je schon ausgeliefert hat" (Heidegger 1927: 128).

Die Idee der *Adaption* wurde vom tschechoslowakischen Philosophen Milan Šimečka (*1930 †1990) aufgegriffen.[34] Die spezifische Beziehung zwischen der Regierung und den Bürgern bezeichnete der neben Havel bedeutendste und am meisten übersetzte Dissident der Tschechoslowakei als einen *Gesellschaftsvertrag*, „wie *Jean Jacques* [Rousseau] ihn sich nicht hätte besser ausdenken können" (Šimečka 1979a: 168 - HiO). Der Erfolg des existentielle Sicherheit suggerierenden „Gesellschaftsvertrages" lag für Šimečka darin begründet, dass die Regierung als Verteiler der grundlegenden Lebensbedingungen die Bürger von ihren existentiellen Sorgen befreit und einen gewissen Lebensstandard sichert (vgl. ebd. 164). Als Gegenleistung fordere der Staat apolitisches Verhalten, d. h. passive Loyalität, Schweigen in allen politischen Diskussionen und die Anerkennung der Regel, dass der Bürger lediglich Konsument ist und der Staat das Wirtschaftsmonopol besitzt. Diese Strategie des Machtzentrums ermögliche der Bevölkerung die Befriedigung ihrer persönlichen materiellen Interessen und Bedürfnisse. Diese Adaption gründe sich indes nicht auf eine politische Logik oder rationale Argumente, sondern, mit Blick auf Havel, „auf eine existentielle Furcht" (ebd.: 166).

## 4. Die technische Zivilisation und ihre Politik

Die mit Ereignis- und Geschichtslosigkeit sowie Materialismus erkaufte Stabilisierung des posttotalitären Systems barg für Havel Risiken für den *„moralisch-geistigen Bereich*" (Baer 1998: 124). Der Komplex des geistigen und politischen Drucks führe zu einer Demoralisierung der Gesellschaft (vgl. Havel 1978c: 259). Ein auf Angst, Lüge, Gleichgültigkeit, Monismus, Ereignislosigkeit und Materialismus gestütztes System höhle moralische Normen aus, verursache den Zerfall aller Kriterien des Anstands und die Erschütterung des Vertrauens in Werte wie Demokratie, Bürger- und Menschenrechte, die zugunsten materieller Werte aufgegeben werden (vgl. Otáhal 1994: 32). Auch wenn es dem posttotalitären System gelungen sei, die politischen und gesellschaftlichen Verhältnisse

[34] Šimečka ist vor allem für seine Schriften „Die Erneuerung der Ordnung" (Šimečka 1979a) und seine Habilitationsschrift „Die Krise des Utopismus" (Šimečka 1967) bekannt. Ebenso wie Havel analysierte Šimečka die Problematik der Angst und sprach von einer „Gemeinschaft der Angst" (vgl. Šimečka 1979b: 105; Kritika & Kontext 1999: 45ff.).

zu konsolidieren und Ordnung zu schaffen, so sei dies doch nur um den Preis einer „*geistigen und moralischen Krise der Gesellschaft*" geschehen (Havel 1975: 52/30 - HiO). Der ereignis- und geschichtslose, apolitische, d. h. an der Politik desinteressierte und von ihr ferngehaltene, Konsummensch, sei nicht bereit, zugunsten seiner geistigen und sittlichen Integrität einen Teil seiner materiellen Sicherheit zu opfern. Er verzichte auf einen höheren Sinn (vgl. Havel 1978a: 6-26/71, 9-33f./78).

Von dieser konkreten Situation des Menschen in der posttotalitären Tschechoslowakei schloss Havel auf dessen allgemeine Lage. Auf diese Weise ordnete er das posttotalitäre System in den globalen Zusammenhang ein. Es existierte nicht für sich allein, sondern war Bestandteil von etwas Größerem, der modernen technischen Zivilisation. Hierzu zählte er sowohl die posttotalitären Systeme im Ostblock als auch die westlichen liberalen Demokratien (vgl. Havel 1978a: 2-13/59, 6-26/71).[35] Diese moderne technische Zivilisation befand sich Havel zufolge in einer tiefen Krise. Er sprach in diesem Zusammenhang von einer allgemeinen „*Krise der menschlichen Identität*" (Havel 1975: 52/30 - HiO). Die Verkörperung des grundlegenden existentiellen Problems der modernen Menschheit erkannte Havel in der modernen wissenschaftlich-technischen Metaphysik und der modernen Technik. In Verbindung damit erblickte er die Ursachen der Krise der menschlichen Identität in der wissenschaftlichen Objektivität, genauer gesagt im sich auf Technik und Wissenschaft gründenden neuzeitlichen Rationalismus, der seinerseits die Lebenswelt leugnet, degradiert und diffamiert (vgl. Havel 1984a: 1-86f./42f.; Baer 1998: 44).

Der Begriff *Lebenswelt*, den er von der konkreten Umwelt und auch der Natur abtrennte, ist für Havel mit dem persönlichen Erleben verbunden. Auf dem Gebiet der wirklichen, individuellen Erfahrungen erlebe der Mensch Freude und Schmerzen, die nicht zu entfremden, unwiederholbar und unübertragbar sind. Die Lebenswelt beruht deshalb auf einem Fundament von Werten, wie Gerechtigkeit, Ehre, Verrat, Freundschaft, Untreue, Tapferkeit oder Mitgefühl. Diese bestanden schon, bevor über sie überhaupt nachgedacht wurde. Havels Begriff Lebenswelt umfasst daneben das „unmittelbar von unserem ‚Ich' Überblickte und von diesem ‚Ich' persönlich Verbürgte" (Havel 1984a: 1-84/42). Die Le-

[35] Unterschiede zwischen beiden bestanden nach Havel lediglich in den politischen Formen (vgl. Kapitel II 1 und III 3.2).

benswelt ist das dem Menschen Vertraute und Bekannte vor dem Horizont, hinter dem das Geheime verborgen ist. Für diese Welt, in ihr und durch sie ist der Mensch in gewisser Weise verantwortlich (vgl. ebd.; Baer 1998: 223f.). Greifbarer Ausdruck der Krise der menschlichen Identität ist das Verschwinden des menschlichen Horizonts des Absoluten. Dieses Absolute ist die letzte Begründung, Begrenzung, Beseelung und Leitung der Lebenswelt. Der absolute Horizont beschreibt das „Unbekannte“, welches dauerhaft unbekannt bleiben soll, da aus ihm „der Sinn und die Verantwortung als Fundament der menschlichen Existenz“ erwächst (Bělohradský 1984: 148).

Die Grenze der subjektiven Lebenswelt wird nach Havel von der objektiven neuzeitlichen *Wissenschaft* durchbrochen, die sich mit „Positivität“ und der Abwesenheit jeder Phantasie und Fiktion, aller Jenseitsvorstellungen und Mythen brüstet. Befreit von der Autorität der alten Mythen setzt die moderne technische Zivilisation auf den kalten, deskriptiven, kartesianischen Verstand und erkennt Gedanken nur in Begriffen an. Sie zerstört den absoluten Horizont, da das Unbekannte nicht länger unbekannt bleiben dürfe, sondern durch die wissenschaftliche Erkenntnis erhellt werden müsse (vgl. Havel 1984b: 61). Die objektiv verifizierbare technische Wahrheit erschlägt in Havels Denken Gott und setzt sich selbst auf den frei gewordenen Thron (vgl. Havel 1984a: 1-86/43). Das neue gottlose Weltbild bestreite die Bedeutung der eigenen Erfahrung und somit die Lebenswelt. Dies aber führe zum Verlust der metaphysischen Gewissheit und des Erlebnisses des Transzendenten. Mit dem Verlust Gottes verliere der Mensch ein absolutes und universelles System, auf das er alles, auch sich selbst, beziehen kann (vgl. Havel 1978b: 238): „Sobald er sich selbst zum höchsten Sinn der Welt und zum Maß aller Dinge gemacht hatte, begann die Welt ihre menschliche Dimension zu verlieren und sich der Hand [des Menschen] zu entziehen“ (Havel 1986a: 17f./15). Das technische Zeitalter war für Havel somit eine Epoche berechenbarer Zustände. Dies bedeutet, dass der absolute Horizont aufgelöst und jede *persönliche* „vorobjektive“ Erfahrung abgelehnt wird. Die ihrer geheimnisvollen Sinnfülle beraubte Welt verwandelt sich ins „Bloße“. In Verbindung mit der modernen Wissenschaft begriff Havel die moderne *Technik* als Verursacherin der Krise. Dennoch ist seine Haltung ihr gegenüber nicht völlig negativ. Sie biete dem Individuum auch positive Freiheitsmöglichkeiten, die er jedoch nicht spezifierte. Darüber hinaus ist sie ein Komplex von Gegenständen, die der Mensch herzustellen vermag. Andererseits ist sie ein Prinzip der

Weltbemächtigung (vgl. Havel 1982c: 136-276/557). Als solches erwecke sie aber Unsicherheit und Angst, da die Folgeerscheinungen ihrer Entwicklung als unberechenbar empfunden werden. Im Sinne Goethes „Zauberlehrling“ versklave die Technik den (vgl. ebd.), der sie erfunden hat, und zwinge ihn, „bei der Vorbereitung seines eigenen Verderbens zu assistieren“ (Havel 1978a: 20-83/125f.).

Zusammengefasst existierten für Havel die wissenschaftliche Objektivität und die menschliche Subjektivität als mögliche Ausgangspunkte der Welt (vgl. Tucker 1997: 164), wobei letzterer eine Vorrangstellung zukommt. Havel befürchtete, dass der Wille des Menschen, mithilfe der Technik die Welt zu beherrschen, verheerende Folgen für ihn haben werde. Er würde den absoluten Horizont sowie die existentielle Verantwortlichkeit sich selbst und der Welt gegenüber verlieren (vgl. Havel 1982b: 135-273/553). Wo diese Verantwortlichkeit nicht mehr existiert, verschwinde auch die Identität (vgl. Havel 1982a: 118-235/478f.). Eine Katastrophe könne nur verhindert werden, wenn er sich von seiner arroganten Auffassung verabschiede, alles wissen, beschreiben und tun zu können (vgl. Keane 2000: 367).

Die moderne technische Zivilisation war für Havel nicht zuletzt durch eine spezifische *Politik* gekennzeichnet. Diese legitimiere sich ihm nach allein durch machterhaltendes Funktionieren nach den Leitprinzipien der modernen Wissenschaft, der Kybernetik, der Ideologie, des Gesetzes, der Abstraktion und der Objektivität (vgl. Havel 1984a: 2-94/48). Es handelt sich um eine Politik, die sich vom Menschen entfernt hat, da sie diesem

> „das Gewissen, den natürlichen Verstand und die natürliche Sprache enteignet und damit auch sein natürliches Menschsein; die Staaten werden Maschinen ähnlich; Menschen verwandeln sich in statistische Zusammenfassungen von Wählern, Produzenten, Konsumenten; Patienten, Touristen oder Soldaten; Gut und Böse – als Kategorien, der Lebenswelt und also Überreste der Vergangenheit – verlieren in der Politik ihren realen Sinn; ihre einzige Methode wird der Zweck und das einzige Maß der objektiv verifizierbare und sozusagen mathematisierbare Erfolg“ (ebd.: 2-94f./48).

Diese, insbesondere im posttotalitären System real existierende Politik, stellte für Havel gleichsam die *„Gesamtheit der Techniken für die Aufrichtung und Er-*

*haltung staatlicher Macht*" und Herrschaft dar (Meyer 2010: 54 - HiO; vgl. Sellin 1993: 809). Die auf „reine Machbeziehungen verengte" Politik (Sellin 1993: 837) war eine technische Aufgabe, bei der es auf das „zweckgerechte Herstellen eines funktionsfähigen und dauerhaften Staatsapparates" ankommt (ebd.: 833). Sie war „kalte Machtrationalität" (Münkler 1990a: 14). Diese technische Politik verband Havel mit dem modernen Staat. Dessen Ursprung verortete er dort, wo der menschliche Verstand beginnt, sich vom Menschen zu befreien, von seiner persönlichen Erfahrung, seinem persönlichen Bewusstsein und auch persönlichen Verantwortung (vgl. Havel 1984a: 2-93/47). Ein solcher Staat ist demnach nicht mehr in der Lebenswelt verankert.

Begründer dieses Politikverständnisses war laut Havel Niccolò Machiavelli (*1469 †1527). Dieser habe als erster die These von der Theorie der Politik als rationale Technologie der Macht bzw. als Technologie „eines Spiels um die Macht" aufgestellt (ebd.: 2-96/49).[36] Havel sprach auch von einem Prozess „der Anonymisierung und Entpersönlichung" der Macht und ihrer Reduktion auf die bloße Technik der Führung und Manipulation (ebd.: 2-93/47). Auf Grundlage dieses modernen technischen Politikverständnisses war der Politiker für Havel ein „transparenter", mehr oder minder fähiger Technologe bzw. ein Administrator der Macht, der sich hinter einer Maske und einer künstlichen Sprache verberge. Genauer betrachtet ist die Maske jedoch keine wirkliche Maske. Ebensowenig künstlich ist die Sprache. Der moderne Politiker ist letzten Endes sogar authentisch, da er sowohl im öffentlichen als auch im privaten Leben ein Mensch ohne „Liebe, Leidenschaft, Vorliebe, persönliche Meinung, Hass, Mut oder Grausamkeit" ist. Dass Havel ihn dennoch als unauthentisch bezeichnete, hängt mit dessen angenommener Entfremdung von der Lebenswelt zusammen, in der er nicht mehr verankert sei (vgl. ebd.: 2-94/48; Havel 1985b: 164).

Zusammengefasst befand sich die gesamte moderne Zivilisation für Havel in einer Krise, weil die Macht der Technik und der Niedergang der Bedeutung der Kultur zu einem Verlust der menschlichen Identität führen. Die Krise der technischen Zivilisation äußerte sich somit als Krise des modernen Menschen, der bestrebt ist, alle Geheimnisse der Welt zu enthüllen. Infolgedessen ist er jedoch kein aktives und selbstbestimmtes Subjekt seiner (eigenen) Geschichte mehr,

[36] Im Gegensatz zu Machiavelli, der im Zusammenhang mit seinen Empfehlungen zu Machterwerb und -behauptung das Wort Politik nicht verwendete, bezeichnete Havel ein solches (abgelehntes) Gebaren als Politik (vgl. Sellin 1993: 813; Machiavelli 1513).

sondern ein Objekt der (technisch-politischen) Manipulation. In der modernen technischen Zivilisation ist nicht der Wille der Bürger, sondern die Selbstbewegung der Technik entscheidend (vgl. Komárek 1990: 1). Die durch die Technik und Wissenschaft dominierte Kultur entfremdet den Menschen von der Lebenswelt und auch der Natur, die all ihre Geheimnisse verliert. Auch die Politik ist nur ein Ausdruck der modernen Technik, sie ist technisiert und ihrem ursprünglichen Sinn entfremdet, mittels Diskussion das Wohl der Gesellschaft zu erkennen und sicherzustellen. Einen Ausweg aus dieser Situation weiß der Mensch laut Havel aber nicht. Ebensowenig verfügt er über eine Idee, einen Glauben, geschweige denn über eine politische Konzeption, „die ihm die Herrschaft über die Situation zurückgeben könnte“ (Havel 1978a: 20-83/126). Das entscheidende Merkmal der Krise war für Havel aber, dass sie nicht reflektiert wird. Allerdings störe es den modernen Menschen kaum, nichts über den Sinn des Lebens zu wissen. Er sei sich dieses Mangels nicht einmal bewusst (vgl. Havel 1986a: 239/169; Havel 1981b: 96-179/380).

Die Kennzeichen der technischen Zivilisation, die Anonymisierungs- und Entpersönlichungsprozesse der Macht sowie die Reduktion der Politik auf die Technik (der Macht) (vgl. Otáhal 1998: 473) waren für Havel, wie bereits angedeutet, eine „universelle Bewegung“ (Havel 1984a: 2-93/47). Sie betrafen sowohl den posttotalitären Osten als auch den demokratischen Westen (vgl. Havel 1978c: 260). Allerdings stellte das posttotalitäre System im Verständnis Havels eine Übersteigerung bzw. eine zugespitzte Version der technischen Zivilisation dar, die ihren Ausgangspunkt im Westen fand. Es erschien ihm sogar als Frucht der westlichen Wissenschaft, des Rationalismus, des Szientismus, der Revolution, der Industrie, der Atombombe, des Marxismus und des Konsumkultes. Es war für ihn letzten Endes „ein zugespitztes Bild des modernen Lebens überhaupt“ (Havel 1978a: 6-26/71; vgl. Havel 1984a: 2-96ff./47ff.). Die Regime sowjetischer Prägung waren für Havel wegen ihres Rationalismus und Marxismus dessen Produkte (vgl. Havel 1984a: 2-95/49).[37] Im Gegensatz zu den demo-

---

[37] Mit diesen Ansichten widersprach Havel Milan Kundera (*1929). Der seit 1975 in Frankreich lebende tschechische Schriftsteller vertrat in seinem bedeutenden aber äußerst umstrittenen Essay „Die Tragödie Mitteleuropas“ die Ansicht, dass der Kommunismus eine Erfindung des europäischen Ostens, also Russlands, ist (vgl. Kundera 1983: 136). Für Kundera ist der Kommunismus zudem die Erfüllung der Zentralisierungstendenzen und der imperialen Träume der russischen Geschichte. Zugleich ist er aber auch deren Verneinung, da er deren Reli-

kratischen politischen Systemen des Westens seien diese Systeme gerade auf Grund des zweifelhaften Zusammenspiels von Macht, Ideologie, Normen und Kommunikation durch die Absenz „normaler Politik" gekennzeichnet (vgl. Havel 1978a: 2-10ff./56ff. 11-38/82, 16-59/102, 20-83/125; Havel 1985b: 164f.).

## 5. Havels Bezugs- und Orientierungspunkte II

Bei seiner Analyse und Kritik der modernen Zivilisation, die sich um Begriffe wie Technik, Wissenschaft, Identität, Natur, Lebenswelt, Kultur und Politik drehen, knüpfte Havel an das Denken verschiedener Autoren des 20. Jahrhunderts an, deren Gedanken er teilweise direkt, teilweise indirekt aufgriff und seinen persönlichen Erfahrungen und Bedürfnissen anpasste: Edmund Husserl, Emanuel Rádl, Josef Šafařík, Václav Bělohradský, Martin Heidegger sowie Jan Patočka (vgl. Komárek 1990: 1; Suk 2008: 26, 29; Tucker 1997: 162).

Der von Havel verwendete Begriff Lebenswelt wird gewöhnlich mit dem Mathematiker und Philosophen der Phänomenologie Edmund Husserl (*1859 †1938) in Verbindung gebracht.[38] Dieser benützte ihn in seiner Fragment gebliebenen Abhandlung „Die Krise der europäischen Wissenschaften und die transzendentale Phänomenologie" (Husserl 1936; Bermes 2002: 175). Für Husserl ist die Lebenswelt die wahrnehmbare Welt mit ihrer bestimmten eidetischen, d. h. bildlichen, Struktur. Ein jeder Gegenstand verweist letztlich auf die Lebenswelt, die eine wahrnehmbare ist. Als solche tritt die Lebenswelt als notwendige Bedingung jeder Erfahrung auf. Aus diesem Grunde kann sie „als eine transzendentale Bedingung bezeichnet werden" (Lübcke 1992: 102). Husserls Lebenswelt ist eine subjektive Welt, „die sich jedoch ihrer Subjektivität nicht

---

giosität leugnet. Der russische Kommunismus erweckte ihm nach zudem alte antiwestliche Zwangsvorstellungen und spielte sie „brutal gegen Europa" aus (vgl. ebd.; Schmidt 2001: 147; Kopeček 2002: 2ff.).

[38] Zur Geschichte des Begriffs Lebenswelt, seiner ursprünglichen Verwendung sowie seinen führenden Vertretern siehe die begriffsgeschichtliche Abhandlung von Christian Bermes (2002). Die Geschichte des Begriffs Lebenswelt beginnt ihm nach im ersten Drittel des 19. Jahrhunderts. Er wurde zunächst von Biologen, Zoologen, Paläontologen, Paläzoologen und später auch von Geographen verwendet. Ihr Übergang in den philosophischen Diskurs ist im Zusammenhang mit dem Monismus am Beginn des 20. Jahrhunderts zu sehen. Von dort aus geht er dann in die Pänomenologie über (vgl. ebd.: 190, 193).

bewusst ist, eine Welt mit einer Tradition, die sich der Besonderheiten dieser Tradition nicht bewusst ist, und korrelativ eine Menschheit, die sich ihrer Kontingenz nicht bewusst ist" (Patočka 1972: 314). Von Husserl übernahm Havel offensichtlich das Problem der Subjektivität. Ob Havel dessen Schriften kannte, ist nicht endgültig nachzuweisen. Allerdings war Patočka ein Schüler Husserls, mit dem er sich wissenschaftlich auseinandersetzte, und auch in den Schriften Václav Bělohradskýs, die Havel kannte, sind Verweise auf Husserl zu finden (z.B. Havel 1984a: 2-93/47; Havel 1986a: 200ff./143ff.; Bělohradský 1981: 65ff.; Tucker 1997: 162).

Wenn Havel die Lebenswelt als Fundament bestehender Werte bezeichnet, die bereits bestanden, bevor über sie nachgedacht wurde (vgl. Havel 1984a: 1-85/42), dann nähert er sich dem Denken des tschechischen Biologen und Philosophen Emanuel Rádl (*1873 †1942), mit dem Havels Vater befreundet war (vgl. Havel 1986a: 12/10). Wie für Havel existierten auch für den „Don Quijote der tschechischen Philosophie" (Hromádka 1943) Werte wie Gerechtigkeit, die schon existierten, bevor die mit ihr verbundenen Begriffe erfunden wurden, ehe irgendeine Konstruktion der Begriffe begann (vgl. Rádl 1942: 193/85). Beeinflusst von Rádl ist Havel auch dort, wo er ausführt, dass die Technik ein Komplex von Gegenständen ist, die der Mensch herzustellen vermag. Wenn Rádl von Technik sprach, meinte er Apparate, Maschinen und Geräte. Technik ist für ihn prinzipiell gleichbedeutend mit maschineller Produktion, Energieverbrauch, Herstellung künstlicher chemischer Stoffe (vgl. Rádl 1942: 187/81; Havel 1982c: 136-276/557).

Ferner sprach Rádl in den Zwanziger- und Dreißigerjahren des 20. Jahrhunderts von einer geistigen Krise der Zeit und der europäischen Menschheit (vgl. Rádl 1933: 620ff.). Ähnlich wie seine Zeitgenossen Ortega y Gasset (*1883 †1955) (ebd.: 244) und Johan Huizinga (*1872 †1945) (ebd.: 21, 28) warnte er vor dem Niedergang alteuropäischer Werte und dem Niedergang der Metaphysik (vgl. ebd. 244; Rádl 1942: 180ff./75ff., 187f./80ff.; Loewenstein 2005: 138).[39] Die Ursache der krisenhaften Situation der europäischen Welt, der Kultur und der Gesellschaft erkannte Rádl in der neuzeitlichen Philosophie, vor allem in der modernen Wissenschaft, ihrem Sinn, ihren Absichten, ihren Tätigkei-

[39] Auch Havel verweist auf y Gassets Werk „Aufstand der Massen" (Havel 1978a: 20-84/127).

ten und ihren angewandten Methoden. Hierbei kritisierte er jedoch nicht die erreichten Erfolge, sondern, wie Havel, die Entwicklung der Wissenschaft zu einer rein technischen Angelegenheit. In der modernen, auf die Technik beschränkten Forschung würden der Mensch und das Leben zu einem bloßen Objekt mutieren, also ein bloßer Forschungsgegenstand sein. Durch die riesigen Erfolge der modernen Wissenschaft, gerade auf dem Gebiet der Technik, sei diese zum Abgott der Menschheit geworden. Die experimentelle Praxis, die dazu passende Methodik einschließlich „ihrer" Philosophie, die Hand in Hand mit der Technik gehe, wurde zum Abgott der europäischen Menschheit (vgl. Grygar 2004: 389).

Die Wurzeln dieser Krise erblickte Rádl in der Renaissance und im 17. Jahrhundert (Rádl 1942: 170ff./67ff.). Sie lagen für ihn im Verlust des Glaubens und vor allem in der Wissenschaft Galileo Galileis[40] und ihren reduktiven Methoden, die zu einer Degradierung des aktiven Geistes und auch der Subjektivität führen (vgl. ebd.: 180ff./75ff). Rádl war der Ansicht, dass mit Galilei die Mathematisierung der Natur begann. Geometrie und Mathematik würden von nun auf die Natur angewendet. Dadurch werde das Erleben der natürlichen Welt durch eine wissenschaftliche Welt sowie mathematische und geometrische Konstruktionen ersetzt. Das wissenschaftliche Ziel sei der Umgang mit der Natur und die Suche sogenannter objektiver Fakten durch Experimente. Eine Wissenschaft, die sich aber nur mit reinen Fakten befasst, bringt nichts anderes hervor als Menschen, die wiederum nur Fakten sehen (vgl. Grygar 2004: 408f.). Der wissenschaftliche Blick auf die Welt zersetze aber die Zivilisation, da der Mensch nur die faktische Wirklichkeit betrachte. Hierdurch verschwinde die Metaphysik (vgl. ebd.: 389), weshalb die Menschheit schrittweise die Verantwortung für ihre Tätigkeit in der Welt verlor (vgl. Rádl 1933: 620). Für Rádl befanden sich aber nicht der moderne Mensch und die Gesellschaft in einer Krise und im Ergebnis dessen auch die Wissenschaft. Im Gegenteil, die moderne Wissenschaft ist die Ursache der Krise des Menschen (vgl. Grygar 2004: 392; Rádl 1942: 180ff./75ff.).

Neben Rádl übte Josef Šafařík (*1907 †1992) einen gewichtigen Einfluss auf Havels Denken aus, dessen Buch „*Sieben Briefe an Melin*" (Šafařík 1948) er als

[40] Dieser war für Rádl „der größte Revolutionär der Philosophie", da er „den Glauben an ein natürliches, das heißt vitales zweckgerichtetes Geschehen, wie er für die archaische Zeit, die Antike und das Mittelalter leitend war, zu Grabe" trug (Rádl 1942: 194/86).

seine „philosophische Bibel" bezeichnete (vgl. Havel 1986a: 27f./21).[41] Für Šafaříks Krisenverständnis erscheint jedoch der im Jahre 1967 in Liberec gehaltene Vortrag „Der Mensch im Zeitalter der Maschine" (Šafařík 1967) nicht minder wesentlich. Der mährische Ingenieur, Philosoph, Essayist und Dramatiker, ein Freund der Familie Havel (vgl. Keane 2000: 106, 127), sprach hier zunächst von einer industriellen Zivilisation, in der ca. drei Viertel aller Menschen leben (vgl. ebd. 9). Diese, als moderne Menschen bezeichneten Bewohner der Erde seien im Gegensatz zum natürlichen Menschen, die ca. ein Viertel der Erdbevölkerung ausmachten, der Natur und auch sich selbst entfremdet. Šafařík sprach von einem in der Schule der Exaktheit erlittenen mentalen Verlust des Körpers, dessen depressivster Moment die Umkehr des „Raum-Zeit-Kontinuums" sei. Er meinte die Wandlung der realen Zeit in eine abstrakte, die Wandlung des realen Raumes in einen abstrakten und die Wandlung des Organischen in Mechanisches. Auf dieser Grundlage entwickle sich das Bewusstsein oder das Gefühl der Verlorenheit in einer unendlichen Leere. Die Natur sei nicht mehr in der Zeit und auch nicht mehr im Raum. Vielmehr *ist* sie nun sowohl Zeit als auch Raum (vgl. Šafařík 1967: 14). Die gegenwärtige Welt werde von einer technischen Exaktheit beherrscht, die den Mensch in eine seelenlose Maschine ohne Authentizität bzw. ohne authentische Existenz verwandelt (vgl. ebd.: 15). Zugleich übernehme die Maschine die Funktion des (menschlichen) Körpers, der seinerseits nun ohne Seele ist. Auf der anderen Seite aber werde die technische Exaktheit zur „Bürgin der Maschinenzivilisation" (ebd.). Wie später bei Havel verlor der Mensch also auch bei Šafařík seine Identität und Authentizität. Wie Rádl bezog sich ebenso Šafařík auf Galilei. Seit dessen Lebzeiten seien die Geisteswissenschaften zugunsten der exakten technischen Wissenschaften zu nebensächlichen „Wissenschaften" (in Anführungszeichen) degradiert worden. Diese Annahme begründete er mit der Beobachtung, dass die modernen Menschen die letzte Lösung *aller* Fragen von den technischen Wissenschaften erwarteten. Jede Wissenschaft würde sich deshalb darum bemühen, in der „Zahl ihr letztes Argument" zu finden. Immanuel Kant (*1724 †1804) paraphrasierend

---

[41] In diesem Buch macht ein Ingenieur, der sich der Philosophie verschrieb, die moderne Wissenschaft und Technik für den (krisenhaften) Zustand der menschlichen Welt verantwortlich. Sein Fazit lautet, dass Schlussfolgerungen stets vorläufig sind. Jedes Individuum sei letztlich dafür verantwortlich, zusammen mit anderen zu entscheiden, „wie jedes von ihnen leben solle" (Keane 2000: 367; Šafařík 1948).

führte Šafařík kritisch aus, dass die Wissenschaftlichkeit einer jeden Wissenschaft vom Anteil der Mathematik bestimmt werde (ebd.: 11). Die technisch(-mathematischen) Wissenschaften seien in der modernen Welt die einzigen, „die der Menschheit das verlorene Paradies zurückgeben können" (ebd.: 11; vgl. Rádl 1942: 194f./86f.). Allerdings würden sie das Paradox aufweisen, zwar enorme Bemühungen aufzuwenden, um den Menschen materiell gegen den Tod abzusichern, zugleich aber liefern sie ihn diesem mental völlig wehrlos aus (vgl. Šafařík 1967: 13).

Drittens ist der sich an Jan Patočka orientierende Václav Bělohradský (*1944) für Havels Krisendenken von Bedeutung, mit dessen Denken Havel nach seiner Entlassung aus dem Gefängnis im Jahre 1983 in Berührung kam (vgl. Havel 1986a: 200/143, 17/14; Havel 1984a: 2-93f./47f.; Ash 1990: 200; Tucker et al. 2000: 423f.; Pinc 1990: 8). Einer der bedeutendsten tschechischen Philosophen der Gegenwart erkennt, wie zuvor auch Rádl und Šafařík und auch Havel, in der Naturwissenschaft Galileis und der Staatswissenschaft Machiavellis die Grundlagen des neuzeitlichen Bewusstseins. Mit Galilei sei das tägliche Leben zu einem Gegenstand der Mathematik, d. h. des Messens und Zählens geworden. Machiavelli hingegen habe den Staat und die Politik in eine Technik der Macht verwandelt. Der Staat werde von der *Staatsraison* regiert, die der Herrscher um jeden Preis umsetzen müsse (vgl. Bělohradský 1981: 69). Die moderne Geschichte sei nur die Entwicklung dieser beiden Disziplinen. Natur und Politik würden, wie Bělohradský mit Blick auf Carl Schmitt (vgl. ebd.: 68) ausführte, auf die Technik reduziert.[42] Die Natur stelle ein in mathematischen Formeln und der Staat (d. h. die Politik) ein mit Gewalt, Schlauheit, List und organisierter Fähigkeit geschriebenes Buch dar (vgl. ebd.: 67f.). Auf Grundlage des abstrakten Vernunftbegriffs der kopernikanischen Astronomie und der Physik Galileis mit

[42] Gemeint ist der Aufsatz „Das Zeitalter der Neutralisierungen und Entpolitisierungen". In diesem entwickelte der deutsche Staatsrechtler und Philosoph Schmitt (*1888 †1985) ein Stufenschema, wonach die Menschheit mehrere Zentralgebiete durchlaufe: Theologie, Wissenschaft, absolutistischer Staat und Technik. Letztere beginne am Anfang des 20. Jahrhunderts, die Politik zu ersetzen, genauer gesagt, zu dezentralisieren und zu neutralisieren. Ausgangspunkt dieser Entwicklung ist der Übergang vom „theologischen Zeitalter" zum „Zeitalter der natürlichen Wissenschaft" (Schmitt 1929: 145ff.). Schmitt folgend sei es der Technik möglich, alles zu beherrschen und zwar deshalb, weil sie „kulturell blind" und „nur Instrument und Waffe" ist (ebd.: 147). Weiterhin beeinflusste Martin Heideggers Ansicht, dass die Kybernetik die Philosophie ersetzt, Hannah Arendts Darstellung der Banalität des Bösen und die Geschichtsphilosophie Jan Patočkas Bělohradskýs Denken (vgl. Tucker et. al. 2000: 424).

ihrer „Verabsolutierung der unpersönlichen Objektivität" habe sich der Mensch, der wie bei Havel von seiner Verantwortung, seinem Gewissen und seiner *Lebenswelt* entfremdet ist, auch eine besondere Form der *Politik* geschaffen. Eine Politik, die „alle Theologie und Transzendenz verlassen hat. Moralisches Bewusstsein und Religion sind nur noch private Meinungen, die mit der Existenz des Staates so wenig gemein haben, wie die Sinne mit der Mathematisierung der Natur" (ebd.: 69). Die Politik reduziert sich auf die rationale Technik der Macht. Sie verselbstständigt sich vom religiösen und moralischen Bewusstsein. Zudem ist der „Imperativ des ‚Staatsinteresses' jeder persönlichen Meinung übergeordnet" (Bělohradský 1980: 163). Wie für Havel ist die Technisierung der Politik auch für Bělohradský die Ursache für deren (gefühlte) Amoralität. Sie führe zudem zu einer Banalisierung der Kultur und einer Unterdrückung der Sphäre aller Werte als „Ideologie" (Bělohradský 1984: 152). Jede moralische Ansicht ist nur noch etwas Subjektives. Banalität ist hier als „Befreiung des Menschen von seiner Subjektivität, von seinen *nur* persönlichen Ansichten, von seinem *nur* persönlichen Bewusstsein, *nur* natürlichen Verstandes" zu betrachten (Bělohradský 1981: 100 - HiO). Jeder Glaube, jede moralische Ansicht ist nur noch etwas Privates und Subjektives. Objektiv sind allein die legalen Prozeduren des Staates. Als ethischer Imperativ setze sich auch in der Politik die Unpersönlichkeit durch. Unpersönlichkeit bedeutet die Abkehr vom Menschen und Zuwendung zu neutralen, objektiven Werten, die sich im Sinne Galileis allein mathematisch bestimmen lassen und die wegen ihrer Objektivität der menschlichen Subjektivität entzogen sind (vgl. ebd. 70f.; Bělohradský 1980: 163).

Rádl, Šafařík und Bělohradský gemeinsam ist eine auch bei Havel zu findende ambivalente Haltung gegenüber den Errungenschaften der modernen Zivilisation und eine indifferente Haltung gegenüber der Technik. Trotz aller durchaus anerkannten Vorteile, die sein Leben erleichtern, führe die Technik zur Entfremdung des Menschen von sich selbst und der Natur. Er verliert die Verbindung mit der Lebenswelt. Ausgangspunkt dieser Entwicklung ist für diese Autoren und Havel in ideengeschichtlicher Perspektive die Epoche der Renaissance als Beginn der Neuzeit. Es handelt sich um eine Epoche, „in der das Pathos des Neuen auf eine nie gekannte Weise alles Denken durchdringt" (Ottmann 2006: 1). Metaphysische Entstehungsgründe der Welt mussten deren vorfindlicher Gestalt und kausaler Gesetzmäßigkeit Platz machen. Dies gilt auch für das Wesen des Menschen, das zugunsten dessen individueller Besonderheit an Beachtung und Interesse verlor. In diesem Sinne markiert die Renaissance einen tiefgreifenden kultur- und wissenschaftsgeschichtlichen Epochenschnitt mit langfristigen Folgen. Sie führte zu einem Mentalitätswandel. Wirtschaft, Politik, Kultur und Naturwissenschaften beeinflussen sich gegenseitig (vgl. Münkler 1990b: 24). In politiktheoretischer Hinsicht beginnt sich zu dieser Zeit ein instrumentalistisches Politikverständnis herauszubilden. Ziel der Politik ist nicht „mehr das gute und tugendhafte Leben" im Sinne des Aristoteles', sondern die moralfreie rationale Technik des Machterwerbs und der Machterhaltung (Braun/Hei-ne/Opolka 2008: 124). Die wichtigsten Vertreter dieser Epoche waren, wie auch aus den Aussagen der untersuchten Autoren abzuleiten ist, Niccolò Machiavelli und Galileo Galilei.

Galileis historische Bedeutung liegt zusammengefasst in seinen Erfindungen, mit denen das bisherige Aristotelische Weltbild und die Aristotelische Erklärung der Natur grundlegend erschüttert wurden. Alle Grundannahmen des Aristoteles stellte er in Frage. Die Erde steht nicht im Mittelpunkt des Alls und sie steht auch nicht still. Die Welt ist vielmehr eine heliozentrische und die Teleologie wird ersetzt durch „die kausalmechanische Naturerklärung" (Ottmann 2006: 270). Ebensowenig strebt die Natur zu einem Ziel. Sie wird nun aufgefasst „als ein Ensemble von Ursachen, die bestimmte Wirkungen zur Folge haben" (Münkler 1990b: 24). Machiavellis ideengeschichtliche Bedeutung liegt abgerundet in der angedeuteten Revolutionierung des politischen Denkens. Er vollzog einen Paradigmenwechsel und revidierte seit Jahrhunderten etablierte Maßstäbe (vgl. Ottmann 2006: 11). Aufgelöst wird vor allem die für den klassischen Humanismus zentrale „Einheit von *honestum* und *utile*, von dem was richtig ist, und dem was nützlich ist" (ebd.: 16 - HiO). Es kann auch nützlich sein, gegen die Moral zu verstoßen, ohne dass dies grundsätzlich notwendig und unabdingbar ist! Die für die klassische Philosophie typische Orientierung der Politik am guten Leben löst Machiavelli durch eine Lehre ab, „deren neue Götter Macht und Erfolg sind" (Ottmann 2006: 15; Machiavelli 1513). Eine weitere Bedeutung Machiavellis liegt darin, dass er die Politik beschreibt, wie sie sich in der Realität darstellt, und dies frei von normativen Wertungen. Er zeigte also, „wie Politik wirklich funktioniert" und nicht wie sie sein soll (Meyer 2010: 56).

Des Weiteren nahm Havel auf den durch Jan Patočka vermittelten Martin Heidegger (*1889 †1976) Bezug (vgl. z.B. Havel 1986a: 194/138; Havel 1978a: 20-83f./125f.), dessen Diagnose und kritische Einstellung gegenüber der modernen Technik er teilte (vgl. Keane 2000: 321). Für den deutschen Philosophen beruhte die moderne Technik, die die Ausgeburt der Subjektivitätsmetaphysik und ihres Denkens darstelle (vgl. Ottmann 2012: 17f.), auf den modernen exakten Wissenschaften (vgl. Heidegger 1953: 13). Entsprechend gehören auch diese in den Bereich des Wesens der modernen Technik (Patočka 1973: 333). Heidegger sprach, wie auch Havel hervorhob, von der Ratlosigkeit des Menschen gegenüber der planetaren Macht der Technik, die die Kulmination der abendländischen Metaphysik darstelle (vgl. Havel 1978a: 20-83/125f.; Komárek 1990: 1). Auch wenn Heidegger die Befürchtung äußerte, dass „die Technik der Herrschaft des Menschen zu entgleiten droht" (Heidegger 1953: 7), ist für ihn nicht die Technik selbst das Gefährliche (ebd. 27), sondern „das Geheimnis ihres Wesens" (ebd. 28). Dieses zeige sich im „Ge-stell" (ebd. 23, 25). Weder etwas Technisches noch etwas Maschinenartiges darstellend ist es die Art und Weise, „nach der sich das Wirkliche als Bestand entbirgt" (ebd. 23). Das „Ge-stell" ist gleichbedeutend mit dem Stellen der Natur und der Sicherung des Bestandes, „im Sinne der Herausforderung, indem die Wissenschaft nämlich das zunächst Vorliegende auf Verwendbarkeit hin prüft, es erschließt, das Erschlossene umformt, das Produkt speichert und von neuem disponierbar macht für weitere Verfügungen" (Patočka 1973: 333). Technik ist für Heidegger ebenso gleichbedeutend mit einem Entbergen (vgl. Heidegger 1953: 12): „Das Entscheidende der Technik liegt [...] keineswegs im Machen und Hantieren, nicht im Verwenden von Mitteln, sondern [im] Entbergen (ebd.: 13.). Entsprechend gehört auch das Ge-stell „in das Geschick der Entbergung" (ebd.: 25). Diese bedeutet „Her-vorbringen" (ebd. 13) und ist als solches „ein Wahrheitsgeschehen im ermöglichenden Sinn" (Patočka 1973: 335). Zur Entbergung gehören „die technischen Prozeduren der sicheren und genauen Berechnung" (ebd.: 333). Dies wiederum führe zu einer bisher unbekannten Durchsichtigkeit und Verfügbarkeit der menschlichen Umgebung, infolgedessen der Mensch „wirklich universal" und „zu einem planetarischen Wesen" geworden sei (ebd.: 334).

Mit Havel gesprochen führt die von Heidegger vermutete Entbergung zum Verlust des Absoluten, des Unerkannten, welches in der modernen technischen Zivilisation nicht länger unbekannt bleiben dürfe, sondern durch die wissenschaftliche Erkenntnis erhellt werden müsse (vgl. Havel 1984b: 61). Im Gegensatz zu Havel sieht Heidegger die große Gefahr aber nicht in der Knechtung des Menschen durch die Technik (vgl. Patočka 1973: 334), sondern gerade in der

Entbergung. Diese ist zwar fähig, das Seiende zu meistern, sie schiebt aber zugleich das Wesen des Seienden beiseite. Das Wesen des Seins muss im Ergebnis dessen als Grund des Erscheinens aufgefasst werden und zwar so, dass „die Meisterung des Seienden mit ihm [...] zusammenfällt" (ebd.: 335). Das Wirkliche wird durch das Wesen der modernen Technik, das Entbergen, „überall, mehr oder weniger vernehmlich, zum Bestand" (Heidegger 1953: 24). Die greifbare Gefahr der Technik bestand für Heidegger im Verlust der ursprünglichen Wahrheit, der zur Erniedrigung des menschlichen Wesens führe. Der Mensch schwingt sich bei Heidegger, im Gegensatz zu Havel, aber nur scheinbar zum Herrn über die Natur und die Geschichte auf. Tatsächlich wird er zu einem „Vehikel des Kräftespiels, welches in Gestalt ungeheurer Kollektivmächte mit ihm unpersönlich umspringt, als Kraft unter Kräften mit ihm rechnet und die ‚Wahrheiten' selbst nur als Kräfte einkalkuliert" (Patočka 1973: 336).

Im Zusammenhang mit Heidegger sollte keinesfalls der Einfluss Jan Patočkas auf Václav Havel übersehen werden, dessen Schriften er während seiner Studentenzeit „in der Universitätsbibliothek verschlungen hatte" und den er seit 1969 persönlich kannte (Havel 1986a: 37f./28; vgl. Havel 1977a: 486ff./152ff.). Dieser beeinflusste Havels Denken neben Šafařík wahrscheinlich am meisten, vermittelte er ihm doch Denker wie Martin Heidegger. Patočka, wie angedeutet, ein Schüler und auch Interpret Edmund Husserls und Martin Heideggers (vgl. Brenner 2009: 56; Patočka 1974), kritisierte die Entmystifizierung der Welt mittels der technischen Möglichkeiten. Hiermit beeinflusste er offensichtlich Havel, der Patočkas kritische Gedanken teilweise wortwörtlich übernahm: „Die technische Welt brüstet sich mit ihrer ‚Positivität', mit der Abwesenheit aller Phantasien und Fiktionen, aller Jenseitsvorstellungen und Mythen" (Patočka 1973: 335; vgl. Havel 1984b: 61). Patočka bezeichnete die zwiespältig betrachtete technische Welt auch als industrielle Zivilisation, die das 19. und 20. Jahrhundert beherrscht. Alle bisherigen Versuche der Menschheit, das Leben ohne die Hilfe von Wissenschaft und Technik zu organisieren, wurden gleichsam zerstört. Der Mensch der technischen Zivilisation sei „unvergleichlich mächtiger", als die Menschen früherer Epochen (Patočka 1975d: 121), da ihm ein weitaus größeres Reservoir an Kräften zur Verfügung stehe. Da ihm die Erde selbst nicht mehr genüge, dringe er in bisher ungeahnte Dimensionen, bspw. in subatomare Bereiche vor. Zudem lebe er in einer „unvergleichlich größeren gesellschaftlichen Dichte", was ihm wiederum einen Angriff auf die Natur ermöglicht (ebd.). Ferner ermögliche diese Zivilisation „ein Leben ohne Gewalt", aber mit weitreichender Chancengleichheit (vgl. ebd. 144). Darüber hinaus bietet sie „die Chance des Wechsels von einer eher zufälligen Herrschaft zu einer Herrschaft jener, die wissen, worum es in der Geschichte geht" (ebd.). Zugleich aber haben die Konzepte dieser Zivilisation die Beziehung des Menschen zu sich selbst und zur Welt insgesamt nicht beachtet. Sie rauben ihm die Bewohnbarkeit der Welt. Zudem entfremde er sich seiner selbst (vgl. ebd.: 123f.). Einen Niedergang der technischen Zivilisation hielt Patočka indes für unwahrscheinlich, da ihre Probleme nicht ihr eigenes Werk seien, sondern das Erbe der vorangegangen Epochen (vgl. ebd.: 145). Zusammengefasst ist Havels Analyse der technischen Zivilisation, wie die verschiedenen Einflüsse beweisen, eine Sammlung gleichgearteter Argumente verschiedener, zumeist tschechischer Autoren, die Havel seinerseits für sich zusammenfasste und etwas uminterpretierte, ohne dabei jedoch die Grundaussagen zu verändern.

Hinsichtlich seiner Betrachtungen zur Krise der technischen Zivilisation führte Havel indes aus, dass diese nicht allzu wörtlich genommen werden sollten. Es waren für ihn „nur Versuche, etwas aus dem Strom" seiner Gefühle und inneren Betrachtungen zu erfassen. Ziel sei es nicht gewesen, ein „begrifflich verpflichtendes System aufzubauen". Er begründete dies damit, kein Philosoph zu sein (Havel 1981a: 62-95/228), sondern nur „ein zeitweiliger Essayist oder philosophierender Literat" (Havel 1986a: 201/143f.; vgl. Hejdánek 1983: 11).[43]

[43] Dieser selbsteinschätzende Hinweis ist insofern bedeutungsvoll, als das Havels Analyse der Krise der technischen Zivilisation im tschechischen Kontext kritisch auf- und wahrgenommen wurde. Bedeutsam ist in diesem Zusammenhang insbesondere Ladislav Hejdánek (*1927). Der Essayist, Publizist und Philosoph evangelischer Prägung warf Havel im Zuge seiner Auseinandersetzung mit dessen „Briefe[n] an Olga", in denen sich Havel mit der Krise der menschlichen Identität beschäftigte, vor, kein Philosoph zu sein. Nichtsdestotrotz seien seine Betrachtungen, auch wenn sie keine wirkliche Philosophie seien, für jeden denkenden Menschen eine Herausforderung, über sie nachzudenken, denn in ihnen seien zweifellos außergewöhnliche Themen, „die bestens zum Philosophieren geeignet seien" (Hejdánek 1983: 6).

# III DAS „LEBEN IN WAHRHEIT“: INHALTE, GRUNDLAGEN, AUSPRÄGUNGEN, FOLGEN

## 1. Die „existentielle Revolution“ und der „Versuch, in der Wahrheit zu leben“

Václav Havel beließ es nicht bei einer subjektiv-kritischen Beschreibung des posttotalitären Systems und der technischen Zivilisation. Er war bestrebt, einen Ausweg aus dieser für ihn unerträglichen krisenhaften Lage aufzuzeigen. Dies beinhaltete nicht zuletzt auch das Ziel, eine neue Form der Politik zu schaffen. Wie alle Bürger, die sich mit der bestehenden Situation (im posttotalitären System) nicht abfinden wollten, stellte er sich die Frage, was nun, wenn eigentlich nichts mehr getan werden könne, zu machen sei (vgl. Stokes 1993: 21).[44] Für Havel existierten hierbei zwei mögliche Strategien, wovon aber nur eine eine wirkliche Lösung der bestehenden Probleme mit sich bringe.

Die erste zur Disposition stehende Strategie war die eines *direkten politischen Systemwechsels*. Einen solchen lehnte er jedoch ab. Er sei ineffektiv, stoße nicht zum Kern der Probleme des modernen Menschen vor und bringe deshalb keine nachhaltige Lösung. Er wäre zudem nur vorübergehend und kurzzeitig (vgl. Havel 1978a: 20-86/128; Komárek 1990: 4). Ein solcher direkter Systemwechsel ließ sich nach Havel auf zweierlei Art und Weise durchführen. Zunächst durch die Teilnahme an Wahlen oder die Mitgliedschaft in politischen Parteien. Solche traditionellen politischen Aktionen schienen ihm auf Grund des durchgesetzten alleinigen Führungsanspruchs der Kommunistischen Partei und nicht zuletzt wegen des Verschwindens der herkömmlichen Politik zwecklos. Durch das Stützen auf politische Konzepte und Institutionen, die Havel als rein äußerliche bezeichnete, sei eine durchgreifende Besserung der Verhältnisse nicht erreichbar. Überhaupt garantiere die Einführung eines anderen politischen Systems keinesfalls ein besseres Leben (vgl. Havel 1978a: 11-42/86). Die zweite Möglichkeit, die Havel zwar nicht direkt ansprach, die aber indirekt aus seinem Denken hervorgeht, wäre ein gewaltsamer Umsturz gewesen. Gewalt als Weg zu einem direkten politischen Systemwechsel lehnte Havel jedoch grundsätzlich ab,

---

[44] So lautete der Titel eines in den Achtzigerjahren des 20. Jahrhunderts veröffentlichten Aufsatzes des polnischen Publizisten und Historikers Jacek Kuroń (*1934 †2004) (vgl. Stokes 1993: 266).

und dies der Tatsache zum Trotz, dass das System, mit dem er sich auseinandersetzte, selbst auf Gewalt setzte (vgl. Luks 1987: 587). Seine Neigung zur Gewaltlosigkeit hatte sowohl ethische als auch pragmatische Gründe. Ihr ethischer Aspekt liegt in der Korrumpierung derjenigen, die sie ausüben. Gewalt war für ihn in diesem Sinne eine jakobinisch-leninistische Methode. Pragmatisch ist seine Ablehnung der Gewalt deshalb, weil es seit der Niederschlagung des ungarischen Aufstandes 1956 und des Prager Frühlings zwölf Jahre später keinen Zweifel daran gab, dass eine mit Gewalt verbundene Revolte im Rahmen der bestehenden geopolitischen Ordnung keine Chance auf Erfolg gehabt hätte (vgl. Ash 1990: 206; Auer 2004: 36, 39f.).

Die zweite, *anzuwendende*, Strategie ergibt sich aus Havels Analyse der menschlichen Krise in der modernen technischen Zivilisation (im Allgemeinen). Da es ihm „um das Problem des Lebens“ ging (Havel 1978a: 16-59/103), sollten die Menschen versuchen, ihre verlorene Identität zurückzugewinnen und auf dieser Grundlage eine bessere Gesellschaft aufbauen. Allein ein besseres Leben führe zu einem besseren Gesellschaftssystem (vgl. ebd.: 11-42/86). Hierzu hielt Havel es zunächst für unabdingbar, dass sich die Menschen von überkommenen *traditionellen politischen Kategorien* und *Gewohnheiten* befreien. Er meinte hiermit Begriffe wie „links“ und „rechts“ sowie politische Institutionen, wie Parteien und Parlamente, die im posttotalitären System ohnehin bedeutungslos waren. Dann sollten sich die Individuen dem menschlichen Leben öffnen (vgl. ebd.: 11-41/86; Havel 1985a: 6-136/77). Allein durch eine *„revolutionäre Wendung zum Sein“*, die Havel als *„existentielle Revolution“* bezeichnete (Havel 1978c: 260; Havel 1982c: 136-276/557), könne der moderne Mensch seine Identität wiederfinden, die Kontrolle über die technische Zivilisation zurückgewinnen und eine bessere Gesellschaft aufbauen (vgl. Havel 1978a: 20-84/126).

Die existentielle Revolution identifizierte Havel mit dem Auf-sich-nehmen von Verantwortung für sich und den Anderen, die innere Umkehr des Menschen zum eigenen Leben, zur eigenen Existenz und Identität (vgl. Pinc 1990: 8). Diese eine tiefgreifende Veränderung des Menschen und die Stärkung seiner Verantwortlichkeit für allgemeine Sachen hervorrufende innere Revolution waren für ihn der wirkliche Ausweg aus der geistigen, moralischen und existentiellen Krise der modernen technischen Gesellschaft, und dies sowohl im Osten als auch im Westen (vgl. Hankiss 1990: 148). Nur durch diese könnten die zweifelhaften ökologischen Aussichten, die absurde Leere der Konsumgesellschaft und der politische Marasmus der Diktatur überwunden und der raffinierte Mechanismus der Selbstmanipulation zerbrochen werden (vgl. Havel 1978c: 260). Bei dieser existentiellen Revolution ging es um die Rückkehr des Menschen zu sich und zu den wesentlichen Intentionen des Lebens, d. h. Pluralität, Vielfalt und unabhängige Selbstkonstitution (vgl. Komárek 1990: 4; Havel 1978a: 4-16f./62; Havel 1987: 180/119). Die existentielle Revolution entspricht einer Mobilisierung des menschlichen Gewissens, der menschlichen Vernunft und der Erinnerung an die Verantwortlichkeit des Menschen gegenüber der Welt, dem Universum und dem Anderen. Dies bedeutet, dass der Andere als Element der (Lebens-)Welt und integraler Bestandteil der eigenen Gegenwart und Zukunft betrachtet wird (vgl. Baer 1998: 268f.). Im Angesicht der Existenz des Nächsten erfahre das Individuum, laut Havel, seine ursprüngliche „Verantwortung für alle" und etwas Höherem gegenüber, als es allein ist. Es „wird zu dem besonderen Geschöpf, das im Stande ist, mit einem ihm völlig fremden Wesen zu fühlen" (Havel 1982d: 143-304/597).

Im posttotalitären System findet die existentielle Revolution ihren konkreten Ausdruck im „*Versuch, in der Wahrheit zu leben*" (Havel 1978a). Dieser ist für Havel eine fassbare „Rebellion gegen die Gleichgültigkeit sich selbst gegenüber", auf deren Grundlage die posttotalitäre Gesellschaft funktioniert (Bělohradský 1984: 154). Er ist der positive Gegenpol zum alltäglichen und allgegenwärtigen „Leben in Lüge", d. h. einem der Ideologie verfallenen Leben (vgl. Tucker 1997: 158; Pinc 1990: 8). Das „Leben in Wahrheit" kann Havel zufolge durch eine Unterlassung begonnen werden. Der Gemüsehändler höre bspw. auf, „zu Wahlen zu gehen, von denen er weiß, dass es keine sind" (Havel 1978a: 7-26/72). Zudem hängt er keine Fahnen mehr aus dem Fenster (vgl. ebd. 15-55/98). Neben dieser negativen Ebene des Unterlassens existiert jedoch auch noch eine positive Ebene. Der Gemüsehändler sagt bei Veranstaltungen das, „was er wirklich denkt". Zudem findet er genug Kraft, „sich mit denen zu solidarisieren, mit denen sich zu solidarisieren sein Gewissen befiehlt" (ebd.: 7-27/72). Er kann aber noch einen Schritt weitergehen und etwas Konkretes beginnen, nämlich seine Mitarbeiter „zur gemeinsamen demonstrativen Verteidigung ihrer Interessen organisieren" und verschiedene Institutionen anschreiben und diese auf „die Missstände und auf das Unrecht in seiner Umgebung aufmerksam machen". Er kann sich des Weiteren „inoffizielle Literatur besorgen, sie abschreiben und an seine Freunde ausleihen" (ebd.: 15-55/98).

Die Forderung nach einer existentiellen Revolution, verstanden als „Versuch, in der Wahrheit zu leben", als (einzig mögliche) Strategie, die bestehenden gesellschaftlichen, kulturellen und politischen Probleme (im posttotalitären System) zu lösen sowie die Ablehnung bloßer politischer Veränderungen, ist nicht allein im Zusammenhang mit dem Verschwinden der herkömmlichen Politik zu betrachten, sondern auch mit einer von Havel vermuteten mitteleuropäischen Skepsis gegenüber jeglicher Form von Utopismus, die aus den historischen Erfahrungen und Erlebnissen der Region erwuchs. Er verwies auf die tschechoslowakischen Erfahrungen mit dem Utopismus von 1945 und 1968. Gemeint ist die Hoffnung, die die tschechische Nation 1945 in den leninistisch-stalinistischen Sozialismus und 1968 in den Glauben an einen „Sozialismus mit menschlichem Antlitz" legte (Havel 1985a: 6-132ff./74ff.). Verbunden mit der Skepsis gegenüber allen „Farben und Schattierungen" der Utopie ist für Havel ebenso ein Argwohn hinsichtlich der „verschiedenen Arten und Erscheinungen des Ideologischen" (ebd.: 6-136/77).

## 2. Die philosophischen Grundlagen des „Lebens in der Wahrheit": Jan Patočka

Philologischer Ausgangspunkt Havels Wort- und Begriffskonstruktion „in der Wahrheit leben" ist der Aufruf Alexander Solschenizyns (*1918 †2008) „nicht in der Lüge leben" (vgl. Bělohradský 1980: 161; Bělohradský 1984: 154; Luks 1987: 585; Tucker 1997: 151, 163ff.; Schmidt 2001: 156; Havel 1978a: 8-31/75, 13-50/94, 20-85/128; Havel 1984a: 2-99/51; Havel 1986a: 179/128). Unter den Bedingungen der totalen Gesellschaft forderte der russische Schriftsteller, Dramatiker und Literaturnobelpreisträger von 1970 jedoch kein „Leben in Wahrheit", sondern ein minimales „Selbsterhaltungsprogramm". Die Lüge ist für Solschenizyn etwas, was dem Menschen eine Orientierungshilfe bietet, sich in einem totalitären System zurechtzufinden. Havel übersetzte dessen (negativen) Aufruf, „nicht in der Lüge zu leben", (positiv) als Aufruf, „in der Wahrheit zu leben", um mit dem Begriff Wahrheit arbeiten zu können (vgl. Pinc 1990: 8).

Wichtiger als diese sprachliche Basis sind die philosophischen Grundlagen des „Versuchs, in der Wahrheit zu leben". Wenn Havel das Gewissen und die Vernunft der Menschen mobilisieren will und an die Verantwortlichkeit des

Menschen gegenüber der Welt und dem Anderen appellierte, dann ist er bei der Entwicklung seiner Idee von der existentiellen Revolution und seines „Versuchs, in der Wahrheit zu leben“ von Jan Patočkas Philosophie der *„Drei Bewegungen der menschlichen Existenz*“ und dessen Politikbegriff beeinflusst (vgl. z.B. Baer 1998: 250ff.; Mandler 2004: 53; Tucker 1997: 158). Patočka unterschied drei fundamentale, die Grundstruktur des Lebens deutlich machende Bewegungen, die „ihre ursprüngliche Form haben, ihren [...] Sinn, ihre eigene Zeitlichkeit, indiziert von der jeweils dominierenden der drei Dimensionen der Zeit: der Bewegung des Annehmens, der Bewegung der Selbstverteidigung und der Bewegung der Wahrheit“ (Patočka 1975b: 52).

In der Bewegung des Annehmens wird der Mensch in die Welt aufgenommen und in diese eingeführt. „Der Eintritt in [den] Bereich des offenen, individuierten Seienden hat den Charakter einer Vorbereitung und einer Zusammenfügung“ (ebd.). Der neugeborene Mensch nimmt auf das in der Welt Vorgegebene mechanisch Bezug und akzeptiert das, was ohne sein Zutun für ihn vorbereitet wurde. Durch die Verankerung in der gegebenen Welt wird eine Kontinuität mit dem schon Daseienden als Gewesenem hergestellt. Diese Bewegung hat durch das Bedürfnis nach Anerkennung und Akzeptanz einen spezifisch sozialen Charakter, nämlich die intime Beziehung zum Anderen (vgl. Šrubař 1985: 16): „Im Entgegenkommen derjenigen Nächsten, die das neue Wesen schon angenommen haben, bevor es im vollen Sinne da war“, findet der seine Fremdartigkeit sowie „Unrecht“ und „Ungerechtigkeit“ spürende Mensch das Recht. Das Annehmen hat hiernach den Zweck, „sich gegenseitig Recht [zu] tun und Unrecht auszumerzen“ (Patočka 1975b: 53). In diesem Sinne bedeutet die Aufnahme des Kindes in die Familie, ihm Recht anzutun. Die Verankerung ist als das Angewiesen-sein auf Andere sowie auf Seiendes in der Welt zu verstehen (vgl. Šrubař 1985: 17). Dies verdeutlicht das auch in Havels existentieller Revolution zu findende Prinzip der menschlichen Intersubjektivität (vgl. Bednář 1995: 175).

Die Bewegung der Selbstverteidigung resultiert aus dem In-der-Welt-verankert-sein und steht in unmittelbarer Korrelation zur ersten Bewegung. Die Endlichkeit des Lebens erfordert Anstrengungen, die die Reproduktion des Lebens als „Selbsterweiterung des Ich“ gegenüber der Welt ermöglichen.

> „Den anderen kann man nur akzeptieren, indem man sich selbst preisgibt: Wir akzeptieren ihn, indem wir für seine Bedürfnisse nicht weniger sorgen als für unsere eigenen, indem wir *arbeiten*. Die Arbeit ist im Grunde ein Verfügen über sich selbst und zugleich ein Verfügen der anderen über uns, das in jener faktischen Gebundenheit des Lebens an sich selbst einen Grund hat" (Patočka 1975b: 53 – HiO).

Das entscheidende Kennzeichen dieser Arbeit ist ihre Nichtfreiwilligkeit. Sie ist wie eine Last, die der Mensch sein Leben lang auf sich nimmt. Zugleich ist sie aber eine Erleichterung seiner Bürde (vgl. Ricœur 1988: 13; Bednář 1995: 178; Conze 1972: 154, 158). Auch in dieser zweiten Bewegung spielt die Sozialität eine wichtige Rolle. Sie ist eine organisierte Struktur von Arbeitsbeziehungen, in der die Bedürfnisse des Anderen durch Arbeit befriedigt werden. Der Unterschied zur Intimität der ersten Bewegung besteht darin, dass das Ich und der Andere sich hier „versachlicht als Objekte gegenseitiger Manipulation" gegenüberstehen (Šrubař 1985: 17).

Die letzte der *drei Bewegungen* des menschlichen Lebens, die Bewegung der Wahrheit, ist als der Höhepunkt der ersten beiden aufzufassen. Sie vereinigt alle Bewegungen in ein harmonisches authentisches Ganzes und ist somit die wichtigste der drei Bewegungen (vgl. Tucker 1997: 45; Bednář 1995: 179ff.). Ist der Mensch in den ersten beiden Bewegungen durch das Wesen seines Lebens, dessen Universalität und Seinsbeziehung an einzelne Tätigkeiten und die Realisierung seiner Lebensbedürfnisse gebunden, weshalb sie auf das einzelne Seiende bezogen sind, so zeigt sich in der dritten Bewegung, dass sich der Mensch

> „dem Seienden gegenüber auch noch auf eine andere Art und Weise öffnen kann: [Er] kann diese Bindung an das Einzelne zur eigentlichen Beziehung zum Universum werden lassen. Dieser Wandel ergreift auch die Einstellung zum eigenen Leben: es ist keine bloße Anschauung, keine reine Reflexion, – diese stellen nur bestimmte Etappen des Weges dar – das Leben in seiner eigentlichen Möglichkeit ist ein Erfassen, eine Realisierung dieser Möglichkeit – es ist ein Modus der Praxis" (Patočka 1969a: 699).

Ist die erste Bewegung des Akzeptierens mit ihrem Einbruch in die Welt und mit den Gegensätzen und Lasterleichterungen wesentlich in der Vergangenheit begründet und die zweite Bewegung der Selbstverteidigung oder der Selbsthingabe mit der Gegenwart, so beinhaltet die dritte Bewegung die Zukunftsdimension. Das Individuum begegnet in seiner Beziehung zur Gesamtheit der Welt sich selbst (vgl. Patočka 1975b: 56; Šrubař 1985: 18). Diese Bewegung ist die Beziehung der Menschen zum Offenbarwerden, die den Unterschied zwischen dem Übernatürlichen und dem Natürlichen, von Göttlichem und Empirischem erkennt (vgl. Patočka 1975b: 56). Da sie zum Erscheinen der Wahrheit, zur Transzendenz der Einzelnen und zum Erkennen des Ganzen führt, ist sie die wichtigste und menschlich bedeutendste Bewegung. „Es ist die Wahrheit über die ambivalente Weltbeziehung in ihrer negativen und zugleich positiven Bestimmung“ (Šrubař 1985: 19). Der Mensch wird mit seiner Endlichkeit gegenüber der nichtmenschlichen Universalität des Welthorizonts konfrontiert. Indem er handelt, d. h. Verantwortung übernimmt, engagiert er sich mit dieser. Auf dieser Einsicht beruht das „Leben in Wahrheit“. Möglich ist der Durchbruch zur Wahrheit jederzeit, allerdings nur aus Lebenslagen heraus, die in der sozialen Praxis vollziehbare Einklammerung des Bestehenden möglich machen (vgl. ebd.: 26; Bednář 1995: 182).

Havels „Versuch, in der Wahrheit zu leben“ ist zwar keine direkte Entfaltung Patočkas Lehre, sie gibt dieser aber einen aktiven Sinn. Patočkas Philosophie vom „Leben in Wahrheit“ stellt die authentische Beziehung des Menschen *zur* Welt dar. Sie ist eine rein philosophische Haltung, *ohne* die Möglichkeit des aktiven Eingreifens in das öffentliche Geschehen. Havels „Versuch, in der Wahrheit zu leben“ ist hingegen verantwortliches und moralisches Handeln *in* der Welt. Ein solches Handeln zählte Patočka zur zweiten Bewegung, der Bewegung, die die „Selbsterweiterung des Ichs“ in den Mittelpunkt der menschlichen Existenz stellt und die aus dem In-der-Welt-verankert-sein resultiert (vgl. Mandler 1995: 90; Tucker 1997: 158).

Der Versuch, ein Leben in Wahrheit zu leben ist noch auf eine andere Art und Weise mit dem Denken Jan Patočkas verbunden. Die Anwendung eines menschlichen Maßstabs, wie der Wahrheit, „inmitten der entmenschlichenden Welt politischer Manipulation“ im posttotalitären System war für Havel ein Blitz, der eine dunkle und unübersichtliche Landschaft mit seinem hellen Licht erstrahlen lässt. Mit einem Male ist die „Wahrheit wieder Wahrheit, die Vernunft Vernunft und die Ehre Ehre“ (Havel 1969: 31/440f.). Havel nähert sich hier dem Politikbegriff Patočkas. Denn das, was Havel als Austreten aus dem „Leben in Lüge“

beschreibt, ist eine moralisierende Auslegung Patočkas „existenciálie“ (vgl. Havel 1978a: 7-27/72; Havelka 1998: 464).

Politik, Philosophie und Geschichte sind für diesen auf einem gemeinsamen Urgrund durch die Möglichkeit der Distanz, des „Streits und des Kampfes“, der Möglichkeit „der erschütterten naiven Gewissheit des Sinnes“ miteinander verbunden, der die „*Nicht-Selbstverständlichkeit der Wirklichkeit*“ öffnet (Patočka 1975a: 116 - HiO; Havelka 1998: 464).[45] Dieser Urgrund ist der Übergang von der *vorgeschichtlichen* zur *geschichtlichen Welt*. Charakterisiert ist dieser durch den Blitz, der in der Nacht die Morgendämmerung, zugleich aber auch die Dunkelheit zeigt (vgl. Patočka 1975a: 109f.). Der Blitz reißt die Dunkelheit freilich nur auf, ohne sie zu überwinden. Nur aus ihm heraus wird die wahre Philosophie und auch die Erkenntnis geboren, dass „das Leben nicht mehr bloß für das Leben ist“ (Patočka 1975b: 60).

Diese Erkenntnis ist zugleich die Grenze, durch welche die „vorgeschichtliche Welt“ und die „Welt der Geschichte“ getrennt sind. Dieser Bruch ist für ihn jedoch „kein historisches, sondern [...] ein existentielles Ereignis“ (Havelka 1998: 464). Es handelt sich um die Phänomenologie zweier Möglichkeiten des Sinns menschlichen Handelns (vgl. ebd.). Kennzeichnend für den vorgeschichtlichen Menschen ist die Tatsache, dass dieser „sein Leben in einer Art ontologischer Metapher begreift“ (Patočka 1975b: 55) und nicht zwischen der Nacht als Erfahrungstatsache und der Nacht als Dunkel unterscheidet. Seiendes und Sein gehen für den Menschen der vorgeschichtlichen Welt ineinander über (vgl. ebd.). Er lebt in unproblematischer „Aussöhnung mit dem Universum“. Sein nichtauthentisches Leben ist nur „Arbeit“ und „Sorge“. Es ist durch anonyme Notwendigkeiten bestimmt. Repräsentant der vorgeschichtlichen Welt ist der Intellektuelle, der diese Situation erklärt, ohne eine besondere Begründung seiner eigenen Position zu fordern (vgl. Havelka 1998: 464). Die „Welt der Geschichte“ und die „Geschichtlichkeit“, verstanden als Kategorie selbstbewussten und formenden Lebens, entwickeln demgegenüber die Vermittlung des *Handelns* aus der Freiheit und für diese. Aus dem *Bewusstsein* der Freiheit und den entscheidenden

[45] Die zeitliche Differenz (Patočkas private Vorlesung zum Thema wurde erst im Jahre 1975 aufgezeichnet, Havel formulierte dieses Problem bereits sechs Jahre zuvor) ließe sich wie folgt erklären: Havel war mit Patočka seit 1960 persönlich bekannt und nahm seit dem an dessen inoffiziellen Seminaren teil, in denen das Thema in Ansätzen schon behandelt worden sein muss, ohne jedoch aufgezeichnet worden zu sein (vgl. Havel 1977a: 487f./152f.).

Erscheinungen entstehen Philosophie und Politik. Materiell ist die Welt zwar dieselbe geblieben. Dennoch hat sich gezeigt, „was kein *Ding* ist, keine Tatsache – nämlich, dass als dies *ist*. Aber dieses, dass es *ist*, ist kein Ding“ (Patočka 1975a: 108 - HiO). Die Erschütterung der naiven Sinnesgewissheit, durch die das Leben der Menschen bis zu jener Veränderung beherrscht wurde, die mit dem (fast) parallelen Entstehen von Politik und Philosophie gleichzusetzen ist, ist die Trennlinie zwischen vorgeschichtlicher und geschichtlicher Welt (vgl. Patočka 1975c: 86). Diese Welt ist die Sphäre des „geistigen Menschen“, für den die Welt nicht auf ihre selbstverständliche, unproblematische Art und Weise existiert, sondern gerade in der „Erschütterung“. Der geistige Mensch ist immer auf dem Weg, der ihn in die Richtung der unendlichen Verschiedenheit führt (vgl. ebd. 88f.). Während bspw. in der Politik die Konsequenzen des Handelns „unübersehbar sind und jede Initiative den eigenen Händen sofort entgleitet“, so geht es in der Philosophie um den Sinn des Seienden und die Fraglichkeit des Seins (ebd.: 89).

## 3. Die Ausprägungen des „Versuchs, in der Wahrheit zu leben“

### *3.1 Der „Brief an Alexander Dubček“*

Auch wenn Havel seinen „Versuch, in der Wahrheit zu leben“ Mitte der Siebzigerjahre publik machte, so bedeutet dies nicht, dass er die mit diesem verbundene Ideen erst zu dieser Zeit entwickelte. Erste Ansätze finden sich in seinem erwähnten privaten „Brief an Alexander Dubček“ (Havel 1969; Havel 1986a: 143/102f.). Wie eingangs der Untersuchung angedeutet, machte Havel Dubček hier darauf aufmerksam, dass dieser infolge seiner Absetzung als Parteichef vor drei Handlungsalternativen stand. Diese würden Havel zufolge nicht nur sein persönliches Schicksal und Leben, sondern auch das der Bürger der Tschechoslowakei sowie das der kommunistischen Bewegung im Allgemeinen und der Kommunistischen Partei der Tschechoslowakei im Besonderen beeinflussen.

Die erste Möglichkeit Dubčeks bestand Havel zufolge in einer umfassenden Selbstkritik an der eigenen Politik, im Eingestehen der persönlichen „Schwäche und Blindheit“ und der Übernahme der sowjetischen Interpretation der Entwicklung in der Tschechoslowakei (Havel 1969: 17/432). Auch wenn dieser Weg für

Dubček selbst positive Folgen hätte, so lehnte Havel ihn wegen der zu erwartenden negativen Folgen für die Gesellschaft grundsätzlich ab. Dubček würde der „moralischen Konsistenz" des tschechoslowakischen Volkes „einen schrecklichen Schlag versetzen". Er würde des Weiteren zu nichts Anderem führen „als zu einem sittlichen Kater und Marasmus", von dem sich viele Generationen nicht erholen würden. Havel setzte diese Alternative mit der „Liquidierung [...] des nationalen Bewusstseins", aber auch des „Vertrauens in den Kommunismus" (ebd. 18/432) gleich.

Die zweite Möglichkeit erblickte Havel im Schweigen. Dies bedeutete, weder Selbstkritik noch irgendeine Polemik loszutreten, sondern sich „einfach still dem angenommenen Beschluss" zu unterwerfen und auf die kommenden Dinge warten (ebd.: 18f./433). Diese Handlungsoption betrachtete er als irreal, denn das Schweigen sei nicht viel besser, als das Verleugnen der eigenen Ansichten und Meinungen. Es wäre ein ziemlich peinlicher Versuch, „sich in der Menge zu verstecken" und eine „schwejksche Art durch die Geschichte zu lavieren". Letztlich würde das Schweigen zur selben sittlichen Krise führen, wie auch die erste Alternative (ebd. 19/433). Auch diese Möglichkeit würde zwar positiv für Dubček selbst sein, aber negative Folgen für die Gesellschaft haben.

Drittens konnte Dubček, allem Druck zum Trotz, „sachlich, offen und wahrheitsgemäß" seine Ansichten, seine Politik und auch sein Verständnis der Entwicklung ab dem Januar 1968 erläutern. Dies beinhaltete auch eine Verteidigung des Demokratisierungsprozesses gegenüber Auffassungen, die diesen als eine Existenzbedrohung für den Sozialismus betrachteten (vgl. ebd. 19/433). Mit Blick auf den später entwickelten „Versuch, in der Wahrheit zu leben" sprach sich Havel folgerichtig für diese dritte Alternative aus, obgleich sie für Dubček selbst nur negative Folgen zeitigen konnte: Ausschluss aus dem Zentralkomitee und unter Umständen auch aus der Kommunistischen Partei (vgl. ebd. 20/434). Zugleich aber würde er durch sein Eintreten für die Richtigkeit seines Handelns „der Parteiführung und deren Politik [...] einen schweren Schlag versetzen", denn er stelle auf diese Weise das charakterlose „und durch keine politische Taktik zu entschuldigende Verzerren der Wirklichkeit" durch die Partei bloß. Mögliche Repressionen oder Unruhen in der Bevölkerung seien jedoch „völlig vernachlässigenswert im Vergleich mit der eminenten *sittlichen* [...] Bedeutung" dieses Handelns. Dubček würde zeigen, dass es möglich ist, „seine Ideale und sein Rückgrat" zu bewahren und der Lüge entgegenzutreten (ebd.: 21/434).

Dieses Eintreten für eigene Überzeugungen, Ideale, Ansichten, Taten und die Wahrheit einerseits könne das Prestige der Tschechoslowakei in der Welt stärken und andererseits auch das ramponierte Bild des Kommunismus bzw. der kommunistischen Bewegung verbessern. Eine Machtverschiebung in der KPdSU vorausgesetzt, würde Dubček längerfristig sogar rehabilitiert werden (vgl. ebd. 22/435). Dieser persönliche Vorteil war für Havel allerdings nur ein kleiner Nebeneffekt im Vergleich zum großen ethischen Aspekt, wenn auch ein positiver. Der von Dubček gezeigte aufrechte Gang würde „für viele Mitbürger zum Maßstab des eigenen Verhaltens, zur Magnetnadel, die auf eine sinnvollere Zukunft weist, zu einer dauerhaften und konkreten *politischen* und menschlichen Stärkung" führen (ebd.: 21f./434). Zusammengefasst entsprechen die ersten beiden Handlungsoptionen weitegehend dem „Leben in Lüge", die dritte hingegen dem angestrebten „Leben in Wahrheit". Havel argumentierte somit bereits im Jahre 1969 mit der Kategorie und Vorstellung des Lebens in Wahrheit und nicht erst in seinem bekannten Essay „Versuch, in der Wahrheit zu leben" (Havel 1978a). Allerdings ist dieser Versuch zu dieser Zeit noch direkt mit dem Verhalten und Auftreten eines konkreten Politikers verbunden. Erst später wird er verallgemeinert und mit dem „gewöhnlichen" Bürger in Verbindung gebracht, der sich hierdurch in einen Dissidenten verwandelt.

### *3.2 Dissens und Opposition*

Im posttotalitären System waren für Havel diejenigen Menschen Dissidenten, die bereit für die existentielle Revolution und das „Leben in Wahrheit" waren. Aus den Reihen gewöhnlicher Bürger stammend, würden sie sich von diesen dadurch unterscheiden, das laut zu sagen, was diese mehrheitlich denken, aber nicht auszusprechen wagen (vgl. Havel 1985a: 1-118f./66). Die Dissidenten können nicht mehr in der Lüge leben. Der „Versuch, in der Wahrheit zu leben" ist für Havel die Grundlage jeder dissidentischen Aktivität, die ihrerseits die Verteidigung der Authentizität im Angesicht der Entfremdung im posttotalitären System ist (vgl. Tucker 1997: 26).

Havel selbst lehnte den Begriff Dissident ab, und dies aus zweierlei Gründen. Zunächst sei er etymologisch fragwürdig. Das Wort Dissident bedeutete für ihn Abtrünniger. Allerdings sei ein Dissident weder abtrünnig noch treulos. Im Gegenteil, er sei sich selbst treu geworden (vgl. Havel 1978a: 13-48/92). Das Fundament der Dissidentenbewegung ist entsprechend die Sorge um die eigene Identität. Zugleich steht und fällt die dissidentische Einstellung aber auch „mit dem Interesse *am Anderen*“ (ebd.: 13-50/94 - HiO). Zweitens rufe der Begriff falsche Vorstellungen hervor, nämlich dass es sich gleichsam um einen besonderen Beruf handele, mit dem der Mensch seinen Lebensunterhalt verdienen könne, wie bspw. ein Physiker, Soziologe, Arbeiter oder Dichter (vgl. ebd.: 13-48/92f.). Falsch sei ebenfalls die Vorstellung, wonach dem Dissidentenstatus eine positive Entscheidung vorausgehe, Dissident sein zu wollen. Der Mensch kann sich, so Havel, nicht entschließen, Dissident zu sein. Er werde vielmehr zu einem Dissidenten *gemacht* (vgl. ebd.: 13-49/93). Diese Aussage ist jedoch widersprüchlich, denn Havel zufolge *entscheide* sich der Mensch gerade dazu, ein Leben in Wahrheit zu leben, im Bewusstsein, daraufhin zum Dissidenten gemacht zu werden (vgl. ebd.: 13-47/91).

Unabhängig davon zeichnet sich ein Dissident im Verständnis Havels durch fünf Merkmale aus. Er sei zunächst wegen der systematischen öffentlichen Äußerung seiner nonkonformistischen Einstellungen, als Ausdruck des „Versuchs, Wahrheit zu leben“, im Westen bekannt. Auf Grund dessen habe er sich bei der Bevölkerung und Regierung des eigenen Landes Respekt verschafft. Er verfügt zudem über eine gewisse positive Macht, kann er doch die Regierung zu bestimmten Handlungen zwingen, die sie ohne ihn überhaupt nicht getätigt hätte. Sein, die Regierung zum (Re-)Agieren zwingendes Interesse und Engagement, reicht drittens über das eigene Privatinteresse hinaus und ist somit in gewisser Weise öffentlich. Gerade dies zwingt die Herrscher zum Handeln. Hierdurch hat es für Havel einen *„politischen Charakter“* (ebd. - HiO). Auf dieser Grundlage ist, viertens, die schriftliche Äußerung „das bedeutendste – und oft auch das einzige – *politische* Mittel, über das sie verfügen und das die Aufmerksamkeit – vor allem des Auslands auf sie lenken kann“ (ebd.). Diese Aussagen bestätigen noch einmal die von Havel aufgestellte These vom Verschwinden der traditionellen bzw. herkömmlichen Politik. Dem Dissidenten ist es weitgehend unmöglich, seine Meinungen auf herkömmliche Weise öffentlich zu äußern, denn seine Ansichten haben, wie zu zeigen sein wird, einen *politischen* Charakter, die ihm eine gewisse Macht geben. Da es jedoch nicht mehr möglich ist, sich im traditionellen Sinne politisch zu betätigen, hat ihr Wirken nur einen *indirekten* politischen

Charakter. Ebenso ist ihre Macht nur indirekt (vgl. ebd.: 13-47/91).[46] Fünftens werde von den Dissidenten im Westen „im Zusammenhang mit ihrem bürgerlichen Engagement" gesprochen (ebd.: 13-48/92).

Das dissidentische „Leben in Wahrheit" geht für Havel über den Faktor der menschlichen Authentizität hinaus. Es ist „das eigentliche Hinterland und der eigentliche Ausgangspunkt" (vgl. ebd.: 8-30/74) für das, was als *Opposition* gegenüber dem Normalisierungsregime bezeichnet werden kann. Bei der Bestimmung bzw. Beschreibung des Begriffes Opposition griff Havel erneut auf das Stilmittel des Vergleichs zurück. Der Opposition im posttotalitären System stellt er die Opposition in der klassischen Diktatur gegenüber, ferner verglich er sie mit der Opposition in einer Demokratie (vgl. Havel 1978a: 12-43ff./88ff.). In demokratischen Gesellschaften mit herkömmlicher Politik unterschied Havel zwischen einer parlamentarischen und einer außerparlamentarischen Opposition. Gemeinsam sei beiden die Legalität ihres Wirkens auf der Ebene tatsächlicher Macht und der herkömmlichen Politik. Letztere wirke jedoch etwas außerhalb der vom System aufgestellten Regeln und auch mit anderen Mitteln als denen, „die im Rahmen dieser Regeln üblich sind".[47] Die parlamentarische Opposition war für Havel die wirkliche Opposition, war sie für ihn doch ein gleichsam natürlicher Bestandteil des (herkömmlichen) politischen Lebens. Gekennzeichnet war sie durch das Anbieten alternativer politischer Programme, mit denen sie an die Regierung bzw. die Macht kommen wolle (ebd.: 12-43/88f.). Ein alternatives politisches Programm würde ebenso die Opposition in der klassischen Diktatur vorlegen. Sie sei „entweder legal oder [wirke] an der Grenze der Legalität" (ebd.: 12-43/89). Allerdings habe sie keine Möglichkeit, sich im Rahmen bestimmter Regeln um die Macht zu bewerben. Gegebenenfalls stehe sie in einer gewaltsamen Machtkonfrontation mit der herrschenden Gruppe (vgl. ebd.: 12-44/89).

Für das posttotalitäre System unterschied Havel drei Oppositionsformen. Zunächst seien jene Gruppen Opposition, die sich *innerhalb* der offiziellen Machtstruktur in einer versteckten Machtkonfrontation mit den höchsten Ebenen befinden. Motive dieser Opposition waren für Havel Konzeptionsdifferenzen, das bloße *Machtstreben* oder einfach nur persönliche Feindschaften. Zweitens war

[46] Hieraus ist abzuleiten, dass herkömmliches politsches Wirken mit Macht verbunden ist.

[47] Havel führte allerdings nicht aus, um welche Regeln es sich genau handelt.

für Havel all jenes Opposition, was das posttotalitäre System in irgendeiner Weise bedroht (vgl. Havel 1978a: 12-44/88). Zur Opposition sind deshalb ferner die Gruppen zu zählen, die ihre nichtkonformistische Einstellung und kritischen Ansichten öffentlich mitteilen, ihr unabhängiges (politisches) Denken „nicht verheimlichen“ oder sich selbst als „bestimmte politische Kräfte begreifen“ und dies auch öffentlich kundtun (ebd.: 12-44/88). Auch dies traf auf die in Wahrheit lebenden Dissidenten zu. In diesem Sinne sind die zweite und dritte Form von Opposition in gewisser Weise identisch. Selbiges gilt für die Begriffe Opposition und Dissidententum. Auch diese fallen im Verständnis Havels zusammen. Im posttotalitären System äußert sich Opposition somit nicht auf der Ebene faktischer, institutionalisierter und quantifizierbarer Macht (vgl. ebd.: 12-44/88f.).[48] Die oppositionellen Dissidenten würden, wie angedeutet, aber nur über *indirekte Macht* verfügen. Sie sind wegen ihrer Einstellung von jeder offiziellen Machtausübung und auch aus der Gesellschaft ausgeschlossen. Allerdings würden sie bewusst keine direkteMacht beanspruchen bzw. nach dieser streben (vgl. Havel 1985a: 10-156/89).[49] Dies bestätigt erneut die Auffassung, wonach die Dissidenten keine Opposition im herkömmlichen Sinne sind. Da ihnen jeder *direkte* Einfluss auf die Gesellschaft des posttotalitären Systems unmöglich ist, müssten sie in der Sphäre des „menschlichen Gewissens und Bewusstseins, auf existentiellem Niveau“ wirken (Mandler 1995: 88; vgl. Baer 1998: 239; Havel 1978a: 8-33/77). Dies hat jedoch eine politische Bedeutung.

Das mit dem Ausschluss aus der Öffentlichkeit verbundene „Leben in Wahrheit“ wird für Havel zu einer versteckten Machtkonfrontation mit dem posttotalitären System (vgl. Havel 1978a: 12-44/88). Inmitten des manipulierten Lebens formen die Aktivitäten der Dissidenten den Bereich eines unabhängigen Lebens der Gesellschaft (vgl. Mandler 1995: 88), aus dem sich gerade das erhebt, was „Dissidentenbewegung“ oder „Opposition“ genannt wird. Von unten beginnt sich, ein *unabhängiges*, geistiges, soziales und politisches Leben der Gesellschaft zu strukturieren. Dieses äußere sich in großem Maße in Form freien Kulturschaffens, unabhängigen Anschauungen und Reflexionen über die Welt und das Sein, bis hin zu einer unabhängigen gesellschaftlichen Selbstorganisation. Es ist „der Raum, in dem sich das ‚Leben in Wahrheit‘ artikuliert und sichtbar

[48] Deshalb sei Opposition hier keine Opposition im klassischen Sinne des Wortes, wie sie in demokratischen Systemen vorkommt (vgl. Havel 1978a: 12-44/88f.).

[49] Sie haben jedoch die (positive) Macht, die Regierung zu gewissen Handlungen zu zwingen.

materialisiert“ (Havel 1978a: 15-56/99). Dieses „unabhängige Leben der Gesellschaft“ war für Havel eine höhere Form bzw. der konkrete Ausdruck des „Lebens in Wahrheit“. Die Dissidentenbewegung hingegen ist ihm zufolge nur *eine* Erscheinung des unabhängigen Lebens der Gesellschaft, „obwohl es vielleicht [die] *am meisten politische*, [und] in ihrem politischen Wesen *am deutlichsten artikulierte* Erscheinung ist“ (ebd.: 15-56/100 - HiO).

Havels Bild vom Dissidententum verweist auf eine weitere Beeinflussung durch Jan Patočka. In seinem Buch „Über den Sinn von heute“ (Patočka 1969b: 5ff.) stellte dieser der Elite des kommunistischen Partei- und Machtapparates die Elite des Intellekts entgegen. Als Inhaber politischen Verstands standen die Intellektuellen für ihn an der Spitze der gesellschaftlichen Hierarchie.[50] Dessen sollte sie sich auch bewusst werden. Er forderte Aktivität statt Passivität. Die Intelligenz soll nicht rezeptiv ohne Initiative und ohne Sinn für intellektuelle Argumente sein. Ebenso dürfe sie den Sinn für Fragen nicht verlieren und müsste ihre Leidenschaft verdoppeln. Waren die Intellektuellen in früheren Zeiten und Kulturen ein Werkzeug der Regierenden, so sollten sie nun die (geistige) *Opposition* bilden und ihre Kritik verstärken (vgl. ebd.: 11, ebenso bereits Rádl 1928: 135). Sie waren auserkoren, den Raum des ausgeformten „Lebens in Wahrheit“ auszufüllen (vgl. Mandler 1995: 91). Hierauf aufbauend hatte die intellektuelle Elite für Havel die Aufgabe, allgemein für die Wahrheit einzustehen und diese zu kommunizieren. Die intellektuelle Elite sollte zu einer sittlichen Elite werden und die Gesellschaft führen.

Die Ansichten Havels und Patočkas entsprachen weitegehend der tschechischen (Politik-)Tradition, derzufolge der Intelligenz eine besondere Stellung zukam. Im 19. Jahrhundert spielte sie bei der nationalen und politischen Emanzipation der Tschechen eine entscheidende Rolle (vgl. Winkler 1998: 300). Nationale Erwecker, wie die Philologen Josef Dobrovský (*1753 †1829), Josef Jungmann (*1773 †1847) und Ján Kollár (*1793 †1852) sowie der Historiker František Palacký und der Journalist Karel Havlíček, wirkten nicht allein kultu-

---

[50] Nur am Rande ist hier anzumerken, dass die Begriffe „Intelligenz“ und „Intellektuelle“ im tschechischen Umfeld ungenau definiert sind. Ausgegangen wird von einer Bestimmung durch den formalen Schulabschluss (vgl. Winkler 1998: 305). Da jedoch nicht jeder, der über einen Hochschulabschluss verfügt, ein Intellektueller ist (vgl. Loewenstein 2003: 16), wird diese Definition durch die Forderung nach politischem Engagement sowie die Aus- und Erfüllung einer besonderen gesellschaftlichen Position ergänzt. Intelligenz stellt dann eine geistige, aber nicht von akademischen Titeln abhängige Fähigkeit dar (vgl. Winkler 1998: 305).

rell, sondern auch politisch. Die tschechische Intelligenz bildete „eine politische Nation“ (ebd.: 299). Allerdings fehlte in diesem Zusammenhang die Verbindung von Bildung und Macht. Am Ende des 19. und zu Beginn des 20. Jahrhunderts wurde von ihr die Erfüllung mehrerer Aufgaben erwartet: erstens Nähe zum Volk (vgl. z.B. Masaryk 1898b: 64), dann die Beschäftigung mit aktuellen Fragen. Drittens sollte sie Werte bestimmen und verteidigen und viertens auf moralische Prinzipien und Probleme aufmerksam machen. Darüber hinaus sollte sich die Intelligenz politisch engagieren (vgl. Winkler 1998: 311) und gesellschaftliche Verantwortung übernehmen. Sie war aufgefordert, den engen Rahmen ihrer individuellen Kompetenz zu überschreiten und ihre Stimme im Namen der Allgemeinheit zu erheben (vgl. ebd.: 299f.). Ihre Aufgabe bestand darin, sich in Fragen einzumischen, die über ihr eigentliches Fachgebiet hinausgingen. Es ging nicht um die *vita contemplativa,* sondern die *vita activa.* Der tschechische Intellektuelle und damit der spätere Dissident sollte gesellschaftliche Verantwortung für seine Ideen tragen. Er war ein überdurchschnittlich gebildeter Politiker mit hohen moralischen Ansprüchen (vgl. ebd.: 314f.).

### *3.3 Die parallele Polis und die zweite Kultur*

Wenn Havel von einem *unabhängigen*, geistigen und sozialen Leben in der posttotalitären Gesellschaft sprach (vgl. Havel 1978a: 18-70/113), dann knüpfte er an Václav Bendas (*1946 †1999) Essay *„Die parallele Polis“* an. In diesem führte der katholische Philosoph und Mathematiker im Jahre 1978 aus, dass anstelle der Austragung eines Konfliktes mit der politischen Macht, Bestrebungen notwendig seien, nichtoffizielle parallele Strukturen auszuformen, und zwar in den Bereichen Kultur, Schulwesen, Wissenschaft, Informationssystem, Wirtschaft und Politik. Diese parallelen Strukturen sollten fähig sein, allgemein nützliche und unentbehrliche Funktionen zu erfüllen, die in der Gesellschaft ungenügend oder sogar schädlich funktionieren (vgl. Benda 1978: 43ff.). Für Benda war ihre Entwicklung eine praktische Notwendigkeit, weil, und hier wird eine erste Kritik an Havels Programm deutlich, allein ethische Positionen und die Vernachlässigung der sozialen und politischen Dimension nicht den erhofften Erfolg brachten. Zugleich war sie eine logische Konsequenz, da die Kritiker des Regimes aus den offiziellen Strukturen verdrängt wurden. Nonkonformisten, die im Rahmen der offiziellen Organisationen blieben, sollten versuchen, das Regime zu „humanisieren". Die Idee der „parallelen Polis" war praktisch ausgerichtet. Sie wollte sich durch eigene – unabhängige – Institutionen vom Staat lösen. Hierdurch mussten sie jedoch, wie Petr Uhl (*1941) in seinem kritischen Beitrag „*Die alternative Gesellschaft als revolutionäre Avantgarde*" anmerkte, notwendigerweise in einen dauerhaften Konflikt mit dem Regime geraten. Er begründete seine Meinung mit der Annahme, dass bürokratische Diktaturen alternative Strukturen und Lebensformen nicht akzeptieren könnten. Insbesondere in Bereichen wie der Wirtschaftsproduktion würden sie deshalb schnell an ihre Grenzen gelangen. Aus diesem Grunde strebte der trotzkistisch gesinnte studierte Maschinenbauer und Publizist in der Tschechoslowakei eine „antibürokratische Revolution" an (Uhl 1979: 81ff.; vgl. Luks 1987: 584).

In realhistorischer Perspektive existierten diese parallelen Strukturen vor allem im Bereich der Kultur. Havel sowie Benda sprachen neben anderen von einer *zweiten, alternativen bzw. parallelen Kultur* (Benda 1978: 46; Havel 1984c: 145f.; Havel 1978a: 18-71/113; Alan 2001: 17ff.). Für Havel handelte es sich um jene Kultur, die aus verschiedenen Gründen ohne die Hilfe offizieller staatlicher Medien auf die Öffentlichkeit einwirken muss und auch will. Ihr stünden nur „Schreibmaschinen, private Ateliers, Wohnungen, Scheunen und Ähnliches" zur Verfügung, also das, was übrigbleibt (Havel 1984c: 145). Entwickelt habe sich die parallele Kultur deshalb, weil dem geistigen Potential der Gesellschaft die offiziellen staatlichen Normen zu eng gewesen seien, infolgedessen es sich nicht vollends entfalten könne (vgl. ebd.: 146) und das Individuum letztlich um sein individuelles Ereignis gebracht werde.[51]

Als Begründer der zweiten Kultur betrachtete Havel Ivan Martin Jirous[52] (vgl. Havel 1978a: 18-71/113). Der tschechische Musiker, Lyriker, Kritiker und Kunsttheoretiker Jirous, auch Magor genannt, war eine der wichtigsten Figuren der zweiten alternativen, d. h. parallelen Kultur in den Siebziger- und Achtzigerjahren. Deren völlige Unabhängigkeit begründete er in der „Nachricht über die dritte tschechische musikalische Erweckung" theoretisch und nannte sie Underground. Mit diesem Begriff beschrieb er zunächst allgemein und dann konkret die

---

[51] Die Ergebnisse der literarischen parallelen Kultur wurden in der von Ludvík Vaculík gegründeten Edice Petlice gesammelt (vgl. Havel 1984c: 147).

[52] Jirous (*1944 †2011) war der „artistic director" und „mastermind" der führenden tschechischen Undergroundgruppe „Plastic People of the Universe" (vgl. Bolton 2012: 116).

nonkonformistische und inoffizielle Musikszene (vgl. Falk 2003: 85). Im Kontext der modernen Welt betrachtet, war der Underground für Jirous „die geistige Position der Intellektuellen und Künstler, die sich bewusst kritisch gegenüber der Welt abgrenzen, in der sie leben". Hierauf aufbauend würden im posttotalitären Ostblock jene Menschen den Underground bilden, „die begriffen haben, dass man im Rahmen der Legalität nichts verändern kann und die sich nicht bemühen, die Legalität zu betreten" (Jirous 1975: 8).[53]

Der Underground war nach Jirous eine Bewegung, die überwiegend mit künstlerischen Mitteln arbeitet. Dessen Vertreter seien sich aber bewusst, dass die Kunst nicht das letzte Ziel des Strebens der Künstler ist und auch nicht sein soll. Der Underground war dabei nicht an eine bestimmte künstlerische Richtung bzw. einen bestimmten Stil gebunden, sondern allein an das freie Ausdrücken der eigenen (künstlerischen) Ansichten und dies unabhängig von der offiziellen ersten Kultur (vgl. ebd.).[54] Allerdings war er vor allem mit der Rockmusik verbunden. Für Jirous war das Leben im Underground mit zwei unabdingbaren Eigenschaften verbunden, mit Mut und Demut. Ohne diese sei es unmöglich, im Underground leben zu können (vgl. ebd.).[55]

Die theoretischen Grundlagen der zweiten Kultur bzw. des Undergrounds wurden Jirous zufolge zu Beginn der Sechzigerjahre im Westen formuliert, von wo aus sie in den Osten gelangten. Allerdings kritisierte er die Entwicklung des westlichen Undergrounds. Die in der zweiten Kultur lebenden Künstler seien dort, nachdem sie in den Kontakt mit der ersten Kultur traten, dem Materialismus und dem Streben nach Anerkennung verfallen und und letztlich selbst zur ersten Kultur geworden. In der Tschechoslowakei würde sich der Underground

[53] Der vor allem an der Kunst orientierte Underground wurde durch die Ablehnung oder das Ignorieren des Normalisierungsregimes und/oder seiner Institutionen getragen. Auf diese Weise stellte er zwar eine Form des bewussten Widerstands dar. Zugleich aber lehnten es seine Mitglieder überwiegend ab, den Underground als eine bewusst politische Haltung zu betrachten. Politisiert wurde er durch das Regime selbst. Ein weiteres Kennzeichen des Undergrounds war die spontane Einhaltung einer spezifischen geistigen Moral, was v.a. Wahrhaftigkeit und Authentizität bedeutete. Drittens war der Underground durch eine deutliche Indolenz gegenüber sozialen Verhaltensnormen gekennzeichnet. Der Underground war ein Lebensstil (vgl. Alan 2001: 19). Für den Musiker Filip Topol (*1965 †2013) konnten im Underground deshalb auch Menschen sein, die künstlerisch nicht tätig waren (zit. ebd.).

[54] Die offizielle erste Kultur war die staatliche geförderte Kultur, die den Vorgaben der offiziellen Kulturpolitik der kommunistischen Führung entsprach (vgl. Alan 2001: 11ff.).

[55] Eine nähere Erläuterung der Notwendigkeit dieser Eigenschaften fehlt indes.

hingegen in keinster Weise um eine Verbindung mit der ersten Kultur bemühen. Diese Aussage relativierte Jirous freilich. Die erste wolle mit der zweiten Kultur überhaupt nichts zu tun haben. Nichtsdestoweniger wird hier eine gewisse normative Überhöhung deutlich. Während der westliche Underground dem Materialismus verfiel, sei der östliche – tschechische – Underground im Gegensatz dazu idealistisch orientiert (vgl. Jirous 1975: 8). Havel selbst lehnte es ab, die zweite bzw. parallele Kultur als etwas qualitativ Höheres als die erste Kultur zu betrachten. Aus diesem Grunde stellte er die erste und zweite Kultur auch nicht gegeneinander:

> „In beiden Sphären sind nicht nur gute und schlechte Sachen, sondern vor allem *unterschiedliche*! [...] Die parallele Kultur ist keine Garantie für nichts, sie ist kein Wert, auch kein widerständischer, sie ist kein Stil, ebensowenig ein kulturformendes Prinzip, sie ist nichts weiter als ein Fakt“ (Havel zit. Suk 2013: 239 - HiO).

Aus diesem Grunde gehe aus der parallelen Kultur auch keine besondere Qualität, Ästhetik oder Ideologie hervor. Sie verfüge über kein Programm, keine Konzeption, keine Orientierung und auch keine Philosophie und könne sie auch nicht haben (vgl. Havel 1984c: 145). Der Dichter und Übersetzer Jan Vladislav (*1923 †2009, eigentlich Jan Bambásek) bezeichnete die parallele Kultur des (künstlerischen) Undergrounds hingegen als das eindrucksvollste Zeugnis des Wunsches der tschechischen Nation nach Freiheit. Sie bot dieser die Möglichkeit, sich vor dem Verlust ihrer Identität zu schützen (vgl. Skilling 1989: 26). In diesem Sinne hatte sie für ihn durchaus eine Konzeption und Orientierung.

### *3.4 Die Charta 77 und ihr gewaltloser gesetzlicher Widerstand*

Ein Beispiel dafür, dass im posttotalitären System der existentielle Bereich zum Ausgangspunkt für alternative *politische* Strömungen und Bewegungen wird, war für Havel die Charta 77, zu deren Mitbegründern und bedeutendsten Persönlichkeiten er gehörte (vgl. Havel 1978a: 10-36/81, 12-44/88).

Am 1. August 1975 ratifizierte die tschechoslowakische Regierung im Rahmen der KSZE-Schlusskonferenz in Helsinki den „Internationalen Pakt über wirtschaftliche, soziale und kulturelle Rechte“ und den „Internationalen Pakt über bürgerliche und politische Rechte“. Mit der Unterzeichnung dieser Dokumente verpflichtete sie sich, die dort verbürgten bürgerlichen Grundfreiheiten zu achten.[56] Beide Übereinkommen traten am 23. März 1976 in der Tschechoslowakei in Kraft und wurden am 13. Oktober 1976 in der tschechoslowakischen Gesetzessammlung veröffentlicht (vgl. Kusin 1979: 51; Falk 2003: 88). Infolgedessen bestand in der Tschechoslowakei die Möglichkeit, sich legal auf diese Richtlinien zu berufen, da sie in den Gesetzen des Staates verankert waren (vgl. Otáhal 2011: 126).[57]

Wenige Monate später, am 6. Januar 1977, veröffentlichte die tschechoslowakische Opposition mit der Charta 77 ein Dokument, welches die Disparität zwischen den internationalen Rechtsverpflichtungen und der repressiven Regierungspolitik aufzeigte (vgl. Stokes 1993: 23ff.). Die Unterzeichner der Charta 77, zu denen „Trotzkisten, ehemalige kommunistische Würdenträger, Katholiken [und] Protestanten“ (Luks 1987: 584; vgl. Kusin 1979: 52, 54; Stokes 1993: 25; Suk 2008: 20f.) zählten[58], verwiesen auf die Erfahrung, dass in der Tschechoslowakei die grundlegenden Rechte des Bürgers nur auf dem Papier galten. Unmittelbarer Anlass für die Gründung der Charta 77 war die international heftige Proteste auslösende Verurteilung der alternativen und unabhängigen Rockgruppe „Plastic People of the Universe“ im Herbst 1976. Dieser Akt führte zur Annäherung einzelner unabhängiger dissidentischer Gruppen, die sich der Wichtig- und Notwendigkeit oppositioneller Aktionen in der Öffentlichkeit bewusst wurden (vgl. Císařovská 2006: 21; Otáhal 2011: 125; Bolton 2012: 115ff.).

Als „freie, nicht formelle und offene Vereinigung von Menschen verschiedener unterschiedlicher Überzeugung, unterschiedlichen Glaubens und auch unterschiedlicher Professionen“ (Charta 77: 3) verstand sich die Charta 77 weder als Organisation noch als Basis einer politischen Opposition (ebd.: 4). Folgerichtig lehnte sie den ihr von der Regierung und westlichen Medien zugeschriebenen

[56] Diese beiden Pakte unterzeichnete die tschechoslowakische Regierung bereits im Jahre 1968, allerdings wurden sie zunächst geheimgehalten (vgl. Císařovská 2006: 21).

[57] In der drei Körbe umfassenden KSZE-Schlussakte wurden die politischen Grenzen der europäischen Nachkriegsordnung, das Selbstbestimmungsrecht der Völker (Korb 1), die Zusammenarbeit in den Bereichen Wirtschaft, Wissenschaft, Technik und Umwelt sowie Sicherheit in Europa (Korb 2) und die Anerkennung der Menschenrechte (Korb 3) festgeschrieben.

[58] Die Charta 77 hatte insgesamt 1.889 öffentliche Unterzeichner. Diese kamen vorrangig aus der tschechischen Teilrepublik der Tschechoslowakei. Alle Unterzeichner sind bei Císařovská/Prečan (2007b: 337ff.) in alphabetischer Reihenfolge aufgeführt.

Oppositionsstatus wiederholt ab. Zumindest nach außen wollte sie nicht als oppositionelle Macht oder als Machtalternative mit eigener hierarchischer Struktur, einheitlichem politischen Programm und Zielen auftreten (vgl. Havel 1986b: 101, 105). Auch stützte sie sich „nicht so sehr auf ein politisches, sondern gründete sich vor allem auf ein moralisches Prinzip“ (Havel 1977b: 255). Deshalb machte sie sich „kein eigenes Programm politischer oder gesellschaftlicher Reformen oder Veränderungen zum Ziel“ (Charta 77: 4; vgl. Patočka 1977: 317) und stellte „gegen die eine Konzeption, das Modell oder die Ideologie [...] keine andere Konzeption, kein anderes Modell und keine andere Ideologie“ (Havel 1978a: 16-59/102f.). Ihr Hauptziel und wichtigstes Anliegen war die Verteidigung der offiziell anerkannten grundlegenden Menschenrechte gegenüber dem repressiven Regime (vgl. Luks 1987: 584). Zudem betrachtete sie sich nicht als Organisation. Sie besaß weder ständige Organe noch eine bedingte Mitgliedschaft (vgl. Charta 77: 4). Alle aus ihr resultierenden Verpflichtungen hatten einen moralischen und personalen Charakter. Zum nichtpolitischen Charakter der Charta 77 trug auch der Umstand bei, dass die bestehende Rechtsordnung der kommunistischen Partei das Machtmonopol garantierte. Dies diente ihr zur juristischen Absicherung, denn gemäß der Verfassung verkörperte eine Partei einen illegalen Status, und eine solche Organisation hätte „als Verschwörung gegen den Staat“ ausgelegt werden können (Baer 1998: 129; vgl. Tucker 1997: 138). Nichtsdestotrotz betrachtete die Führung der KSČ, die sich schon am 7. Januar 1977 mit ihr beschäftigte, die Charta als einen politischen Akteur, dessen Sinn darin bestand, das Normalisierungsregime zu schwächen oder zu beseitigen. Entsprechend harsch war ihre Reaktion. Ihr Vorsitzender, Gustav Husák, sprach über ein feindliches Pamphlet von konterrevolutionären antisozialistischen Elementen (vgl. Otáhal 2011: 131; Císařovská/Prečan 2007b: 139ff.). Die Partei antwortete mit einer propagandistischen Kampagne, die das Ziel verfolgte, die Signatare der Charta gesellschaftlich zu isolieren. Viele verloren ihre Arbeit, andere emigrierten. In die folgende Medienkampagne versuchte die Staatsführung, die breiten Bevölkerungsschichten einzubinden, vor allem diejenigen, die über gesellschaftlichen Einfluss verfügten, d. h. Künstler und Musiker (vgl. Suk 2008: 21; Otáhal 2011: 140). Die Unterzeichner der Charta wurden am 12. Januar 1977 in der Tageszeitung *Rudé právo* im Artikel „*Die Gescheiterten und die Usurpatoren*“ (Rudé právo 1977) als moralisch korrumpierte Agenten des Imperialismus bezeichnet. Ziel war es, aufzuzeigen, dass die Charta 77 und ihre Dokumente[59] ein Werk der Bourgeoisie waren (vgl. Otáhal 2011: 138; Císařovská 2006: 24). Der Artikel charakterisierte die Charta 77 als „antistaatliches, antisozialistisches, volksfeindliches und demagogisches Pasquill" (zit. Otáhal 2011: 138f.). Besonders hart waren die Aktionen gegen die drei Sprecher der Charta, Václav Havel, Jiří Hájek und Jan Patočka. Havel wurde als verbissener Antisozialist bezeichnet und sofort verhaftet. Hájek (*1913 †1993), ein ehemaliger Kommunist, Diplomat und zur Zeit des Prager Frühlings Außenminister der Tschechoslowakei, wurde als bankrotter Politiker verunglimpft sowie physischen und psychischen Schikanen ausgesetzt.[60] Der als reaktionärer Professor geschmähte Patočka erlag am 13. März 1977 bei einem Verhör durch die Polizei einer Gehirnblutung (vgl. ebd. 139; Kusin 1979: 53; Bolton 2012: 157f.). Der Bevölkerung sollte dergestalt angezeigt werden, dass eine Verbindung mit der Charta oder eine Sympathiebekundung bedeutet, sich gegen den Sozialismus auszusprechen und somit zum Feind des Normalisierungsregimes zu werden (vgl. Otáhal 2011: 139). Ziel war die Einschüchterung der Bürger und die Schaffung einer Atmosphäre der Angst. Die Möglichkeiten der Regierung, die Charta 77 zu unterdrücken, waren auf Grund der internationalen Situation allerdings begrenzt. Bedeutsam ist in diesem Zusammenhang die Tatsache, dass im Jahre 1977 ein Treffen der Signatare der Helsinki-Konferenz in Belgrad geplant war, welches sich mit der Erfüllung seiner Verträge beschäftigen sollte. Darüber hinaus schlug der Charta international eine Sympathie- und Solidaritätswelle entgegen (vgl. ebd.: 133).

Wie angedeutet richtete die Charta 77 ihr Hauptaugenmerk auf die Einhaltung und Verteidigung der in der KSZE-Schlussakte kodifizierten Menschen- und Bürgerrechte und Freiheiten vor der Willkür der Macht. Mit Hilfe der Regierung wollte sie die Deklaration der Menschenrechte von Helsinki verwirklichen (vgl.

---

[59] In den Jahren von 1977 bis 1992, als sie ihre Tätigkeit einstellte, veröffentlichte die Charta 77 eine Reihe kritischer und analytischer Dokumente zu Themen und Problematiken wie Gefängnis, Renten, Umwelt, wirtschaftliche Situation, wissenschaftliche Forschung, Literatur, religiöse Freiheit, Frieden und Sicherheit in Europa, kultureller Zustand der tschechoslowakischen Kultur, Zustand der (offiziellen) tschechoslowakischen Geschichtsschreibung. Sie arbeitete hierbei teilweise mit der „Grauen Zone" zusammen, auf deren Spezialwissen sie angewiesen war (vgl. Císařovská 2006: 21f.). Vom 1. Januar 1977 bis zum 31. Dezember 1989 gab sie 598 Dokumente heraus. Bis zum 3. November 1992 folgten 47 weitere (vgl. Císařovská/Prečan 2007a; Císařovská 2006: 27).

[60] In den Jahren von 1977 bis 1989 hatte die Charta 77 insgesamt 35 Sprecher. Bis November 1992 kamen noch 10 weitere hinzu (vgl. Císařovská/Prečan 2007b: 309ff.).

Tucker 1997: 76, 138). Die Gründer der Charta erkannten den einzig praktikablen und effektiven Weg des Widerstands in seiner *gewaltlosen* und *gesetzlichen* Form, d. h. auf Grundlage und im Rahmen der offiziellen, durch den Staat angenommenen Gesetze. Dies betraf insbesondere die bürgerlichen, politischen, sozialen, wirtschaftlichen und kulturellen Rechte (vgl. Císařovská 2006: 21). Havel sprach vom „Legalitätsprinzip", an das sich die Charta 77 gebunden fühle und halte (vgl. Havel 1978a: 17-61/104). In der Berufung auf die bestehenden Gesetze erblickt er den Akt des „Lebens in Wahrheit", der das verlogene System in *seiner Verlogenheit* bedrohte und den rituellen Charakter des Gesetzes enthüllte (vgl. ebd.: 17-68/111).[61] Er meinte „den rituellen Charakter des Gesetzes", welches für ihn nur pro forma existierte, um der posttotalitären Gesellschaft einen rechtsstaatlichen Anstrich zu verpassen. Er selbst weigerte sich, die bestehenden Gesetze tatsächlich nur als bloße Fassade zu betrachten, die nichts gelten, weshalb eine Berufung auf sie aussichtslos sei. Solche fatalistischen Ansichten würden, so Havel, nur „ihren Charakter als Fassade und Ritual [...] stärken [und] sie als Bestandteil der Welt des ‚Scheins' [...] bestätigen" (ebd.).

## 4. Die tschechische Tradition des gesetzlichen Widerstands und der Gewaltlosigkeit

Mit seiner Idee vom gesetzlichen Widerstand und dem damit verbundenen Legalitätsprinzip der Charta 77 knüpfte Václav Havel an das tschechische liberale demokratische Denken in der Mitte des 19. und der ersten Hälfte des 20. Jahrhunderts an, wie es bspw. von Karel Havlíček und Ferdinand Peroutka vertreten wurde.

Nach der gescheiterten Revolution von 1848/49 sprach Karel Havlíček[62] im Jahre 1851 vom „gesetzlichen Widerstand" gegenüber dem neoabsolutistischen

[61] Durch ihr Auftreten als Verteidigerin der Menschenrechte reihte sich die Charta 77 in die Reihe ähnlicher dissidentischer Bewegungen in den anderen Ostblockländern ein. Im Jahre 1970 gründete Andrej Sacharov (*1921 †1989) das Komitee zur Durchsetzung der Menschenrechte. Im Jahre 1976 entstand in Polen das Komitee zur Verteidigung der Arbeiter (KOR). Schrittweise orientierten sich auch Dissidentengruppen in der DDR, Ungarn und Bulgarien an den Menschenrechten (vgl. Císařovská 2006: 21; Falk 2003: 35ff.).

[62] Als bedeutendster Schüler des tschechischen Historikers František Palacký (vgl. Bednář 2002: 14) machte sich Havlíček (*1821 †1856) vor allem als „Reporter, Polemiker, Zeitungs-

habsburgischen Regime (hierzu Alexander 2008: 315ff.). Gesetzlicher Widerstand war für den Journalisten „das beste Mittel, die Freiheit gegen eine stärkere Macht zu verteidigen". Zugleich betrachtete er ihn als erste Stufe „auf dem Weg zu wahrer Freiheit". Die Vorteile des gesetzlichen Widerstands erkannte Havlíček darin, dass „beinahe jedem Menschen ein von Gott gegebenes Gefühl für Gerechtigkeit, für Recht angeboren ist" (Havlíček 1851b: 244/322). Mit Blick auf die moralische Seite der menschlichen Existenz würden unverdorbene Menschen ihm zufolge immer Missmut und Bitterkeit empfinden, wenn „jemandem Gewalt und Unrecht widerfährt". Vor allem empfänden sie aber Abscheu gegenüber jedem, den sie

> „etwas Gewaltsames, Ungerechtes begehen sehen, etwas, das gegen Abmachungen, gegen ein gegebenes Wort verstößt. Ebenso fühlten sie Mitleid mit jedem, dem etwas Ungerechtes widerfahre. Aus diesem Grunde solle ein jeder, der erfährt, dass einem Mitmenschen „von einem Beamten oder Organ der Regierung [...] Unrecht zugefügt wird [...], dieses niemals schweigend ertragen". Ebenso solle man sich nicht an den bequemen aber falschen Grundsatz halten, wonach es schwer ist, „gegen den Strom zu schwimmen" (ebd.: 244f./322f.).

Havlíček meinte offensichtlich das, was Havel später als „Leben in Wahrheit" und Sinn der Charta 77 bezeichnete. Zugleich stellte er die Forderung auf, „sich immer in jeder nur möglichen *gesetzlichen* Weise [zu] verteidigen, auch wenn es womöglich größere Unbequemlichkeiten einbringt und schädliche Folgen hat, als wenn man das Unrecht schweigend erträgt" (ebd. 245/323). Diese schädlichen Folgen erblickte Havlíček im moralischen Bereich. Er vertrat die Ansicht, dass passiv ertragenes Unrecht zum Niedergang des Gefühls für Gesetzlichkeit und Recht führt. Weiterhin sei es notwendig, dass sich eine möglichst große Anzahl von Bürgern an diesem gesetzlichen Widerstand beteiligen würde, denn

redakteur, Mitglied des revolutionären Prager Nationalausschusses im Frühling 1848, Mitorganisator des Slawenkongresses, der dem Frankfurter Parlament die Stirne bieten sollte, und gewählter Abgeordneter eines verfassungsgebenden Reichstages" (Demetz 2001: 5) sowie Mitbegründer der von Palacký geführten Nationalpartei (*Národní strana*) einen Namen. In der tschechischen Ausgabe des Essays „Versuch, in der Wahrheit zu leben" wird Havlíček im Gegensatz zur deutschen namentlich nicht erwähnt (vgl. Havel 1978a: 14-54/98).

„je größeren Lärm [...] jede einzelne Gesetzesverletzung im Land verursacht, desto weniger wagen die Regierungsorgane einen solchen Schritt [...] Mit jedem Schritt aber, mit dem sie gegen ihre Gesetze verstößt, stachelt die Regierung die öffentliche Meinung gegen sich auf, und je mehr solche Taten dem Volk bekannt werden, desto mehr schadet es der Regierung" (ebd.: 244f./323).

Vor dem Hintergrund des tschechischen Bestrebens, die Freiheit zu erlangen, war ein Volk für Havlíček solange nicht reif für die Freiheit, wie es nicht „unerschrocken die Einhaltung der gegebenen Gesetze" fordert „und sich mit gesetzlichen Mitteln mutig jedem willkürlichen und ungesetzlichen Schritt entgegenstellt". Dem fügt er jedoch resigniert hinzu, dass es „leider eine fast natürliche Eigenschaft jeder Macht [ist], ihre Grenzen zu überschreiten". Stoße sie hierbei nicht auf Widerstand, verschwinde „bald jedes Gesetz, jedes Recht vor ihr, und einziges Gesetz ist allein ihr Wille" (ebd.: 244/322). Gerade deshalb dürften Unrecht und Willkür unter keinen Umständen schweigend ertragen und erduldet werden. Ein solches passives Verhalten sei eines selbstbewussten Bürgers unwürdig (vgl. ebd.: 247/324). Im Sinne Havlíčeks Idee vom „gesetzlichen Widerstand" ist auch das Wirken der Charta 77 zu verstehen. Ihre Unterzeichner wollten sich dem Unrecht der kommunistischen Führung auf Grundlage der bestehenden Gesetze entgegenstellen.[63]

Die Anerkennung der bestehenden Gesetze als Rahmen für politisches Handeln lässt sich im tschechischen politischen Denken auch zur Zeit des Protektorates Böhmen-Mähren nachweisen. Beispielhaft ist hier Ferdinand Peroutka (*1896 †1978), mit dem Havel persönlich bekannt war, anzuführen (vgl. Keane 2000: 216; Havel 1986a: 12/10, 16/13, 27f./20f., 179/128, 206/147). Nach der Errichtung des Protektorates am 16. März 1939 (bis Mai 1945) forderte der neben Havlíček bedeutendste tschechische Journalist seine Landsleute auf, dieses und somit die deutsche Oberherrschaft anzuerkennen. Die tschechische Nation befände sich unter dem Schutz des Deutschen Reiches und würde in jeder Lage und Hinsicht dessen Schicksal teilen. Aus diesem Grunde müsse das Protektorat anerkannt werden. Dies bedeutete, sich an die „neue Verfassung" zu halten (vgl. Peroutka 1939a: 457; Peroutka 1939b: 1) und – ausschließlich – auf dieser recht-

[63] Nicht übersehen werden sollte, dass gesetzlicher Widerstand für Havlíček dort endet, „wo Kraft und physische Gewalt einsetzen" (Havlíček 1851b: 246/324).

lichen Grundlage zu wirken (vgl. Peroutka 1939c: 467). In den gegebenen Verhältnissen sollten sich die Tschechen mit größtmöglichem Erfolg einrichten. Im Rahmen des Deutschen Reiches hätten sie nicht allein Pflichten, sondern auch Rechte (vgl. Peroutka 1939b: 1; Kosatík 2000: 22). Insbesondere spreche die neue Verfassung ihnen nicht das Recht auf die nationale Existenz ab (vgl. Peroutka 1939a: 457). Sie gebe ihnen ferner Raum für die Entwicklung eines nationalen Lebens (vgl. Rataj 1997: 192). Deutlich hervor treten ebenso Parallelen zu den Aussagen des Soziologen und späteren tschechoslowakischen Prädidenten, Thomas G. Masaryk, der in der Zeit von 1890 bis 1914 das tschechische Volk aufforderte, *im Rahmen der gegebenen (österreichischen) Verfassung* zu arbeiten und sich fortzuentwickeln (vgl. Masaryk 1895a: 62-118).

In diesem Zusammenhang ist noch einmal auf Havels angesprochene pragmatische und ethische Ablehnung von Gewalt zurückzukommen. Auch diese steht im weiteren Kontext der tschechischen Ideengeschichte. Eine ähnliche Argumentation hinsichtlich der Ablehnung von Gewalt lässt sich bereits in der Mitte des 19. Jahrhunderts beim soeben vorgestellten Journalisten Karel Havlíček finden. Dieser lehnte Revolution und bewaffneten Aufstand als Mittel zur Erreichung (nationaler) politischer Ziele, wie Freiheit bzw. politische Autonomie für die tschechische Nation im Rahmen Österreichs ab. Diesen Strategien, wie sie in den Revolutionsjahren im tschechischen Umfeld bspw. von Emanuel Arnold (*1800 †1869), Josef Václav Frič (*1829 †1890) und Karel Sabina (*1811 †1877) verkörpert wurden (vgl. Bednář 2001: 190; Bednář 2002: 19f.), stellte er die Revolution „in den Köpfen und Herzen“ entgegen (Havlíček 1851a: 224/40). Der Grund hierfür war die Erfahrung der erfolglosen Revolution von 1848 (vgl. Petrusek 2000: 9), vor allem aber die subjektiv als mangelhaft empfundene Bildung der Tschechen in der Mitte des 19. Jahrhunderts. Auch wenn eine gewaltsame Revolution und ein Aufstand ein Volk für einige Zeit befreien könnten; ist es ungebildet und unerzogen, wird die alte Despotie auf anderem Wege wieder eingeführt (vgl. Schneider 1938: 66). Als Beispiel führte Havlíček das nachrevolutionäre Frankreich an. Der Aufstieg Napoleons zeige anschaulich, dass eine „bloße Revolution kein hinreichendes Mittel zur Erlangung der Freiheit ist“ (Havlíček 1851a: 226/41). Deshalb war Revolution für ihn „nur ein Mittel, sich einer schlechten, verhassten Regierung zu entledigen“. Ein Mittel, „eine gute Regierung zu begründen und aufrechtzuerhalten“, ist sie hingegen nicht (ebd.: 227/41). Auf eine Revolution müsse aber eine solche folgen. Allerdings könne nur ein unbescholtenes und gebildetes Volk frei sein und eine gute Regierung besitzen. Da Bildung und Moral auf der einen und Freiheit auf der anderen Seite für Havlíček zusammengehörten, war es für ihn selbstverständlich, dass ein ungebildetes Volk nach einer zunächst erfolgreichen Revolution bald wieder unter Willkürherrschaft gelangen würde. Auch ein gebildetes, aber moralisch verderbtes Volk würde sich „immer wieder die Ruten des Absolutismus flechten" (ebd. 228/42). Revolution war für Havlíček folglich nur dann annehmbar, wenn sie dauerhaft gelinge, eine Restauration also auszuschließen sei (vgl. Havlíček 1849: 146). Die Vorausetzung hierfür war jedoch sowohl intellektuelle als auch moralische Bildung. Im Sinne Havels war eine gewaltsame Revolution somit auch für Havlíček nur ein *äußerliches* Mittel, welches bestehende Probleme, wie einen geringen Bildungsstand, nicht lösen könne.

Analoge Ansichten, wie die von Havlíček geäußerten, lassen sich in der Zeit von 1890 bis zum 1. Weltkrieg auch bei Thomas G. Masaryk nachweisen. Sie sind hier erneut mit der Frage verbunden, wie die tschechische Nation ihre politischen Ziele erreichen könne, die Selbstständigkeit im Rahmen Österreich-Ungarns (vgl. Dalberg 2013: 13f.). Masaryk lehnte (revolutionäre) Gewalt ebenso wie Havel pragmatisch und ethisch ab. Pragmatisch war seine Ablehnung dort, wo er ausführte, dass eine Revolution mit Töten verbunden ist und der (kleinen) tschechischen Nation deshalb nur schaden würde (vgl. Masaryk 1898a: 147-547/195; Masaryk 1912: 109). Auf Grund ihrer geringen demografischen Größe könne sie es sich nicht leisten, Mitglieder zu verlieren (vgl. Masaryk 1898a: 147-547/195). Er wies die Revolution auch deshalb zurück, weil sie sich überlebt hätte, und mit alten sowie rückwärtsgewandten Mitteln könne nichts Neues geschaffen werden (vgl. Masaryk 1895b: 35-247). Drittens ließen sich Entwicklung und Fortschritt nicht durch stoßartige Wandlungen erreichen. Statt Revolution forderte er Reform und Evolution (vgl. Hain 1999: 102f.). In einer engen Verbindung mit der Ablehnung der Revolution steht Masaryks Abneigung gegenüber Straßendemonstrationen. Diese verurteilte Masaryk als Erscheinungen innerer politischer Zerrissenheit und Zerrüttung (vgl. Masaryk 1895b: 41-263). Masaryk verneinte die revolutionäre Taktik dennoch nicht völlig. Er sprach, ähnlich wie Havlíček vor und Havel nach ihm, von einer „Revolutionierung des menschlichen Geistes" (ebd.: 38-255). Eine wirkliche Revolution spiele sich in der Moral ab, „und nur die Revolution der Ansichten und der Moral ist eine Revolution". Gewalt hingegen verderbe die Revolution (ebd.: 35-247).

Die Absage an revolutionäre Mittel wird im tschechischen politischen Denken ebenso zur Zeit des Protektorats Böhmen-Mähren (1939-1945) deutlich. Hier war es erneut Ferdinand Peroutka, der Gewalt und Revolution mit Blick auf die real bestehenden Machtverhältnisse pragmatisch ablehnte. Auf Grund der Größe und Stärke Deutschlands sei eine militärische Auseinandersetzung mit diesem ein radikales Abenteuer, das einen überflüssigen Aderlass für die (kleine) tschechische Nation zur Folge hätte (vgl. Peroutka 1939a: 456f.). Es müssten nur die Zahl der Deutschen und die der Tschechen, die politische Organisation und Machtmittel verglichen werden. Die Tschechen würden nur auf eine große Übermacht treffen (vgl. Peroutka 1939d: 470) und deshalb untergehen. Stattdessen sollten sie das Protektorat (pragmatisch) als neue Verfassung anerkennen und in deren Rahmen nach allen Kräften wirken (vgl. Dalberg 2013: 277f.).

Zusammengefasst stehen Havels Ideen vom gesetzlichen Widerstand und der Gewaltfreiheit, wie die Aussagen der vorgestellten Autoren beweisen, fraglos im Kontext der tschechischen politischen Ideengeschichte des 19. und 20. Jahrhunderts. Es lässt sich eine direkte Linie von Karel Havlíček über Thomas G. Masaryk und Ferdinand Peroutka zu Václav Havel ziehen, auch wenn dieser sich nicht immer direkt auf diese Autoren berief. Darüber hinaus ist anzumerken, dass es sich beim posttotalitären System, der (deutsch-)österreichischen Oberherrschaft über die Tschechen und dem Protektorat lediglich um strukturelle Analogien handelt. Diese erfordern ihrerseits ein analoges Handeln.

## 5. Exkurs: Die Wahrnehmung des „Versuchs, in der Wahrheit zu leben"

Havels Vorstellung von der existentiellen Revolution und sein Verständnis des dissidentischen Lebens in Wahrheit war, wie eine mehrere Jahre andauernde Diskussion beweist, im tschechoslowakischen Dissens nicht unumstritten. Die von Persönlichkeiten, wie Ivan Sviták, Milan Kundera, Ludvík Vaculík, Petr Pithart und Emanuel Mandler u.a., vorgetragene Kritik reichte von konkreten Kritikpunkten bis zu pauschaler Ablehnung.[64]

[64] Wegen des begrenzten Rahmens der Studie wird bewusst darauf verzichtet, die gesamte Diskussion nachzuzeichnen. Dieser Aufgabe könnte sich eine eigene Untersuchung annehmen. Im Folgenden werden willkürlich einzelne Autoren herausgegriffen. Der skizzenhafte Überblick ist zudem auf die Zeit bis 1989 begrenzt.

Der Philosoph Ivan Sviták (*1925 †1994), einer der prominentesten Vertreter des marxistischen Humanismus, setzte sich mit Havels Vorstellung der existentiellen Revolution im Allgemeinen auseinander. Diese interpretierte er als Ansatz, demzufolge die Individuen Lehren aus der eigenen natürlichen Welt zögen, bestehende Geheimnisse achten, der Stimme des Bewusstseins vertrauen und die Totalität aus dem eigenen Geist verdrängen würden. Svitáks Auslegung tendiert hier in Richtung Havels Vorstellung von der Lebenswelt. Zugleich kritisierte er an Havels existentieller Revolution, die zu einer moralischen Regeneration führe, dass er sie auf den Osten *und* den Westen bezog. Sviták bemängelte die seiner Meinung nach indifferente Gleichsetzung von Ost und West durch Havel. Dieser habe nicht die Tatsache der riesigen Unterschiede in den politischen Spielregeln in Betracht gezogen (vgl. Sviták 1984: 117).[65] Auch wenn die universale Selbstbewegung der unmenschlichen anonymen und irrationalen Macht der Hauptfeind des Menschen hier und dort ist, so seien die von Havel vorgeschlagenen Mittel unzureichend, um der Selbstbewegung zu trotzen. Stattdessen müsse die europäische Kultur in ihrer Gesamtheit einen riesigen Rutsch unternehmen, gleichsam den Boden, auf dem sie steht, verrücken, um ihren unausweichlich erscheinenden Niedergang zu verhindern (vgl. ebd.: 121).

Gegenstand weitreichenderer Debatten war auch der konkrete Ausdruck der existentiellen Revolution, der „Versuch, in der Wahrheit zu leben". Der Schriftsteller Milan Kundera bezweifelte mit Blick auf die Aktionen der Charta 77, dass der „Versuch, in der Wahrheit zu leben" eine sinnvolle Strategie sei. Er hielt sie nicht nur für idealistisch, sondern sogar für dumm. Das starre Normalisierungsregime könne nicht mit gegenstandslosen kleinen Dokumenten, den Veröffentlichungen der Charta, herausgefordert werden (vgl. Stokes 1993: 23).

Am Ende der Siebzigerjahre kritisierte Petr Uhl, dass Havels Betonung der Moral und die Erklärung der Charta 77 als Ergebnis der *Entscheidung* „in Wahrheit zu leben" das Gefühl charismatischer Exklusivität bei den Chartisten ausformte und diese infolgedessen von den „normalen" Bürgern isolierten (vgl. Uhl 1979: 83). Dieser, in den folgenden Jahren immer wieder aufgegriffene Kritikpunkt, entwickelt sich zu einer Standardkritik. Gerade diese beweist, dass die

[65] Havel waren die Unterschiede in den politischen Spielregeln allerdings durchaus bewusst. Dies beweisen insbesondere seine Aussagen zur Stellung der Opposition und dem Vorhanden- bzw. Nichtvorhandensein der Politik in Ost und West (vgl. hierzu Kapitel II 1 und III 3.2).

gefühlte Exklusivität der Dissidenten nicht immer als selbstverständlich betrachtet wurde. Ein bemerkenswertes Beispiel hierfür ist die „Diskussion über die Tapferkeit“ zwischen Václav Havel und Ludvík Vaculík (vgl. Havelka 1998: 465; Vaculík 1978: 201ff.; Havel 1979a: 204ff.).

Der Publizist, Feuilletonist und Romancier Vaculík (*1926)[66] kritisierte in seinen „*Anmerkungen über die Tapferkeit*“, die sich mit dem Wert dissidentischen Wirkens beschäftigen, das Selbstbild der Dissidenten, die sich über die „normalen Bürger“ erheben würden. Zunächst setzte sich Vaculík vor dem Hintergrund der Erfahrung, dass Dissidenten zu Haftstrafen verurteilt wurden, mit dem Sinn des Inhaftiertseins auseinander. Hierbei stellte er die Forderung auf, dass ein jeder darüber nachdenken solle, ob er erwachsen genug für das Gefängnis ist und vertrat die Ansicht, dass man entweder so handeln müsse, um nicht ins Gefängnis zu kommen, oder aber man müsse darüber nachdenken, ob das Handeln ein solches Risiko wert sei (vgl. Vaculík 1978: 201). Hinsichtlich des moralischen Anspruchs und des Selbstbildes der Dissidenten, die ihr (subjektiv moralisch vorbildliches) Handeln als Heldentat darstellten, führte Vaculík aus, dass ihr Heldentum ein Ausdruck von Weltfremdheit ist. Von den Dissidenten, die er auch als selbst ernannte Helden bezeichnete, unterschied er die normalen Bürger und deren Einstellungen. Sie seien in ihren guten Gewohnheiten und Tugenden ziemlich beharrlich und verteidigten diese gegen Versuche, sie auszuhöhlen (vgl. ebd.: 202). Die Bürger müssten zudem nur bestimmte abgewogene Dosen von Repressionen ertragen. Für diese hatte Vaculík nicht allein Verständnis. Das Regime sei, da es sich letztlich erhalten wolle, ihm nach sogar verpflichtet, repressiv aufzutreten, obgleich es dies überhaupt nicht gern mache. Der Grund für Vaculíks Unmut war indes pragmatisch. Es wolle keine, sich moralisch überhöhende Helden bestätigen. Unter den gegebenen Umständen sei jede ehrlich ausgeführte Arbeit, jede Geste guten Willens usw., also genau das, was Havel als Leben in Lüge bezeichnete, bei weitem heldenhafter als das Verhalten der Dissidenten (vgl. ebd.: 203). Deshalb seien die gewöhnlichen Bürger die wirklichen Helden.

---

[66] Vaculík war der Autor der am 27. Juni 1968 veröffentlichten „Zweitausend Worte, die den Arbeitern, Landwirten, Beamten, Künstlern und allen gehören“. Diese zählen zu den bedeutendsten Dokumenten des Prager Frühlings. Vaculík kritisierte mit ihnen den Machtmissbrauch der KPČ und deren Unfähigkeit, den Reformprozess fortzusetzen (vgl. Baer 1998: 111; Vaculík 1968).

Vaculíks Polemik veranlasste Havel zu einer Replik. In dieser wandte er ein, dass Vaculík im Zusammenhang mit der Frage des Gefängnisses nicht zwischen Kriminalität und freier Meinungsäußerung unterschied. Es sei etwas Anderes für einen Einbruch in ein Geschäft mit einer Gefängnisstrafe belegt zu werden als für die Veröffentlichung eines Buches (vgl. Havel 1979a: 204). Niemand wolle ins Gefängnis, auch nicht die, die Vaculík abschätzig als Helden bezeichne. Diese würden ins Gefängnis gesteckt, weil sie die Wahrheit über das stille und unauffällige Erniedrigen tausender anonymer Menschen sagten, diese in Romanen niederschrieben oder einfach nur nichtoffizielle Sänger hörten. Sie kämen wegen der Unanständigkeit der Herrschenden ins Gefängnis (vgl. ebd.: 206). Für einen Dissidenten wie Havel war der Anspruch, in Wahrheit zu leben, „ein Wert an sich" (vgl. Ash 1990: 211). Dies aber konnte Gefängnis bedeuten.

Aufbauend auf Vaculíks Argumentation übte Emanuel Mandler heftige Kritik an Havels Anspruch, sich zum „Sittenrichter" der Gesellschaft aufzuschwingen. Praktisch hätte er auf diese Weise die Spaltung zwischen „normalen" Bürgern und „Dissidenten" vertieft und die Gegner des Regimes derart staatlichen Repressionen ausgeliefert (vgl. Keane 2000: 317, 520).

In dieselbe Richtung wie Vaculík und Mandler zielte auch die Kritik Petr Pitharts[67]. Der Jurist bemängelte die gesellschaftliche Isolation der in Wahrheit lebenden Dissidenten in der tschechoslowakischen Gesellschaft. Er befürchtete, dass sich die Chartisten in ein Ghetto stolzer Exklusivität einschlössen, in dem sie es sich zwar schön einrichten, aber schwerlich eigene Pläne verteidigen könnten. In diesem Zusammenhang kritisiert er ebenso die Exklusivität der Themen, mit denen sich die Charta beschäftige (vgl. Pithart 1978: 209). Auch diese Polemik veranlasste Havel zu einer Reaktion. Obwohl er bekannte, dass die Themen der Charta 77 tatsächlich sehr spezifisch seien, so könne er jedoch nicht endgültig beurteilen, ob sie die breite Öffentlichkeit tatsächlich nicht interessieren würden. Pithart durchaus beipflichtend, gab er aber zu, dass es gewiss Themen gäbe, die einen größeren Teil der Bevölkerung in einem größeren Maße ansprechen könnten. Allerdings habe sie bisher niemand seriös ausgearbeitet (vgl. Havel 1979b: 215).

---

[67] Der im Jahre 1941 geborene Pithart war von Februar 1990 bis Juli 1992 Vorsitzender der tschechischen Regierung in der Tschechoslowakei (1990-1992). In den Jahren von 1996 bis 1998 sowie von 2000 bis 2004 war er Vorsitzender des tschechischen Senats.

Zusammengefasst führte das Selbstbild der Dissidenten, ein aufrichtiges Leben zu leben, bei Havel und seinen Anhängern, wie Petr Uhl, Ludvík Vaculík, Petr Pithart und Emanuel Mandler kritisierten, zu einem moralischen Überlegenheitsgefühl gegenüber dem „in Lüge" lebenden Bürger.[68] Dieses Gefühl ist im Zusammenhang mit der eingangs der Untersuchung angesprochenen Isolierung der oppositionellen Intellektuellen im „unabhängigen geistigen, sozialen und politischem Leben der Gesellschaft" zu betrachten (Mandler 1995: 92; vgl. Otahál 2006: 37). Im Jahre 1989 erkannte Havel dieses Problem selbst und warnte die bisherigen Dissidenten davor, sich moralisch zu überhöhen und wegen der eigenen Erlebnisse in Zukunft automatisch eine führende politische Rolle für sich zu beanspruchen (vgl. Havel 1989b: 230).

## 6. Die postdemokratische Gesellschaft und die „antipolitische Politik"

Die Strategie der „existentiellen Revolution" im Allgemeinen bzw. des „Versuchs, in der Wahrheit zu leben" im Besonderen zeitigt im Verständnis Havels drei Folgen, die einerseits auf einer individuellen Ebene sowie andererseits auf einer gesellschaftlichen und einer politiktheoretischen Ebene liegen.

In individueller Hinsicht bricht der Mensch aus der gesellschaftlichen Autototalität aus und erlangt durch das Auf-sich-Nehmen von Verantwortung für sich und den anderen den verlorenen Sinn für die eigene Existenz und Identität zurück. Zugleich stürzt der „Versuch, in der Wahrheit zu leben" das Individuum, wie auch die Problematik um Alexander Dubček verdeutlicht, in ein Vabanquespiel. Ebenso bedenklich sind die Folgen für den Gemüsehändler. Dieser verliert seinen Posten und wird zum Beifahrer eines Lieferwagens degradiert. Neben der Herabsetzung seines Gehalts muss er auch seine Hoffnung auf eine Urlaubsreise nach Bulgarien aufgeben. Ebenso ist die weitere Schulausbildung seiner Kinder bedroht, seine Vorgesetzten werden ihn schikanieren und seine Mitarbeiter sich über ihn wundern, um nicht selbst der Illoyalität bezichtigt zu werden (vgl. Ha-

[68] Die Problematik der Dissidenten, vor allem deren Selbstbild, ein moralisch aufrichtiges Leben zu führen, erfreute sich auch nach der „samtenen Revolution" von 1989 eines starken Interesses. Auf diese Diskussion wird in dieser Untersuchung auf Grund ihrer zeitlichen Begrenzung (1969-1989) nicht eingegangen (vgl. hierzu u.a. Rezek 1991: 53f., 58, 101ff.; Kantůrková 1994: 203ff.; Mandler 1995: 92).

vel 1978a: 7-27/72).[69] Im schlimmsten Fall kommt er für seinen Versuch ins Gefängnis. Die existentielle Tat, mit der der „Täter" der Angst trotzt und über sich hinausgeht, verändert jedoch nicht allein die Existenz des Indiviuums, das seine Identität zurückgewinnt. Sie verändert ebenso die Gesellschaft (vgl. Šimečka 1979b: 105f.; Rezek 1991: 55). Diese erfährt laut Havel eine *moralische* und *politische Rekonstitution* (vgl. Havel 1978a: 10-37/80). Der „Versuch, in der Wahrheit zu leben" verändert aber nicht allein die bestehende posttotalitäre Gesellschaft, er beseitigt sie letzten Endes. In Anlehnung an den Begriff „posttotalitär" sprach er von der „Perspektive eines ‚*postdemokratischen*' Systems" (Havel 1978a: 21-88/131 - HiO).[70]

Havels Vorstellung von den politischen Systemkonsequenzen der existentiellen Revolution überragt, wie die Bezeichnung „postdemokratisch" verdeutlicht, den Rahmen der klassischen parlamentarischen Demokratie, die sich ihm zufolge in den fortgeschrittenen westlichen Ländern stabilisierte und seiner Meinung nach „immer wieder auf diese oder jene Art versagt" (Havel 1978a: 21-88/131 - HiO). Auf diese Weise näherte er sich (utopischen) Dritte-Weg-Vorstellungen, die zur Überwindung der Mängel der westlichen Demokratie[71] und des sozialistischen Systems beitragen und zur Entwicklung einer neuen Ordnung führen sollten (vgl. Otáhal 1994: 46). Während das posttotalitäre System und die technische Zivilisation durch die Gleichgültigkeit des Menschen gegenüber sich selbst gekennzeichnet sind, zeichnet sich die postdemokratische Gesellschaft durch ein authentisches und ethisch begründetes Leben der Individuen aus. In dieser postdemokratischen Gesellschaft würden sich neue Strukturen ausbilden, die von menschlichen Werten, wie Solidarität, Liebe, Offenheit, Verantwortung ausgehen, einen sozialen Charakter haben (vgl. Komárek 1990: 4) und wegen ihres Zusammengehörigkeitsgefühls miteinander verbunden sind (vgl. Tucker 1997: 181f.). Damit ihre Mitglieder nicht die Bedeutung der persönlichen Verantwortung verlieren, würden die gesellschaftlichen Strukturen „offen, dyna-

---

[69] Dies verdeutlicht erneut das Funktionieren des posttotalitären Systems. Die Vollstrecker handeln als Träger der „Eigenbewegung" und als Werkzeuge der gesellschaftlichen „Autototalität" (Havel 1978a: 7-27/72).

[70] Der individuelle moralische Wertewandel hat dementsprechend politische Folgen (vgl. Ash 1990: 203).

[71] Diese waren für Havel erstarrte, konzeptionslose, politisch lediglich zweckbedingt handelnde Massenparteien, die Kapitalkumulation und die Konsumkultur (vgl. Havel 1978a: 20-85/127f.).

misch und klein" sein und sich als Ausdruck der authentischen Selbstorganisation der Gesellschaft *ad hoc von unten* entwickeln (Havel 1978a: 21-87/130). Die Autorität dieser Strukturen gründe sich, so Havel, nicht auf Tradition oder Macht, sondern auf menschliche Werte, wie Solidarität, Liebe, Offenheit und Verantwortung. Auch haben sie einen sozialen Charakter. Darüber hinaus würden sie sich auf der Grundlage ihrer Wichtigkeit hinsichtlich der Lösung eines bestimmten Problems entwickeln (vgl. Mandler 1995: 92; Komárek 1990: 4). Havel schwebten hier an aktuellen Bedürfnissen orientierte Bürgerinitiativen vor, die die bisherigen politischen Parteien ablösen (vgl. Otáhal 1998: 471; Havel 1978a: 21-87/130).[72] Auf den ersten Blick lehnte Havel politische Parteien generell ab, da sie mit Macht verbunden sind, diese usurpieren sowie missbrauchen und ethische sowie moralische Werte bei ihrem Kampf um die Macht außer Acht lassen würden. Als Ausdruck der technischen Politik waren Parteien für ihn starre bürokratische Organisationen, deren vorrangiges Ziel die Erringung und Erhaltung von Macht ist. Havels Ablehnung der Parteien ist im Zusammenhang mit seinen negativen Erfahrungen mit der Kommunistischen Partei in der Tschechoslowakei zu sehen. Die postdemokratische Gesellschaft ist somit eine Gesellschaft ohne politische Parteien, aber mit vielen Bürgerinitiativen.

Seine Ansichten zur Stellung der politischen Parteien im politischen Leben der postdemokratischen Gesellschaft konkretisierte er im Jahre 1986 im „*Fernverhör*" mit dem Schriftsteller und Journalisten Karel Hvížďala (*1941). Hier äußerte er sich u.a. kritisch hinsichtlich eines traditionellen politischen Systems mit zwei oder drei großen politischen Parteien „als einzig möglicher Garantie der Demokratie", die für ihn eine repräsentative war (Havel 1986a: 25/19); auch wenn eine Partei natürlich schlechter sei als zwei. Havel sprach sich gegen das (westliche) System der Parteienrepräsentation aus.[73] Anstelle von Parteien, „die von professionellen Apparaten beherrscht" würden und „den Bürger von jeglicher konkreter und persönlicher Verantwortung entbinden" (Havel 1978a: 20-85/127), sollten – im klassisch liberalen Sinne – bei Wahlen zum Parlament Personen gewählt werden. Konsequenterweise forderte Havel, dass Politiker vor allem für sich selbst werben sollten, und zwar als „konkrete menschliche Perso-

---

[72] Havel (1978a: 20-86/128) erwähnte hierbei erneut seinen Beitrag „*Zum Thema Opposition*" aus dem Jahre 1968, in dem er eine zweite Oppositionspartei forderte (vgl. Havel 1968: 413).

[73] Er stellte sich so gegen seine Aussagen von 1968 als er ein Zwei-Parteiensystem forderte (vgl. Havel 1968).

nen und nicht nur als Glieder einer parteilichen Megamaschinerie oder deren Favorit“ (Havel 1986a: 25/21).[74]

Auf den zweiten Blick lehnte er Parteien jedoch nicht völlig ab. Es könnten sogar unzählig viele Parteien existieren und wirken. Sie sollten jedoch eher das Wesen politischer Klubs haben, „in denen die Leute ihre Ansichten verfeinern, sich persönlich kennenlernen und diejenigen ausgesucht werden, die sich für die Verwaltung der *polis* eignen“[75]. Darüber hinaus sollten sie „einen geistigen Hintergrund, Anregungen und Gelegenheit zur Profilierung der eigenen Ansichten geben“ (ebd. 25/22). Eine Partei war für ihn keine politische, sondern eine gesellschaftliche Organisation, die als Informations-, Beratungs-, Rückerversicherungs- und Vergewisserungsinstitution nur indirekt mit der Politik verbunden ist. Sie ist in diesem Sinne ein Gesprächsforum gleichgesinnter Bürger. Havel verankert die Parteien somit in der Gesellschaft und trennte sie vom Staat und von der herkömmlichen Politik, die für ihn im Sinne des politischen Denkens des 19. Jahrhunderts mit dem Staat verbunden war (vgl. Palonen 1985: 34, 79f.). Auch wenn Havel politische Interessengruppen, wie Parteien, nicht generell ablehnte, so sprach er sich doch vehement gegen ihre Verabsolutierung und gegen ihren Alleinvertretungsanspruch im politischen Wettbewerb aus. Insbesondere ihrer Beteiligung an Wahlen erteilte er, wie soeben ausgeführt, eine Absage, da sie lediglich „machtpolitische Krücken“ seien (Havel 1986a: 25/22). Sie sollten nur *mittelbar* an der Macht partizipieren. Er wollte dergestalt verhindern, dass sie sich bürokratisieren und korrumpieren. Havels „Parteientheorie“ ist zusammengefasst eine normative Theorie, denn sie ist eine Kritik am Monopol der Parteien im gesellschaftlichen und politischen Leben.

Die existentielle Revolution bzw. der „Versuch in der Wahrheit zu leben“, verstanden als Rückkehr des Menschen zu sich selbst, führt neben einer Veränderung des persönlichen Lebens sowie, in Verbindung damit, zur Beseitigung des posttotalitären Systems nicht zuletzt auch zu einer neuen Politik. Sie bringt diese zu dem Punkt *zurück*, von dem allein sie ausgehen kann, zum „*konkreten Menschen*“ (Havel 1978a: 16-60/103). Langfristig betrachtet überlebt sich die technische Machtpolitik. Zugleich entsteht eine neue Politik, die „antipolitische

[74] Als Orientierungspunkt diente ihm offensichtlich das klassische Honoratiorenparlament. Dieses setzt sich aus dem finanziell und wirtschaftlich unabhängigen sowie beruflich abkömmlichen Bildungs- und Besitzbürgertum zusammen (vgl. Schüttemeyer 2002: 254).

[75] Sie haben in diesem Sinne demnach auch eine Personalrekrutierungsfunktion.

Politik“ (vgl. Havel 1984a: 4-110/57; 5-112/59; Komárek 1990: 4), die Politik der postdemokratischen Gesellschaft.

> „Eine Politik nicht als Technologie der Macht und der Manipulation mit ihr oder als eine kybernetische Menschenführung oder als Kunst des Zweckmäßigen, Praktischen und der Intrigen, sondern für eine Politik als eine der Arten, wie man im Leben Sinn suchen und erlangen kann; wie man es schützen und ihm dienen kann; für eine Politik als praktizierte Sittlichkeit; als Dienst an der Wahrheit; als wesenhaft menschliche und nach menschlichen Maßstäben sich richtende Sorge um den Nächsten“ (Havel 1984a: 4-110/57).

Als dritte Folge der existentiellen Revolution ist diese „antipolitische Politik“ im Gegensatz zur Politik der modernen technischen Zivilisation im Allgemeinen und des posttotalitären Systems im Besonderen eine „Politik des Menschen, nicht des Apparates. Sie ist Politik, die aus dem Herzen kommt, nicht aus der These“ (ebd.: 5-112/59). Mit der These ist die im Posttotalitarismus vorherschende und die Wirklichkeit verzerrende Ideologie mit ihrer Losung „Proletarier aller Länder vereinigt euch“ gemeint.

Aus den bisherigen Ausführungen lässt sich zusammenfassend schlussfolgern, dass Václav Havel das posttotalitäre System nicht auf dem herkömmlichen politischen Wege oder mittels Gewalt verändern bzw. beseitigen. Solche Ansätze erachtete er aus pragmatischen und ethischen Gründen als unbrauchbar. Er war vielmehr bestrebt, seine (durchaus politischen) Ziele mit philosophischen und existentiellen, also mit nichtpolitischen Mitteln zu erreichen. Im Verständnis Havels hatte der „Versuch, in der Wahrheit zu leben“ persönlich-individuelle und auch gesellschaftliche bzw. politische Folgen, denn mittel- bis langfristig ist es der persönlich-individuelle Wertewandel, der zur Veränderung des posttotalitären Systems und zu einer postdemokratischen Gesellschaft führt, in der es keine technische und machtgestützte Politik mehr gibt, sondern nur noch „antipolitische Politik“.

# IV ANALYSE UND IDEENGESCHICHTLICHE EINORDNUNG DES „LEBENS IN WAHRHEIT" UND DER „ANTIPOLITISCHEN POLITIK"

## 1. Die Dimensionen und Funktionen des „Versuchs, in der Wahrheit zu leben"

Als konkrete Umsetzung der *existentiellen Revolution* im posttotalitären System ist der „*Versuch, in der Wahrheit zu leben*" die innere Um- und Rückkehr des Menschen zum eigenen Leben, zur eigenen Existenz und Identität bzw. das Auf-sich-nehmen von Verantwortung für sich und die anderen (vgl. Havel 1978a: 20-84/126; Havel 1978c: 260; Havel 1982c: 136-276/557). Für Havel hatte dieser Versuch sowohl persönliche als auch gesellschaftliche bzw. politiktheoretische Folgen. Er verändert das Individuum, die Gesellschaft und die Politik. Aufbauend auf diesen Folgen hat der Versuch laut Havel vier verschiedene Dimensionen: eine noetische, eine existentielle, eine moralische und eine politische. Letztere Dimension stellt die Grundlage für die Interpretation dieses Versuchs als Halb- und Krypto- bzw. nichtpolitische Politik dar (vgl. Tucker 1997: 185).

Die *noetische Dimension*[76] besteht in der Enthüllung der Wirklichkeit, wie sie ist (vgl. Havel 1978a: 7-28/73). Hier geht es darum, die Wahrheit zu sagen. In Wahrheit zu leben, bedeutet für Havel jedoch nicht ausschließlich, die Wahrheit zu sagen, sondern vor allem authentisch zu leben. Auch „Lüge" bedeutet nicht (ausschließlich), die Unwahrheit zu sagen, sondern das die Intentionen des Lebens leugnende System zu unterstützen (vgl. Rezek 1991: 53f.). Durch das Sagen der Wahrheit, wie sie ist und, in Verbindung damit, das authentische „Leben in Wahrheit" wird der Schleier gelüftet, der den „Existenzverfall", die „Verflachung" und „Anpassung" des Menschen an die „gegebene Lage" verhüllt (Havel 1978a: 3-15/61). Die Welt des „Scheins", d. h. die Grundlage des posttotalitären Systems wird zerstört (vgl. Komárek 1990: 4).

In *existentieller und moralischer* Hinsicht geht es beim „Versuch, in der Wahrheit zu leben", im Zusammenhang mit der noetischen Dimension, um das freie Ausdrücken menschlichen Seins. Dies hat, mit Blick auf die existentielle Revolution, Auswirkungen auf das Individuum selbst. Es bricht, wie angedeutet,

[76] Als Lehre vom Erkennen dreht sich die Noetik um die Frage des Zustandekommens von Wissen. Einbezogen wird hierbei sowohl das Wesen und der Ursprung als auch der Inhalt menschlicher Erkenntnis (vgl. Ströker 1999: 951ff.).

aus der gesellschaftlichen Autototalität aus und erlangt durch das Auf-sich-Nehmen von Verantwortung den verlorenen Sinn für die eigene Existenz und die eigene Identität zurück. Die Übernahme von Verantwortung für sich und den anderen schafft das Modell einer spontanen menschlichen Selbstkontrolle und Selbstdisziplin, die an die Stelle der von oben durchgesetzten Kontrolle und Disziplin tritt. In diesem Sinne zeigt der „Versuch, in der Wahrheit zu leben" eine Alternative zum „Leben in Lüge" auf (vgl. ebd.). Es stellt die wahren Intentionen des Lebens dar: sich selbst ernstnehmen und nicht Teil des Spiels sein. Es geht um ein Leben nach absoluten, authentischen, moralischen und ethischen Werten. Zugleich aber ist der „Versuch, in der Wahrheit zu leben" für das Individuum, wie die Problematik Alexander Dubčeks und des Gemüsehändlers verdeutlicht, ein Wagnis. Denn dieser Versuch zeitigt auch negative Folgen für das Leben des Bürgers, der so zum Dissidenten wird (vgl. Havel 1978a: 7-27/72). Aus moralischen Gründen ist es für Havel dennoch sinnvoll, immer und unter allen Umständen die Wahrheit zu sagen (vgl. Havel 1978b: 223).

Auf den ersten Blick erweist sich Havel hier als *Gesinnungsethiker*. Die gegebenenfalls negativen Folgen seines Handelns können ihn nicht von seinem Tun und Lassen abhalten. Entscheidend ist allein die Gesinnung, das Richtige zu tun. Diese gesinnungsethische Ansicht war für Havel gleichsam ein kategorischer Imperativ: kompromissloses Einstehen für eigene Ideale, Ansichten und Taten, aller negativen Folgen zum Trotz. Zugleich ist Havel aber auch *Verantwortungsethiker*. Denn es ging ihm ebenso um die langfristigen Folgen des Handelns. Ein unmittelbar positives Ergebnis muss nicht dauerhaft sein, langfristig kann es sogar schädliche Folgen haben. Havels Verantwortungsethik tritt insbesondere in seinem „Brief an Alexander Dubček" (Havel 1969) zu Tage, und zwar dort, wo es um die dauerhafte Zukunftsperspektive und die tieferen Folgen des menschlichen Handelns geht. Dieser Maxime zufolge hat das Individuum für die Folgen seines Handelns, wie und was diese auch immer sein mögen, aufzukommen, auch wenn dies Gefängnis bedeuten konnte.

Die *politische Dimension* des „Versuchs, in der Wahrheit zu leben" ist die folgerichtige Konsequenz der ersten drei Dimensionen. Sie besteht (für Havel) darin, dass das posttotalitäre System durch diesen Versuch „vom Standpunkt der nackten Interessen seiner ‚Eigenbewegung'" (Havel 1978a: 12-44/88), d. h. in seiner Existenz bedroht und letztlich sogar beseitigt wird. Das „Leben in Wahrheit" bzw. der Versuch, dies zu tun, ist die moralische Weigerung des Individuums, die Eigenbewegung des bestehenden politischen Systems mitzutragen und die elementare Auflehnung des Menschen gegen die Manipulation und deshalb ein konsequenter Kampf gegen das bestehende politische System (vgl. ebd. 15-55/99; Komárek 1990: 4). Indem es die Wahrheit über das tatsächliche Leben im posttotalitären System und die Methoden der Kommunistischen Partei ausspricht, seine Meinung kundtut und dergestalt die bestehende politische Ordnung bloßstellt, verletzt das Individuum die Spielregeln des posttotalitären Regimes, kündigt den gültigen Gesellschaftsvertrag und bricht aus der gesellschaftlichen Autototalität. Hierdurch aber zerfällt das auf Lügen aufgebaute System. Das auf dem spezifischen Zusammenspiel von Macht, Ideologie, Normen und Kommunikation aufgebaute Gebäude des posttotalitären Systems bricht infolgedessen in sich zusammen. Anders ausgedrückt zerstört die existentielle Tat des Gemüsehändlers die Grundlage des posttotalitären Systems, die Welt des „Scheins", denn er ist die veröffentlichte Mitteilung des offenen Geheimnisses, dass der Kaiser nackt ist, das System also fehlerhaft funktioniert (vgl. Havel 1978a: 7-28/73; Komárek 1990: 4; Keane 2000: 309f.). In diesem Sinne hat der individuelle moralische Wertewandel einen disproportionalen politischen Effekt (vgl. Ash 1990: 203). Gerade hieraus ist dann abzuleiten, dass Havel politische Veränderungen mittels „moralischer Integrität und praktizierter Sittlichkeit" (Schmidt 2001: 147), d. h. auf dem nichtpolitischen Wege herbeiführen möchte.

Eine besondere Bedeutung kommt in diesem Zusammenhang der Wahrheit zu. Sie übernimmt für Havel „die Rolle eines *Machtfaktors*, ja einer *politischen Kraft*" (Havel 1978a: 7-29/73f.). Sie wird zur „*Macht der Machtlosen*"[77], zu denen vor allem die aus dem gesellschaftlichen Leben ausgeschlossenen Kritiker des Regimes zählten. Gegründet ist diese Ansicht auf die Annahme, dass im posttotalitären System, die (persönliche) Wahrheit zu sagen und aufrecht zu leben, bedeutet, unabhängiges (politisches) Denken nicht zu verheimlichen. Dies aber stellt einen Angriff auf den Gesellschaftsvertrag, den gesellschaftlichen Monismus und das politische System dar. Beachtenswert ist hierbei Havels Ansicht, dass für dieses System jede Handlung *politisch* bedeutsam ist, welche es vom Standpunkt seiner „Eigenbewegung" aus bedroht (Havel 1978a: 12-44/88). Deswegen ist der „Versuch, in der Wahrheit zu leben" ein *politischer Akt*. Dies

[77] So lautet der tschechische Titel des Essays „Versuch, in der Wahrheit zu leben" (Havel 1978a).

aber bedeutet, dass die Politik als solche auch weiterhin existierte, allerdings in einem besonderen Zustand und überall dort, wo die Bedürfnisse und Ziele des authentischen Lebens behindert werden (vgl. Suk 2013: 229). Insbesondere dann, wenn Havel die politischen Folgen des „Versuchs, in der Wahrheit zu leben“ beschrieb, sprach er von „*Politik außerhalb der Politik*“ (Havel 1985a: 10-156/89), von Halb-Politik bzw. krypto-politischen Erscheinungen (vgl. Havel 1985b: 165f.).

Allerdings maß nicht allein Havel dem „Versuch, in der Wahrheit zu leben“ eine politische Bedeutung zu. Vor allem das posttotalitäre System selbst verstand diesen Versuch als Politik (vgl. Vašíček 1990: 8). Trotz der oben angesprochenen prinzipiellen Teilung von privater und öffentlicher Sphäre, betrachtete dieses jede individuelle Erwägung als eine politische Tat, auch solche Erscheinungen, denen „in anderen gesellschaftlichen Verhältnissen niemand irgendeine potentielle, geschweige denn explosive, politische Bedeutung beimessen würde“ (Havel 1978a: 8-31/76). Ein gewöhnlicher Protest gegen bürokratische Willkür, ein Rockkonzert oder ein Stammtischwitz wird zu einer politischen Sache (vgl. Suk 2013: 229). Im posttotalitären System spielen persönliche Haltungen eine völlig andere Rolle, als in Gesellschaften, die tatsächlich zwischen *Politik* und *Nichtpolitik* unterscheiden. Dieses System begreift das gewöhnliche alltägliche Leben als Politikum und betont die politischen Konsequenzen jeder Handlung, und zwar deshalb, weil die totale Macht wie auch Petr Pithart (1977: 319) feststellte, „einfach alles auf sich bezieht“. Aus diese Art und Weise fallen privates und öffentliches Leben zusammen. Sie sind für Havel „zwei Formen, Pole oder Dimensionen eines [...] nichtteilbaren Lebens“ (Havel 1987: 187f./123f.; vgl. ebd. 201/133). Jedes „Streben nach Wahrheit, jede wahrhaftige Aussage ist politisch und jede wahrhaftige Tat ist Politik“, weil sie sich gegen das posttotalitäre Systems richtet (Kriseová 1991: 46f.).

> „Es zeigt sich, dass die Politik bei weitem nicht immer eine Angelegenheit professioneller Techniker der Macht bleiben muss und dass ein einfacher Elektriker, der das Herz auf dem rechten Fleck hat, etwas über sich achtet und nicht fürchtet, die Geschichte seines Volkes beeinflussen kann“ (Havel 1984a: 5-112/59).[78]

[78] Auch wenn nicht zweifelsfrei zu beweisen, ist mit dem Elektriker wohl der damalige polnische Solidarność-Führer und spätere Präsident des Landes, Lech Wałęsa (*1943), gemeint.

Auf der anderen Seite ist aber auch die Befolgung des Rituals, die Anpassung an die Forderungen des Systems und die Anerkennung des Gesellschaftsvertrages ein politischer Akt. Konsequent weiter gedacht ist dieses Leben in Lüge dann, wie auch das Leben in Wahrheit, *„Politik außerhalb der Politik"* (Havel 1985a: 10-156/89; vgl. Havel 1978a: 16-59/102). Havel stellte die Bürger vor das Dilemma, ein aufrechtes, aber materiell eingeschränktes „Leben in Wahrheit" oder ein „Leben in Lüge" zu leben, das dem Einzelnen im Sinne des Gesellschaftsvertrags zwar Ruhe beschert und an den Vorteilen des Sozialismus teilhaben lässt, ihn aber dem Vorwurf aussetzt, das System zu unterstützen (vgl. Otáhal 1998: 472).[79] Dies bestätigt den Vorwurf Petr Pitharts, Ludvík Vaculíks und Emanuel Mandlers hinsichtlich der moralischen Selbsterhöhung der Dissidenten.

Wenn Havel den „Versuch, in der Wahrheit zu leben" als politischen Akt bzw. Politik auffasst, dann ist die Frage, was alles Politik ist, wie folgt zu beantworten. Politik ist alles, was Einfluss auf die Gesellschaft hat, einen gesellschaftsverändernden (das „Leben in Wahrheit") oder auch gesellschaftsstabilisierenden (das „Leben in Lüge"). Abzuleiten ist hieraus, dass sein Begriff von der Politik ein weitgefasster ist. Politik ist nicht ausschließlich an die politischen Institutionen und/oder den Staat gebunden, sondern geht aus dem alltäglichen Handeln der Menschen hervor. Wenn Havel das „Leben in Wahrheit" in diesem Zusammenhang als *„Politik außerhalb der Politik"* bzw. als *Halb-* und *Krypto-Politik* bezeichnet (Havel 1985a: 10-156/89; vgl. Havel 1985b: 165f.), dann existieren für ihn zudem zwei *Kategorien* von Politik: Zur ersten zählt das auf die Gesellschaft wirkende Handeln in den politischen Institutionen, gemeint sind die politischen Parteien und die Parlamente. Diese Kategorie entspricht Havels Vorstellung von der herkömmlichen Politik. Sie lässt sich als politische Politik bezeichnen. Zur zweiten Kategorie, zur Halb- bzw. Kypto-Politik oder auch nichtpolitischen Politik, gehört das gesellschaftsverändernde bzw. -stabilisierende Wirken außerhalb dieser. Vor dem Hintergrund des Verschwindens der herkömmlichen Politik sowie der Existenz der technischen Politik ist es nachvollziehbar, dass Havel dieser zweiten Kategorie der Politik eine Vorrangstellung einräumte (vgl. Otáhal 1998: 473). Der nichtpolitische bzw. krypto-

[79] In diesem Zusammenhang ist noch einmal auf den Vorwurf der moralischen Selbsterhöhung der in Wahrheit lebenden Dissidenten hinzuweisen (vgl. Kapitel III 5).

politische „Versuch, in der Wahrheit zu leben“ ist der Komplementärbegriff zur (nicht mehr existenten) herkömmlichen (politischen) Politik.

Aufbauend auf dieser Ansicht hat der „Versuch, in der Wahrheit zu leben“ eine *kompensatorische Funktion*. Da in den Gesellschaften des realexistierenden Sozialismus die herkömmliche Politik verschwunden war, musste der „Standpunkt, von dem aus die Dissidenten ihre Kritik am realexistierenden Sozialismus“ und der Kommunistischen Partei übten, ein moralischer sein (vgl. Dalos 1991: 185f.). Durch die existentielle Revolution sollte zunächst die Unzulänglichkeit eines politischen und/oder gewalttätigen Systemwechsels kompensiert werden, der, wie ausgeführt, keine nachhaltige Lösung der Probleme des modernen Menschen mit sich bringe (vgl. Baer 1998: 277; Komárek 1990: 4). Da es um das Problem des Lebens geht, nicht aber um ein politisches Programm im herkömmlichen Sinne (vgl. Havel 1978a: 16-59/103), kann die verschwundene oder entartete Politik, wie sie sich in der technischen Zivilisation bzw. im posttotalitären System darstellt, keine Lösung sein. Es ging Havel demnach um die Kompensation der technischen Machtpolitik der Kommunistischen Partei[80] und zugleich um die Kompensation der eigenen (politischen) Machtlosigkeit. Gerade weil die Möglichkeit politischen Wirkens im herkömmlichen politischen Sinne ausgeschlossen war, wenn sich das Individuum mit dem posttotalitären Regime nicht engagieren wollte, musste der existentielle Bereich die Unmöglichkeit politischer Partizipation kompensieren. Durch den „Versuch, in der Wahrheit zu leben“ wird das posttotalitäre Regime herausgefordert. Es ist somit eine indirekte Form des politischen Wirkens. Der dissidentisch-oppositionelle „Versuch, in der Wahrheit zu leben“ ist mit Hannah Arendt gesprochen ein Versuch, dort in Erscheinung zu treten, wo es keinen Raum für freies politisches Handeln (im herkömmlichen Sinne) gibt (vgl. Arendt 1958: 188, 192).

> „Je gründlicher das posttotalitäre System auf der Ebene der faktischen Macht jede Alternative und jede von den Gesetzmäßigkeiten seiner ‚Eigenbewegung‘ unabhängige Politik verhindert, umso deutlicher verschiebt sich der Schwerpunkt seiner potentiellen politischen Bedrohung in den *existentiellen und ‚vorpolitischen‘ Bereich*: Das ‚Leben in Wahrheit‘ wird ohne direkte Bemühung zum natürlichen Aus-

[80] Entgegen allen ideologischen Beteuerungen gab es im kommunistischen Ostblock im Sinne Machiavellis nur die Politik der erfolgreichen Machterhaltung (vgl. Dalos 1991: 185f.).

gangspunkt aller Aktivitäten, die sich gegen die ‚Eigenbewegung' des Systems richten" (Havel 1978a: 8-33/77f.).

Das mit dem Ausschluss aus dem öffentlichen Leben verbundene „Leben in Wahrheit" wird zu einer versteckten Machtkonfrontation mit dem posttotalitären System und zum Hinterland einer *unabhängigen und alternativen Politik* (vgl. ebd.: 12-44/88), die Havel als „Halb-Politik" (Havel 1985b: 166), krypto-politische Erscheinung (vgl. ebd.: 165) und rückblickend auch als nichtpolitische Politik (vgl. Havel 1991: 135/101) auffasste und seine Interpreten als nichtpolitische Politik bezeichneten.

Vor diesem Hintergrund kommt dem „Leben in Wahrheit" eine *emanzipatorische Funktion* zu. Durch den existentiellen Schritt, ein „Leben in Wahrheit" zu beginnen, emanzipiert sich das Individuum von der institutionalisierten politischen Politik, konkret von der Kommunistischen Partei. Es zeigt derart deren Bedeutungslosigkeit hinsichtlich der Verbesserung der alltäglichen Lebensbedingungen auf. Um ein besseres Leben zu führen, bedarf es nicht der Mitgliedschaft in der Partei, ebensowenig der verschwundenen herkömmlichen und schon gar nicht der (entarteten) technischen Politik oder einer gewaltsamen Revolution, sondern einer individuellen existentiellen Revolution, die den Menschen auf sich selbst zurückführt und ihm seine Würde und Menschlichkeit zurückgibt. Die Emanzipation von der Politik ist aber zugleich Ausdruck ihrer Kompensation. Durch den „Versuch, in der Wahrheit zu leben" und den damit verbundenen negativen materiellen Folgen emanzipiert sich das Individuum zugleich vom staatlich unterstützen Materialismus des posttotalitären Systems. Es ist bereit, einen bedeutenden Teil seiner materiellen Sicherheit zugunsten seiner geistigen und sittlichen Integrität zu opfern (vgl. Havel 1978a: 9-33f./78). Der „Versuch, in der Wahrheit zu leben" ist zunächst *defensiv* ausgerichtet, denn es geht um die Verteidigung der menschlichen Identität. Wenn dem so ist, dann ist das „Leben in Wahrheit" aber zugleich ein positives Programm. Denn um die menschliche Identität überhaupt bewahren zu können, ist es notwendig, diese erst einmal zu erlangen. Das Hauptziel Havels ist die *Rückgewinnung* der verlorenen Identität des Individuums und deren anschließende *Verteidigung*.[81]

In diesem Zusammenhang hat das „Leben im Wahrheit" eine *legitimatorische Funktion*. Durch die Übernahme von Verantwortung im Zuge der existentiellen

---

[81] Ein besseres Leben hat somit nichts mit einem höheren materiellen Wohlstand zu tun.

Revolution legitimiert sich der Mensch sich selbst gegenüber. Dies ist parallel dazu ein emanzipatorischer Schritt. Er zeigt, kein willenloses „Objekt" zu sein, welches mit bloßen materiellen Leistungen ruhig zu stellen und willfährig zu machen ist. Es geht um den aufrechten Gang und, im Sinne eines selbstbestimmten Lebens, die Würde, ein Mensch zu sein. In diesem Akt liegt auch die politische Dimension des Lebens in Wahrheit. Aufrechte, eigenständig denkende und selbstbewusste Menschen stellen für autoritative und totalitäre politische Regime, die Individualität und Pluralität unterdrücken und verfolgen, eine Gefahr dar. Sie bedrohen durch ihr Verhalten dessen umfassenden Machtanspruch.

## 2. Die tschechische Tradition der nichtpolitischen Politik

Havels These, wonach der „Versuch, in der Wahrheit zu leben" ein politischer Akt bzw. „Politik außerhalb der Politik" ist (Havel 1985a: 10-156/89), steht im weiteren Kontext der tschechischen politischen Ideengeschichte des 19. und 20. Jahrhunderts. Ähnliche, auch Havel selbst bekannte, Ideen lassen sich im tschechischen Milieu der böhmischen Länder von 1890 bis 1940 nachweisen (vgl. Dalberg 2013). Er nähert sich hier der Vorstellung von der nichtpolitischen Politik, wie sie in der Zeit von 1890 bis 1940 bspw. vom Philosophen, Soziologen und späteren Präsidenten der Tschechoslowakei Thomas G. Masaryk, dem Philosophen und Pädagogen František Drtina (*1861 †1925), dem Philosophen Zdeněk Smetáček (*1901 †1969), dem Journalisten Ferdinand Peroutka und dem Volkswirt Josef Macek (*1887 †1972) vertreten wurde. Die Idee der nichtpolitischen Politik ist somit älter, als der tschechische Dissens der Siebziger- und Achtzigerjahre des 20. Jahrhunderts, auch wenn sie nun andere Inhalte und Bedeutungen hatte (vgl. Havelka 1998: 455, 461). Träger der nichtpolitischen Politik waren zu dieser Zeit (zumindest bis in die Mitte der Zwanzigerjahre) die sogenannten Realisten. Es handelte sich um eine in der Mitte der Neunzigerjahre des 19. Jahrhunderts entstandene äußerst heterogene, eher lose parteilich organisierte und eher linksorientierte Gruppierung, die sich zunächst um Thomas G. Masaryk versammelte und später an ihm orientierte (vgl. Kučera 2005a, b; Dalberg 2013: 47ff., 155ff.).

Die paradox anmutende Formulierung nichtpolitische Politik wurde erstmals zu Beginn der Neunzigerjahre des 19. Jahrhunderts als Bonmot im Wiener Parlament verwendet. Sein Autor war Graf Eduard Taaffe (*1833 †1895) (vgl. Havelka 1998: 460; Křen 2000: 201; Polák 2001: 306, 455). Der damalige konservative österreichische Ministerpräsident bezeichnete mit diesem Schlagwort die besondere (deutsch-)österreichische Perspektive kultureller Toleranz, mit der er versuchte, die nationalstaatlichen Ambitionen der nichtdeutschen Nationen der Habsburgermonarchie zu *kompensieren* (vgl. Havelka 1998: 460). Thomas G. Masaryk übernahm das Schlagwort „nichtpolitische Politik", nachdem es bereits in der zeitgenössischen tschechischen Presse kursierte[82], in seinem Werk über den tschechischen Journalisten Karel Havlíček (vgl. Masaryk 1896b: 106-299ff.) und entwickelte es in den folgenden Jahren zu einer politischen Strategie, die bis zum 2. Weltkrieg immer wieder aufgegriffen wurde, um nationale politische Ziele zu erreichen (vgl. Dalberg 2013: 13ff.).

Kern und erstes Mittel der nichtpolitischen Politik ist die Arbeit, genauer gesagt die *Kleinarbeit* (tschechisch: „drobná práce") für die Nation (vgl. z.B. o.A. 1902: 1; Masaryk 1925: 130-504/570; Macek 1939: 449; Peroutka 1939a: 457f.). Das Wort „klein" (tschechisch: drobná) hat hierbei zwei Bedeutungen. Mit diesem wird erstens der Begriff „konkret" ausgedrückt (vgl. Macek 1939: 449) und zweitens der Umstand, alle Erscheinungen bzw. Bereiche des gesellschaftlichen Lebens einzubeziehen (vgl. P.O. 1904: 351f.). Das Wort „Arbeit" (tschechisch „práce") ist praktisch und nicht abstrakt theoretisch zu verstehen (vgl. Macek 1939: 449). In der Realität gebe es jedoch nur konkrete, regelmäßige und fortwährende Kleinarbeit (vgl. Masaryk 1913: 7). Zu einer solchen konkreten und dauerhaften Arbeit zählt die Arbeit der einfachen Menschen, bspw. die „Kohleförderung, die Reparatur eines Autos, das Unterrichten des ABC oder der analytischen Geometrie, die Schlichtung eines Streits zwischen Novák und Novotný" (Macek 1939: 449). Obgleich die Ergebnisse dieser „von Mensch zu Mensch" stattfindenden Arbeit (Nejedlý 1921: 12) nicht immer offensichtlich seien, sie sozusagen unauffällige Arbeit ist, die sich „aus einer unübersehbaren Reihe manchmal sehr grauer Übungen zusammensetzt" (Fischer 1938: 826), würde sie ihren Zweck erfüllen (vgl. Svoboda 1924: 537; Rambousek 1929: 205). Als solche ist die unauffällige Arbeit zugleich Kleinarbeit, denn konkrete Arbeit ist „kleine, unscheinbare, alltägliche Arbeit" (Masaryk 1925: 130-

[82] Dort wurde Taaffes Idee der nichtpolitischen Politik zunächst sehr negativ aufgenommen und abgelehnt (vgl. Dalberg 2013: 108 – dort konkrete Nachweise).

504/570). Dieser unauffälligen konkreten Arbeit stehen zwei – abgelehnte – Formen von Arbeit gegenüber, die unfruchtbare und zerstörerische sowie die unmoralische Arbeit, zu der sie die Kupplerei, die Prostitution und das Stehlen zählten (vgl. Svoboda 1924: 540ff.; Masaryk 1898a: 147-549/197).

Der zweite Kernbegriff der klassischen nichtpolitischen Politik aus den Jahren 1890 bis 1940 ist die Bildung, die ihrerseits zugleich die Grundlage und Voraussetzung jeder Arbeit ist (vgl. Masaryk 1898b: 12; Batěk-Sommer 1919: 7f.). Der Einzelne könne ohne Bildung zwar schaffen, aber nicht denken. Da Arbeit jedoch kein Selbstzweck ist, könne ohne Bildung nur schwerlich für die Gesellschaft gearbeitet werden (vgl. Masaryk 1898b: 28). Ein ungebildeter Mensch wisse nicht, was diese braucht. Bildung ist auch deshalb die Grundlage der Arbeit, weil unruhiges, aufgeregtes Suchen und Hasten keine Arbeit sei (vgl. Masaryk 1905: 79, 77). Wenn Bildung aber die Grundlage der täglichen Kleinarbeit ist, bedeutet dies, dass die Praxis durch die Theorie gesteuert werden soll (vgl. Kilias 1997: 199; Masaryk 1905: 77).

Bildung ist sowohl als Prozess, der den Fähigkeiten von Geist und Willen die entsprechende Richtung gibt (vgl. Bollenbeck 1994: 103), als auch als Zustand zu verstehen. Als solcher ist sie jedoch mehr als nur der bloße Vorrat von Wissen und Kenntnissen oder reine Bücherbildung. Eine derart verstandene Bildung war für die Realisten nur eine einseitige Bereicherung des menschlichen Verstandes bzw. des Gedächtnisses. Zwar würde der Mensch hierdurch über viel Wissen verfügen. Dies bedeute jedoch nicht, dass er fähig ist, dieses Wissen auch anzuwenden (vgl. Všetečka 1907: 272). Deshalb sei es nicht entscheidend, viel oder wenig zu wissen. Wichtiger sei es, fähig zu sein, Wissen selbstständig zum eigenen Vorteil, vor allem aber zum Vorteil der Nation und der gesamten Menschheit anzuwenden (vgl. Drtina 1912a: 36). Es besteht somit ein Zusammenhang zwischen Theorie und Praxis: Bildung ist einerseits die Grundlage der Arbeit. Andererseits müssen Wissen und Bildung praktisch anwendbar sein und den Bedürfnissen und Anforderungen der Zeit entsprechen (vgl. ebd.: 86). Bildung sollte also immer auch praktische Bildung sein. Es sei nicht genug zu wissen, auch tun müsse man können (vgl. Macek 1939: 451).

Mit der Formulierung „nichtpolitische Politik“ wird das Paradox zum Ausdruck gebracht, dass ihre beiden Kernbegriffe „Arbeit“ und „Bildung“ eine politische Bedeutung zugeschrieben wird, obgleich diese außerhalb der Politik im engeren Sinne liegen (vgl. Programm 1900: 45; Znoj 2005: 13; Kusý 2005: 55).

Unter dieser ist das Handeln in den politischen Institutionen, den Parteien, den Parlamenten und Regierungen zu verstehen, also ungefähr das, was Havel als herkömmliche Politik bezeichnete. Die politische Bedeutung der Arbeit liegt darin begründet, dass sich eine Gesellschaft durch die Arbeit ihrer Mitglieder an die natürlichen Umstände ihrer Umwelt anpasst. Sie ermöglicht das (Über-)Leben einer Gesellschaft (vgl. Masaryk 1898b: 26). Arbeit sichert und entwickelt deren Grundlagen, bildet, erhält, formt und gestaltet diese (vgl. Masaryk 1901: 9-123/59; Meyer 2010: 40f.; Kusý 2005: 55). In der Wirtschaft führt sie zu technologischen Innovationen, die ihrerseits den kollektiven und individuellen Wohlstand mehren (können) (vgl. Beck 1986: 301). Technischer und wirtschaftlicher Fortschritt führt zu sozialen Veränderungen, die ihrerseits politisch bedeutsam sind bzw. sein können.

Die politische Bedeutung der Bildung liegt in der Schaffung des für ein erfolgreiches Leben notwendigen Verantwortungsbewusstseins (vgl. Beneš 1929: 10). Sie ist die Voraussetzung für kritisches Denken (vgl. Masaryk 1905: 85; jř 1904: 1). Bildung sozialisiert und kultiviert das Individuum (vgl. Havelka 1998: 460). Durch Bildung erlangt es Fähigkeiten, die es ihm gestatten, sich im modernen Leben zurechtzufinden (vgl. Havelka 2002: 28). Die politische Bedeutung von Bildung liegt darüber hinaus in der Schaffung mündiger Menschen. Bildung ermöglicht dem Individuum die Teilnahme am gesellschaftlichen, wirtschaftlichen, kulturellen und politischen Leben der Gesellschaft (vgl. Drtina 1912a: 36). Bildung macht die Menschen mit dem wissenschaftlichen Fortschritt bekannt, lehrt eine realistischere Anschauung der verschiedenen staatlichen und gesellschaftlichen Institutionen. Sie führt zu einer verständigeren und zweckmäßigeren Art und Weise des Lebens sowie auch zu einer effektiveren Arbeitsweise, die ihrerseits politisch bedeutsam ist (vgl. Havelka 2002: 28).

Zusammengefasst besteht der politische Charakter von Bildung und Arbeit hier in der intellektuellen, wirtschaftlichen und nicht zuletzt auch moralischen Erhöhung des Individuums und in Verbindung damit auch der Gesellschaft. Das Zusammenwirken von Arbeit und Bildung ist somit die notwendige Voraussetzung für die Veränderung einer Gesellschaft (vgl. ebd.). Die politische Bedeutung von Arbeit und Bildung, vor allem der sozialen Allgemeinbildung, besteht nicht zuletzt auch in ihrer gesellschaftlichen Integrationsleistung, genauer in der

Schaffung eines Kollektivismus, ohne den ein Zusammenleben in einem politischen Gemeinwesen unmöglich ist. Sie sind die Grundlagen des sozialen und gesellschaftlichen Zusammenlebens (vgl. Beck/Hajer/Kesselring 1999: 12; Masaryk 1898b: 39; Rambousek 1929: 206). Wird die nichtpolitische Politik politiktheoretisch betrachtet, so ist zu schließen, dass Politik die gute Arbeit des Einzelnen ist. Dessen gesellschaftlich nützliches Handeln *außerhalb* der politischen Institutionen ist nichtpolitische Politik. Wird gesellschaftlich nützliche Arbeit innerhalb der politischen Einrichtungen geleistet handelt es sich um politische Politik (vgl. Dalberg 2013: 324f.).[83]

Diese klassische nichtpolitische Politik stellte in den Jahren von 1890 bis 1940 ein *Programm* und eine alternative *Strategie* dar, mit der die tschechische Nation politische Ziele erreichen sollte. Zunächst (von 1890 bis 1914) ihre Selbstständigkeit im Rahmen Österreich-Ungarns (vgl. Dalberg 2013: 39ff.). In der Tschechoslowakei diente die nichtpolitische Politik in den Jahren von 1918 bis 1938 als Strategie, den am 28. Oktober 1918 gegründeten Staat zu erhalten (vgl. ebd. 151ff.). Nach dem Münchner Abkommen vom 30. September 1938 und nach der Errichtung des Protektorats Böhmen-Mähren am 16. März 1939 wurde die nichtpolitische Politik erneut aufgegriffen. Nun diente sie als alternative Strategie, um die existentiell bedrohte tschechische Nation vor ihrem Niedergang zu bewahren (vgl. ebd.: 239ff.). Als solche war diese klassische nichtpolitische Politik vor allem in der Zeit von 1890 bis 1914 und von 1938 bis 1940 ein positiver Gegenentwurf zur Strategie der revolutionären Gewalt, durch die sich keines der angestrebten Ziele hätte erreichen lassen.[84]

Nicht übersehen werden sollte, dass die tschechischen Realisten und von diesen insbesondere Thomas G. Masaryk und Zdeněk Smetáček, sich bei der Formulierung ihrer nichtpolitischen Politik auf Karel Havlíček beriefen (vgl. Masaryk 1896b: 106-299ff.; Smetáček 1939). Masaryk verband dessen Programm der

[83] Arbeit ohne positiven gesellschaftlichen Effekt in Parteien und Parlamenten ist hingegen „Politik" (in Anführungszeichen) (vgl. Dalberg 2013: 324f.). In diesem Zusammenhang stehen auch die Aussagen Ludvík Vaculíks, der im Zuge seiner Polemik mit Havel ausführte, dass unter den gegebenen Umständen jede ehrlich ausgeführte Arbeit heldenhafter sei, als das Verhalten der Dissidenten (vgl. Vaculík 1978: 203).

[84] Die klassische nichtpolitische Politik erfüllte vier Funktionen: eine kompensatorische, eine emanzipatorische, eine legitimatorische sowie eine integrative (vgl. Dalberg 2013: 329ff.).

nationalen Emanzipation in seinem Buch über Havíček mit Taaffes Schlagwort von der nichpolitischen Politik und gab dieser auf die Weise einen positiven Sinn (vgl. Masaryk 1896b: 106-299f.).[85] In den ersten Jahren nach der Revolution von 1848 bestanden Havlíčeks politische Hauptforderungen in der Gewährleistung der nationalen tschechischen Gleichberechtigung und bürgerlichen Freiheit im Rahmen Österreichs (vgl. Procházka 1961: 35). Die Tschechen sollten in einer demokratischen konstitutionellen Monarchie und Föderation gleichberechtigter Nationen leben (vgl. ebd.: 63; Šolle 1998: 33ff.).

Hinsichtlich dieses Plans stellte sich die Frage nach den Mitteln, mit denen das anvisierte Ziel zu erreichen sei. Beachten musste er, dass die tschechische Nation auf Grund ihres Mangels an parlamentarischen Vertretern ihre politischen Forderungen nicht auf dem herkömmlichen politischen Wege durchsetzen konnte. Für Havlíček stellte sich deshalb die Frage, wie eine unselbstständige, an allen Seiten von Feinden umgebene Nation, ohne parlamentarische Vertreter, ohne Pressefreiheit und ohne eigene Regierung erfolgreich politische Arbeit leisten könne (vgl. Masaryk 1896b: 107-306; Procházka 1961: 61ff.). Ein weiteres Problem erkannte er in der seiner Meinung nach mangelhaften Bildung der Tschechen. Um das angestrebte politische Ziel zu erreichen, forderte er eine allgemeine Ausbildung des Volkes (vgl. Procházka 1961: 49). Nach Havlíčeks Auffassung war zur persönlichen wie auch zur nationalen Freiheit geistige Reife und Kultur notwendig. Nur eine gebildete Nation könne wirklich frei sein. Großes Gewicht legte er deshalb auf die Aufklärung und Bildung der breiten Bevölkerungsschichten (vgl. ebd.: 67). Havlíček wollte das tschechische Volk zu bedachter, zweckmäßiger und allgemeiner Kulturarbeit organisieren und „den einzelnen Teilen und Gliedern des nationalen Körpers, Augen, Verstand, Bewusstsein und Geist“ geben (Masaryk 1896b: 106-301; vgl. Bednář 2001: 191). Bildung, aber auch Sittlichkeit und seelische Stärke sollten die tschechische Nation festigen. Das Sammeln der inneren Kräfte entwickelte Havlíček, wie bereits angedeutet, als positiven Gegenentwurf zum tschechischen Extremismus und zum

[85] Karel Havlíček selbst war bei der Formulierung seines Emanzipationsprogramms von den polnischen Konzepten der *praca organiczna* (organische Arbeit) und der *praca u podstaw* (Arbeit an den Grundlagen) beeinflusst, mit denen er während seiner Russlandreise in den Jahren 1843 bis 1844 in Berührung kam (vgl. Masaryk 1896b: 41-125, 107-307ff.; Bělič 1940: 21; Havelka 1998: 460; s. auch Kapitel IV 5).

Revolutionismus. Anstelle revolutionärer Umtriebe, mit denen keines der politischen Ziele zu erreichen sei, gab es für Havlíček, wie später für die Realisten,

> „tausende Wege, auf denen wir unseren Grundsätzen und der nationalen Partei zum Sieg verhelfen können: Jedes gute tschechische Buch, jeder gut geschriebene Artikel, der von allem beliebigen Nutzbringenden handelt, jede Verbesserung in der Industrie, der Wirtschaft usw., die vielleicht nur ein einzelner von uns in seinem Lebenskreis verwirklicht, jeder einzelne Mensch, der für unsere wahrhaftigen Grundsätze gewonnen werden kann, jede neue Erkenntnis und Erfahrung, die jemand aus der Fremde mit nach Hause bringt, jede gute Tat, die wir in unserer Umgebung vollbringen, usw. usw., all das stärkt uns. [...] Wer die Geschichte und den Lauf dieser Welt auch nur ein wenig kennt, der weiß bestimmt, dass kein Volk anders als durch seine eigene *innere Kraft* den endgültigen Sieg erringen kann [...]. Die innere Kraft des Volkes liegt in der Bildung, seinem Wohlstand, seiner Rührigkeit, Sittlichkeit und Unbescholtenheit, und jeder, der sich um die Vermehrung dieser Eigenschaften bei seinem Volk kümmert, trägt am besten zur künftigen Freiheit bei" (Havlíček 1851c: 251f./331f.).

Zwischen Havlíček und Havel besteht dahingehend Übereinstimmung, dass beide (gewaltsame) revolutionäre Umstürze für unzureichend halten, wenn sie sich nicht auf eine intellektuelle (Havlíček) bzw. moralische bzw. existentielle Revolution (Havel) stützen.

Václav Havel lehnte die Kleinarbeit (für die Nation) allerdings ab, obgleich er ausführte, dass die Auffassung dieser sozusagen klassischen nichtpolitischen Politik in der tschechischen Nation durchaus Fuß gefasst habe und noch immer lebendig sei. Allgemein betrachtet war die Idee der Kleinarbeit für ihn gleichbedeutend mit „der ehrlichen und verantwortungsvollen Arbeit auf den verschiedensten Gebieten des Lebens, die auf die Anhebung des nationalen Schaffens und auf das nationale Selbstbewusstsein zielte" (Havel 1978a: 14-51/95). Anerkennend hob er hervor, dass Aufklärung, Erziehung, Bildung, Moral und Humanität im Mittelpunkt dieser nationalen Arbeit standen. Havel zufolge war sie der „Ausgangspunkt für ein würdigeres nationales Schicksal", da sie zu einer inneren Veränderung des Menschen führe (ebd.). Als weiteren wichtigen Punkt erkannte Havel, dass die Anhänger der Kleinarbeit die gegebene (politische) Ordnung als Handlungsrahmen für ihr Wirken achteten. Sie wollten demnach im Rahmen der bestehenden Gesetze handeln, was sich später, wie ausgeführt, auch beim Wirken der Charta 77 nachweisen lässt.

Nichtsdestotrotz gab es für Havel im posttotalitären Normalisierungsregime eine Grenze, hinter der die „Kleinarbeit für die Nation" anfange, „Arbeit gegen die Nation" zu sein (ebd.: 14-52/95). Diese Ansicht ist nachvollziehbar. Durch seine tägliche Arbeit in den staatlichen Betrieben des posttotalitären Systems unterstützt und stärkt das Individuum dieses und lebt ein unauthentisches Leben in Lüge. Aus diesem Grunde ist sie irrelevant. Zugleich ist hiermit gesagt, dass diese Kleinarbeit auch für Havel eine politische Bedeutung hat. Werden Havels Konzeption des „Versuchs, in der Wahrheit zu leben" und die klassische nichtpolitische Politik verglichen und in Beziehung zueinander gesetzt, so ist festzustellen, dass der nichtpolitische „Versuch, in der Wahrheit zu leben" die Funktion der Arbeit und auch der Bildung übernimmt, nämlich die Funktion der (positiven) Gesellschaftsveränderung. Der Versuch, den aufrechten Gang zu üben, bedroht das bestehende Regime und verändert damit schon die bestehende Gesellschaft. Anders als die Vertreter der klassischen nichtpolitischen Politik aus den Jahren 1890 bis 1940 setzte Havel nicht auf Arbeit und Bildung. Den Schlüssel für die Zukunft sah er in einem größeren Maße als die Realisten und Havlíček in der inneren (moralischen) Beschaffenheit der Individuen, in ihrem Streben nach existentieller Wahrheit und würdevollem Leben (vgl. Ash 1990: 201, 203).

## 3. Die Bedeutungen und Funktionen der „antipolitischen Politik"

Havels „antipolitische Politik" ist in politiktheoretischer Hinsicht eine Missbilligung der auf Machtgewinnung und -erhaltung beschränkten (technischen) Politik der modernen Zivilisation. Sie ist eine Kritik an einer nur an augenblicklichen Erfolgen orientierten Technologie der Macht und den mit dieser verbundenen politischen Institutionen. In diesem Sinne ist sie ein (positiver) Gegenpol zu einem Politikverständnis, in dem Politik und Moral unvereinbar sind. Havel geht davon aus, dass Politik ohne eine moralische Grundlage unmöglich ist. Politik soll nicht das Machtverfallene und noch weniger das Unmoralische sein. Seine „antipolitische Politik" ist eine ethisch fundierte und dem individuellen Gewissen verantwortliche Politik (vgl. Pinc 1990: 8), die beim Individuum und dessen subjektiven Bewusstsein ansetzt (vgl. Jørgensen 1992: 42). Es geht um die aristotelische Auffassung von der natürlichen „Verpflichtung des Menschen gegen sich selbst und gegen andere" (Sellin 1993: 831). Der antiken Politiktradition entsprechend ist die Politik für Havel „kein besonderer Bereich mit eigenen Regeln wie in der Neuzeit seit Machiavelli" (Reese-Schäfer 2007: 13).

Als *Qualitäts-* und auch *Richtungsbegriff* befreit die „antipolitische Politik" die Politik von der Macht. An ihrer Stelle gewinnen grundlegende ethische Kategorien wie Richtig-Falsch, Lüge-Wahrheit, Recht-Unrecht, Gut-Böse, die im rationalisierten Politikverständnis der technischen Zivilisation im Allgemeinen und posttotalitären im Besonderen höchstens von persönlicher Bedeutung sind, an Bedeutung (vgl. Ash 1990: 201). Als solche ist die „antipolitische Politik" für Havel (der politische) Ausdruck des authentischen und sittlichen Lebens (vgl. Otáhal 1998: 471). In der „antipolitischen Politik" haben ethische Prinzipien dieselbe fundamentale Bedeutung und sind ebenso denk- und realisierbar wie in der Kunst, der Wissenschaft, der Wirtschaft und im Privatleben.

> „Je sichtbarer wir in das Gebiet der wirklichen Politik[86] eintreten, desto deutlicher sollten wir uns an die ursprünglichen – also sittlichen – Wurzeln unseres Handelns erinnern und desto aufmerksamer sollten wir darüber wachen, dass sich unsere Verantwortung nicht [...] in zwei Verantwortungen aufzuteilen beginnt: eine menschliche und eine politische" (Havel 1989b: 231f.).

Die „antipolitische Politik" ist für Havel im Gegensatz zur technischen Politik der modernen Zivilisation kein Hort der Lüge und des Betrugs und kein Sumpf gewissenlosen Egoismus', sondern der Boden eines „realisierbaren, praktischen *Humanismus"* (Baer 1998: 14; vgl. Jørgensen 1992: 42). Ethisch begründete Ziele und Zwecke politischen Handelns, die im technischen Politikverständnis aus dem Blick geraten waren, gewinnen wieder an Bedeutung. Dies gilt ebenso für einen Wert wie Anstand. Havel möchte die Politik, indem er ethische Mittel und Ziele betont, moralisch verwurzeln. Die normativ betrachtete Politik ist von der Moral und der Ethik her zu betrachten. Da moralische Begriffe jedoch subjektiv sind, bergen sie die Gefahr, verabsolutiert und missbraucht zu werden. Allgemein betrachtet erhebt die Politik für Havel

[86] Gemeint ist offensichtlich die herkömmliche Politik (vgl. Kapitel II 2.2).

> „größere Ansprüche an die menschlichen und moralischen Qualitäten derjenigen, die sie machen; je größer die Macht ist, die ein Politiker hat, desto größer sind auch die Ansprüche – als integraler Bestandteil und Konsequenz seines Berufs“ (Havel 1969: 29/439).

Politiker können wirkliche, d. h. langfristige, politische Erfolge nur dann erringen, wenn sie das „ganz verknüpfte Netz relativierender politischer Rücksichten, Analysen und Kalkulationen“ vergessen und sich wie ehrenhafte Menschen benehmen (ebd.: 31/440). Havel betonte hierbei, dass menschliches Handeln im Allgemeinen und politisches Handeln im Besonderen keinen Gegensatz darstellen, ganz im Gegenteil, sie sind untrennbar miteiander verbunden. Dies ergibt sich aus Havels Ansicht, wonach jedes Handeln, was einen Einfluss auf die Gesellschaft hat, Politik ist.

Für Havel ist Politik ohne Moral unmöglich, zugleich aber ist Politik ohne Macht möglich. „Antipolitische Politik“ *ist*, wie die Bezeichnung aufzeigt, Politik, da sie sich um die Probleme der Gesellschaft kümmern und diese lösen soll. Allerdings ist sie Politik ohne Macht bzw. „außerhalb der Macht“ (vgl. Havel 1985a: 10-156/89). Sie ist letztlich eine Kritik an der Macht (vgl. Jørgensen 1992: 42), die für Havel ein unverständliches, anonymes, unhistorisches und unbestimmtes, die Menschen ins Verderben führendes Monstrum darstellte (vgl. Sviták 1984: 117). Politik braucht für Havel keine Macht, weil diese das Gegenteil von Ethik und Moral ist. An ihre Stelle wird die Moral gesetzt. Politik ist somit nicht mehr eine Frage der Macht, sondern einzig der Ethik und Moral.

Die Frage, ob hierdurch in letzter Konsequenz keine Politik mehr stattfindet, die Politik verlorengeht und die Moral übrig bleibt (vgl. Otáhal 1998: 473), ist zu verneinen. Sie bekommt lediglich einen neuen Ausgangspunkt bzw. neue Grundlage, und diese ist nicht die Macht, sondern eben die Moral. Nicht Macht verändert eine Gesellschaft, sondern Ethik und Moral (vgl. Fidelius 1992: 3). Und gerade die Veränderung der Gesellschaft ist für Havel Politik. Ethisches Handeln war für Havel eine gute menschliche Tat, und eine solche ist nicht allein der fruchtbare Boden für jede Politik (vgl. Havel 1989b: 232), sie *ist* Politik. Havel negiert also nicht die Politik als solche, wie die Vorsilbe „anti“ vermuten lassen könnte (vgl. aber Keane 2000: 315). Ebensowenig lehnte er politisches Denken ab (vgl. Suk 2008: 25). Havel wollte vielmehr eine neue, nicht auf Macht, sondern auf Moral gegründete Politik, eine „antipolitische Politik“. Er wollte die (real gegebene technische) Politik verändern und auf eine neue Grundlage stellen, aber nicht abschaffen.[87] Politik soll nicht eine Frage und ein Problem der Macht sein, sondern eine Frage und ein Problem der Moral. Der negative Gegenpart der „antipolitischen Politik", die technische Politik, gründet sich demnach auf Macht und lässt die Moral außer Acht.

In diesem Zusammenhang stellt sich die Frage, ob Politik im Allgemeinen, auch wenn sie sich nicht um Macht bemühen muss, nicht auf diese angewiesen ist, wenn sie von ihren Idealen etwas verwirklichen wolle. Ohne Macht gibt es keine Politik. Wer die Frage der Macht ausblendet, verfehlt ihren Charakter. Ohne Macht lassen sich auch an aktuellen gesamtgesellschaftlichen Problemen orientierte Forderungen von zeitlich begrenzten Bürgerinitiativen nicht durchsetzen (vgl. Fidelius 1992: 3).[88] Wenn Havel über die „antipolitische Politik" als „praktizierte Sittlichkeit" (Havel 1984a: 4-110/57) spricht, diese von der Macht befreit und die Moral als oberste Norm politischen Handelns setzt, so geht es ihm offensichtlich um den *Konflikt von Geist und Macht*, wobei der Geist gegenüber der Macht eindeutig Vorrang hat und nicht zuletzt auch um das Suchen der authentischen Position des Intellektuellen in der Welt. Dies ist insofern überraschend, als Havel den Aspekt der Macht in seinem Artikel „Zum Thema Opposition" sehr gut erkannte (vgl. Havelka 1998: 462). Dort führte er aus, dass „der öffentliche und gesetzliche ‚*Kampf um Macht*'" die Grundlage der Demokratie ist (Havel 1968: 413f.). Seine Abwendung von dieser Erkenntnis lässt sich mit seinen negativen Erfahrungen im posttotalitären System und der damit verbundenen rücksichtslosen Machtanwendung der Kommunistischen Partei im Sinne der technisierten Politik der technischen Zivilisation in den folgenden Jah-

[87] Havel ist kein Antipolitiker, denn Antipolitik ist mehr als eine übersteigerte Politikverdrossenheit und/oder -müdigkeit. Sie ist der Angriff auf das Politische und die Politik selbst. Ihr entscheidendes Charakteristikum ist die „*grundsätzliche Ablehnung, Verachtung, ja, Feindseligkeit gegenüber der Politik*" (Mandt 1998: 106), und zwar sowohl auf der praktischen Ebene als auch auf der Ebene ihrer theoretischen Reflexion. Antipolitik ist die Absage an die Politik. Sie lebt von deren bewusster und bedachter Ablehnung und ist der Versuch der Politik, „ein Ende zu machen" (ebd.: 107). Deutlich wird dies beim russischen Anarchisten Michail Bakunin (*1814 †1876), der die Politik „töten" wollte (Bakunin 1871: 362, Mandt 1998: 110).

[88] Diese Kritik wurde nach 1989 vom Philologen Petr Fidelius (*1948, eigentlich Karel Palek) geäußert. Er maß Havels Mitte der Achtzigerjahre unter spezifischen politischen Bedingungen entwickelte Idee an der neuen gesellschaftlichen Situation und warf ihm vor, „die Politik einfach auf Moral" zu reduzieren (Fidelius 1992: 3). Václav Bělohradský merkte an, dass das Gewissen nur eine von vielen Voraussetzungen für die Politik ist (vgl. Suk 2013: 228f.).

ren erklären. Allerdings ist die Wahrheit im „Versuch, in der Wahrheit zu leben", d. h. in der nichtpolitischen Politik ein *Macht*faktor (vgl. Havel 1978a: 7-29/73f.). Mit dem Faktor Macht rechnete Havel also. Allerdings handelt es sich um eine gewissermaßen „positive" aus dem menschlichen Gewissen hervorgehende Macht, weshalb er sie nicht ablehnte.

Neben der Halb- bzw. krypto- oder auch nichtpolitischen Politik und der herkömmlichen Politik, existieren für Havel somit zwei weitere Kategorien der Politik: eine mit Macht verbundene und eine Macht ausschließende. Erstere ist ihrerseits mit den bekannten politischen Institutionen, wie den Parteien, verbunden. Macht(streben) und politische Institutionen sind identisch. Zudem sind sie kennzeichnend für die technische Zivilisation. Dies wiederum bedeutet, dass die technische Politik mit Macht verbunden ist. Letztere ist auf dem Gebiet des „menschlichen Gewissens und Bewusstseins, auf existentiellem Niveau" anzusiedeln (Mandler 1995: 88), in einem Bereich, der der Politik im allgemeinen Verständnis *vorgelagert* ist.

Havels „antipolitische Politik" verdeutlicht ein Verständnis von Politik, welches auf der politischen Praxis und der Phronesis ruht (vgl. Schmidt 2001: 134). Er erneuert die antike und republikanische Idee der Tugend und des tugendhaften Lebens, die in der technischen Zivilisation im Allgemeinen und im posttotalitären Regime im Besonderen bedeutungslos geworden war, löst sich vom neuzeitlichen Politikverständnis und kehrt in die Zeit *vor* Machiavelli zurück, als die Politik im Sinne Aristoteles als praktische Philosophie am guten Leben ausgerichtet war und nicht als bloße Technik des Machterwerbs und -erhalts verstanden wurde (vgl. ebd.: 148; Ottmann 2006: 15; Maier 1987: 379). Die „antipolitische Politik" stützt sich auf die *christlich-aristotelische* Politiktradition. Deren Hauptmerkmal ist die „Bezogenheit des politischen Handelns auf den Zweck des Gemeinwohls, der *beatitudo, felicitas oder allgemeinen Glückseligkeit*". Der überlieferte Zusammenhang von Politik und Ethik bleibt in der Überzeugung lebendig, „dass dieses Ziel nur unter Beobachtung der Moralgebote erreicht werden könne" (Sellin 1993: 808f. - HiO). Während die Politik, diesem Verständnis folgend, dadurch bestimmt ist, „in ethischen Institutionen die Wirklichkeit des Menschseins" und dessen Freiheit zum Inhalt zu haben[89], steht

[89] Havel geht jedoch über Aristoteles hinaus, denn für diesen ist die Ethik nur ein Teil der Politik, für Havel ist die Ethik hingegen Politik.

Machiavellis Politikbegriff bekanntermaßen am Anfang der bis heute andauernden Entwicklung, in der sich die politische Theorie von der Ethik emanzipiert. Politik stellt einen Bereich dar, „der gegenüber der Moral oder einer außerhalb ihrer liegenden Zielsetzung autonom bleibt“. Sie tritt als Technik der Machtbildung und Machtbehauptung auf (ebd.: 809; Maier 1987: 380). Entscheidend ist in diesem Politikverständnis nicht das Soll, sondern das Sein. Havel geht es im Gegensatz dazu nicht um das Sein, sondern um das Soll.

Ebenso wie der „Versuch, in der Wahrheit zu leben“ erfüllt auch die „antipolitische Politik“ unterschiedliche, aber zugleich miteinander verbundene Funktionen: eine *ersetzende*, eine *emanzipatorische* sowie eine *legitimatorische* Funktion. Ihre Hauptfunktion ist die *Ersetzung* der bisherigen technisierten Politik. Von dieser leiten sich dann die anderen beiden Funktionen ab. Als „praktizierte Sittlichkeit“ (Havel 1984a: 4-110/57) soll sie die Politik der technischen Zivilisation, d. h. die „Technologie der Macht und der Manipulation“ (ebd.) und des Apparates (ebd. 4-112/59) ablösen. Es ging Havel um die Beseitigung der alten – machtgebundenen und institutionell verankerten politischen – und um die Einführung einer neuen – antipolitischen – Politik. Hiermit verbunden ist ihre emanzipatorische Funktion.

In *emanzipatorischer* Hinsicht soll die „antipolitische Politik“, die aus der existentiellen Ebene, d. h. von unten erwachsenen „Politik des Menschen“ (ebd.) diesen, unabhängig vom konkreten politischen Regime, dazu führen und ermutigen, sich aktiv an der Gestaltung der Gesellschaft zu beteiligen. Durch das Engagement in zeitlich begrenzten Bürgerinitiativen wird die Politik des (Partei-) Apparates kompensiert, und zwar unabhängig von seiner politischen und ideologischen Ausrichtung. Als Ausdruck der technischen Politik waren Parteien für Havel lediglich bürokratische Gefüge, deren vorrangiges Ziel die Erringung und Erhaltung von Macht war. Sie erscheinen ihm deshalb als ungeeignet, auf die konkreten und sich immerfort ändernden Bedürfnisse der Menschen einzugehen. Da das Leben für Havel aber unvorhersehbar ist, können Parteien nicht existieren, da diese zu unbeweglich bzw. zu unflexibel sind und jeweils eine spezielle Wahrheit beanspruchen. Diese partikulare Wahrheit, d. h. die Ideologie, soll im Zuge des Machtstrebens der Partei letzten Endes auf die gesamte Gesellschaft ausgedehnt werden, was wiederum deren Pluralität einschränkt.

Auf einer zweiten Ebene geht es der moralisch verankerten „antipolitischen Politik“ auch um die Organisation des freiwilligen sozialen Handelns von Bürgerinnen und Bürgern zu gemeinwohlorientierten Zwecken. Sie ist eine gewisse Organisationsform, „mit denen die Bürgerinnen und Bürger auf den Staat oder Markt einwirken“. Zugleich sollen auch soziale, politische oder kulturelle Probleme gelöst werden (Meyer 2009: 138). Havels „antipolitische Politik“ lässt sich hier ansatzweise mit der Zivilgesellschaft in Verbindung bringen, welche die „herrschaftsfreie Assoziation freier und gleicher Bürger“ bezeichnet (Thaa 2004: 206).[90]

In diesem Kontext ist der *legitimatorische* Charakter der „antipolitischen Politik“ zu sehen. Dieser besteht im Gegensatz zur Halb- bzw. Krypto-Politik aber nicht darin, dass sich die Menschen vor sich selbst legitimieren. Vielmehr geht es um die Legitimierung der Politik gegenüber dem Menschen, und zwar in dem Sinne, dass sie nicht allein für sich selbst da ist. Die Politik muss ihre Berechtigung unter Beweis stellen. Sie ist nur legitim, wenn sie im aristotelischen Sinne das Wohl des einzelnen Bürgers und der gesamten Gesellschaft im Blick hat und nicht das alleinige private Wohl dessen, der sie macht oder Mitglied einer bestimmten Partei ist. Es ging Havel um die Orientierung am Gemeinwohl und zugleich um die Schaffung des tugendhaften, von der Moral geleiteten *Citoyens*, der sich für die Belange seiner Polis einsetzt. In Verbindung damit und darüber hinaus geht es zudem um die Herstellung einer vertrauensvollen Beziehung zwischen Politik und Bürger. Politik ist keine Sache ethisch fragwürdiger, sondern moralisch vorbildlicher Menschen, die auf Grund ihres Charakters Rückhalt in der Gesellschaft finden und als moralischer Orientierungspunkt wahrgenommen werden. Havel beschrieb das bereits im „*Brief an Alexander Dubček*“ deutlich werdende Problem der Ehre und Integrität eines Politikers, der sich für die langfristigen Belange der Bürger seines Staates einsetzt und nicht allein kurzfristigen (Wahl-)Erfolgen hinterhereilt (vgl. Havel 1969: 31/440, 29/439).

Hinsichtlich des Verhältnisses von der existentiellen Revolution, d. h. dem „Versuch, in der Wahrheit zu leben“, einerseits und der „antipolitischen Politik“ andererseits ist festzuhalten, dass beide eng miteinander verbunden sind. Ohne die existentielle innere Umkehr des Menschen zu sich selbst, kann es keine „antipolitische Politik“ geben. Die machtversessene institutionell verankerte Politik

[90] Die nichtpolitische Politik, d. h. der „Versuch, in der Wahrheit zu leben“, ist unter den Bedingungen des posttotalitären Normalisierungsregimes eine Art Vorstufe der Zivilgesellschaft, und zwar insbesondere dort, wo es Havel darum ging, sich mit anderen zu solidarisieren und gemeinsam die eigenen Interessen zu organisieren (vgl. Havel 1978a: 7-27/72, 15-55/98).

ist mit dem unauthentischen „Leben in Lüge“ verbunden. Die „antipolitische Politik“ ist jedoch mehr als nur eine zufällige Folge der existentiellen Revolution. Die existentielle Revolution führt direkt zu ihr. Diese ist deren unabdingbare *Voraussetzung*. Wer die existentielle Revolution durchlebt, hat im Verständnis Havels eine antipolitische Vorstellung von der Politik und lehnt Macht sowie dauerhaft organisierte politische Institutionen, denen es ihrerseits ausschließlich um Macht geht, ab. Die „antipolitische Politik“ und die Halb- bzw. krypto- oder auch nichtpolitische Politik, verstanden als Sorge um die Polis außerhalb der politischen Institutionen, sind somit zwar nicht identisch, aber auf das Engste miteinander verbunden. Die Trennlinie zwischen beiden ist fließend, wobei die existentielle Revolution im Allgemeinen bzw. der „Versuch, in der Wahrheit zu leben“ im Besonderen der Ausgangspunkt der „antipolitischen Politik“ ist. Die nichtpolitische Politik beinhaltet das Prozesshafte und Dynamische, da sie auf die Veränderung der Gesellschaft aus ist. Die „antipolitische Politik“ drückt hingegen das Grundlegende und Statische aus.

Wenn Havel die „antipolitische Politik“ fordert, möchte er die von der technischen Politik abgelöste herkömmliche Politik gewissermaßen verändert wiederbeleben (vgl. Havel 1985b: 165). Die öffentliche pluralistische Auseinandersetzung der verschiedenen Meinungen bei der Suche nach dem Wohl des Staates, die sich u.a. in Wahlen zum Parlament äußert, soll sich jedoch nicht auf Machtgewinnung und -erhaltung beschränken und ebensowenig an augenblicklichen Erfolgen orientieren, sondern eine ethische Grundlage haben und im Sinne der klassischen politischen Philosophie am guten Leben ausgerichtet sein. Ebenso verlieren fest organisierte politische Institutionen wie Parteien an Bedeutung. Sie werden von zeitlich begrenzten Bürgerinitiativen abgelöst. Bestätigt wird dies durch Havels Aussage, wonach die existentielle Revolution die Politik zu ihrem Ausgangspunkt *zurück*bringt, zum konkreten Menschen (Havel 1978a: 16-60/103). Die „antipolitische Politik“ ist jedoch nicht die philosophische Grundlage der täglichen praktischen Politik. Dies ist die existentielle Revolution. Dennoch verbindet Havel die ethisch verankerte (antipolitische) Politik mit der herkömmlichen Politik. Diese soll antipolitisch, d. h. keinesfalls technisiert sein. Das Adjektiv „antipolitisch“ wird von Havel verwendet, um einen positiven Gegenbegriff zur realen technischen Politik und natürlich auch um einen provokanten Ausdruck parat zu haben.

## 4. Die tschechische Tradition der ethisch begründeten Politik

Wie die Vorstellung von der nichtpolitischen Politik fügt sich auch Havels Idee von der moralisch verankerten, ethisch begründeten und der Macht skeptisch gegenüberstehenden „antipolitischen Politik" in den weiteren Kontext des tschechischen politischen Denkens der ersten Hälfte des 20. Jahrhunderts ein. Analoge Vorstellungen sind auch bei Thomas G. Masaryk, Emanuel Rádl sowie František Krejčí zu finden.

Havels Konzept der „antipolitischen Politik" ist in gewisser Weise an das Humanitätsprogramm Thomas G. Masaryks angelehnt.[91] Allgemein betrachtet ist Humanität für Masaryk „ein anderes Wort für *Brüderlichkeit*" (Masaryk 1896a: 1-314), wobei diese eine Form von Zusammenarbeit und Solidarität zwischen den Menschen ist (vgl. Musil 1995: 326). In historischer Perspektive entwickelte sich die Humanität für Masaryk als ethisches und soziales Ideal neben dem christlichen Ideal. Wie der christliche Glauben besteht auch die Humanität im platonischen Sinne aus universellen, unveränderlichen Werten, an denen das Individuum seine Handlungen orientieren soll (vgl. Baer 1998: 65, 298f.).

Als ethisches Ideal hat die Humanität nach Masaryk einen zweifachen Sinn: *erstens* „das Ideal der Menschlichkeit, ein Mensch zu sein" und *zweitens* die „Rücksicht auf die Menschheit im weitesten Umfang" (Masaryk 1901: 9-119/57). Konkret bedeutet Humanität, dem Mitmenschen zu helfen und zu dienen, damit dieser sich verwirklichen kann. Humanität ist das Bestreben, dem Menschen ein menschliches Leben zu ermöglichen. Masaryk zufolge ist das Humanitätsprogramm „sehr einfach: anderen nicht antun, was wir von ihnen selbst nicht wollen" (Masaryk 1896b: 69-181). Humanität ist für ihn die Achtung gegenüber jedem Menschen (vgl. Kautmann 1992: 126). Als soziales Ideal schließt sie Fragen der sozialen Sicherheit, der Hygiene, der Bildung, der Schule und der Kultur ein. Sie ist die Suche nach Möglichkeiten, soziale Ungleichheiten zu beseitigen und entsprechend konkret zu verstehen.

Die Humanität war für Masaryk, ähnlich wie für Havel die Moral, die Grundlage der Politik. Sie ist das entscheidende Werkzeug politischen Wirkens und die Voraussetzung jeder politischen Aktivität (vgl. Kučera 2001: 83; Havelka

[91] Zwar lassen sich bei Havel in diesem Zusammenhang keine direkten Verweise auf Masaryk finden, allerdings waren ihm dessen Schriften bekannt (vgl. Havel 1978a: 14-51/95; Havel 1986a: 27/20).

1997: 127). Zugleich ist für ihn jede Bemühung um die Erhöhung der materiellen und geistigen Werte einer Gesellschaft ein Appell an die Menschlichkeit und somit in gewisser Weise Politik (vgl. Masaryk 1912: 104; Masaryk 1906: 12). Die Politik unterliegt somit sittlichen Normen und ist der Ethik untergeordnet. Politik und Moral dürfen nicht voneinander getrennt werden. Die Politik gründet auf der Moral (vgl. Masaryk 1912: 107). Sie ist die Basis politischen Handelns (vgl. Masaryk 1906: 12; Szporluk 1981: 75; Batscha 1994: 103). Sittlichkeit bedeutet für Masaryk vor allem politische Sittlichkeit. Die politische Praxis findet hier ihre Rechtfertigung. Politische Werte werden durch die Ethik bestimmt (vgl. Masaryk 1906: 13, 16). Auf dieser normativen Ebene ist politisches Handeln moralischen, kulturellen und geistigen Normen und nicht den Regeln und Unsitten der technischen Politik unterworfen (vgl. Hejdánek 1993: 275). Politik soll, wie später auch bei Havel, verantwortungsvolles und sittliches Engagement in der Gesellschaft und für diese sein. Politik ist aber nicht allein nach dem Nutzen für die Gesellschaft, sondern vor allem moralisch zu beurteilen. Mit Blick auf die Unterscheidung von Gesinnungs- und Verantwortungsethik bedeutet dies, dass gesinnungsethisches Handeln dann keine Politik ist, wenn die ethische Komponente fehlt (vgl. Masaryk 1912: 104; Masaryk 1897: 82). Politik und Moral sollen zusammengefasst nicht voneinander getrennt werden (vgl. Masaryk 1876: 12).

Masaryk ging noch einen Schritt weiter. Jede praktische und theoretische Tätigkeit unterliegt dem ethischen Urteil. Als Lebensweisheit schlechthin bestimmt die Ethik jedes Handeln (vgl. Masaryk 1898a: 77-268/239, 62-227f./203). Sie allein bestimmt die Hauptzwecke des Lebens und somit auch die „sozialpolitischen und wirtschaftspolitischen Zwecke und Ziele". Jede Tat, jedes Handeln soll ethisch sein (ebd.: 62-227f./203). Während sich die Ethik von allen anderen Wissenschaften unterscheidet, unterliegt jedes Handeln ethischen Normen (vgl. Masaryk 1897: 81). Die Betonung der ethischen und moralischen Komponente wurde jedoch nicht verabsolutiert: „Wenn wir die Politik auch moralisch bewerten, fordern wir kein Moralisieren, keine ethisierende Banalität, die Moral fassen wir lebenspraktisch auf" (Programm 1912: 7).

Einen nicht geringen Einfluss auf Havels Vorstellung von der „antipolitischen Politik" übte auch Emanuel Rádl aus. Die Frage, was Politik ist, stellte sich für diesen in Form einer Dichotomie. Soll sie „eine Sache der Taktik […], oder soll sie ein logischer und bewusster Ausdruck einer Weltanschauung sein?" (Rádl

1919b: 2). Diese Frage beantwortete Rádl indirekt selbst. „Politik darf nicht auf Macht gründen, sondern auf *moralischen* Grundsätzen" (Rádl 1921b: 1). Aus diesem Grunde kann sie keine Frage der Taktik der Machtgewinnung und -erhaltung sein. Sie müsse rechtlichen, kulturellen, geistigen, vor allem aber moralischen Normen folgen, nicht aber den unsittlichen Vorgaben der alltäglichen Politik (vgl. Hejdánek 1993: 275).[92] Des Weiteren vertrat Rádl die später ebenso bei Václav Havel zu findende Ansicht, wonach Politik sich nicht einfach in rechts, links und Mitte unterscheiden lasse (vgl. Havel 1985a: 6-136/77). Eine solche Kennzeichnung war für Rádl bloße Geometrie, die oberflächliche Menschen dazu verleite, ihre Mission in der bloßen Negation, im Radikalismus, zu suchen. Aus diesem Grunde unterließ er konsequenterweise eine Aufteilung der Politik in rechts und links (vgl. Rádl 1921a: 1f.). Für Havels Denken ist Rádl auch deshalb von Bedeutung, weil dieser, wie auch Havel, den politischen Parteien kritisch gegenüberstand (vgl. z.B. Rádl 1919a: 2).

Abschließend ist auf František Krejčí (*1858 †1934)[93] und dessen Glauben an die Möglichkeit einer moralisch vollendeten Gesellschaft zu verweisen. Ausgangspunkt des positivistisch orientierten Philosophen ist eine nicht erkennbare Transzendenz, im Sinne Herbert Spencers (*1820 †1903) Idee des „Unknowable" (vgl. Novák/Novák 1995: 1131). Ein wichtiger Punkt in Krejčís Philosophie ist die Ethik. In seinen Schriften versuchte er zu beweisen, dass die Entwicklung einer Moral möglich ist, die den rationellen und den emotionalen Bedürfnissen und Ansprüchen der modernen Menschen entspricht. Eine Moral, die dem Einzelnen und der Gesellschaft eine Zukunftsorientierung bietet (vgl. Zouhar/Pav-líncová/Gabriel 2005: 15f.). Die moralische Norm des Lebens ergab sich für ihn aus der Übereinstimmung des Einzelnen mit dem Ganzen (Novák/Novák 1995: 1130f.). Grundlegende Fragen der Ethik wandte Krejčí auf das öffentliche und staatliche Leben an (vgl. Krejčí 1933: 130ff.). Aufbauend auf der Meinung, dass Politik das öffentliche gesellschaftliche Zusammenleben bezeichnet (vgl. ebd. 130), vertrat er mit Blick auf das Verhältnis von Politik und Moral, welches später für Havel von Bedeutung ist, die Ansicht, dass der

---

92 Ähnlich äußerte sich der Philosoph František Drtina (1913: 120) (*1861 †1925). Die „wahre Politik" müsse sich auf Ehrlichkeit, Strebsamkeit und moralische Unbescholtenheit stützen.

93 Es ist nicht zweifelsfrei zu beweisen, dass Havel die Schriften Krejčís kannte. Da dieser aber ein Zeitgenosse des jungen Jan Patočka war und beide Masaryk nahestanden, ist eine Vermittlung dessen Ideen durch Patočka nicht ausgeschlossen.

Zweck nicht die Mittel heiligen könne, auch wenn dies ein bekannter Grundsatz in der Politik sei. Da moralische Grundsätze allgemeingültig seien, dürfe politisches Handeln hiervon nicht ausgeschlossen sein (vgl. ebd. 127). Es sei nicht erwiesen, dass schlechte Mittel zum Ziel führen. Zudem stelle sich die Frage, was passiere, wenn mit dem schlechten Mittel das angestrebte Ziel nicht erreicht werde. Außerdem gelte das geflügelte Wort Friedrich Schillers: „Denn das ist der Fluch der bösen That, dass sie fortwährend zeugend nur Böses muss gebären“ (ebd. 128). Politik war für Krejčí somit die Geltendmachung moralischer Grundsätze in der Öffentlichkeit des gesellschaftlichen Zusammenlebens der Menschen (vgl. ebd.: 130).

Seine Forderungen konkretisierte Krejčí mit Blick auf das Verhalten und Wirken der Politiker und ging somit etwas weiter als Havel, in dessen Betrachtungen diese nur im „Brief an Alexander Dubček“ Beachtung fanden. In Anlehnung an Thomas G. Masaryk forderte Krejčí von den Politikern ein vorbildliches moralisches Verhalten. Dieses war für ihn die Voraussetzung für politisches, also öffentliches Wirken. Obgleich Moral überall notwendig sei, war sie jedoch insbesondere in führenden Positionen von Nöten. Krejčí meinte hiermit die Minister und ihre Berater sowie Parlamentsabgeordnete (vgl. ebd.: 130, 132). Dies veranlasste ihn zur Aussage, dass ein unmoralischer Politiker „ohne Gnade von der Tribüne verschwinden“ müsse (ebd.: 130). Dies gelte insbesondere für jene Politiker, die es durch den Missbrauch angeborener Fähigkeiten fertigbrächten, sich mit ihren, der Moral entgegenstehenden Ideen, „in die Gunst der Menge einzuschmeicheln“ (ebd.). Krejčí forderte von den Politikern zudem eine positivistische Denkweise. Sie sollten für ihre Meinungen und Wege genaue Beweise haben und Romantik sowie utopische Pläne vermeiden, was ein Ergebnis der teleologischen Anschauung oder der Einführung grundlegender Elemente der Teleologie in die Wissenschaft ist (vgl. ebd.: 122).

Zusammengefasst liegen den normativen Politikvorstellungen Masaryks, Rádls, Krejčis und Havels „antipolitischer Politik“ außerordentlich hohe Ansprüche „an die Qualität politischen Handelns, politischer Gestaltungsmacht oder politischer Beteiligung“ zu Grunde (Meyer 2010: 259). Es geht ihnen um die „transzendentale Sorge fürs Ganze“, weit weg von der durch Postenschacherei und Machterhalt geprägten Politik von selbsternannten Machiavellisten, „deren Denken in moralfreiem Schachern und perspektivlosem Denken versumpft – wenn nicht gar Leichen ihren Weg pflastern“ (Fach 2008: 8).

## 5. Exkurs: Der ostmitteleuropäische Kontext: Adam Michnik und György Konrád

Havels Ideen von der nichtpolitischen und der „antipolitischen Politik“ sind über den tschechischen Kontext hinaus auch im weiteren Zusammenhang der politischen Ideen des ostmitteleuropäischen Dissens‘ in den Siebziger- und Achtzigerjahren des 20. Jahrhunderts zu betrachten. Ganz ähnliche Gedanken formulierten auch die anderen beiden führenden Dissidenten in Ostmitteleuropa, György Konrád und Adam Michnik, wobei die Ideen des Polen Michnik enger mit Havels Vorstellungen verbunden sind als die des Ungarn Konrád.

Der im Jahre 1946 in der polnischen Hauptstadt Warschau geborene Adam Michnik war die zentrale Figur sowie der artikulierteste Sprecher des Komitees für Soziale Selbstverteidigung.[94] Später fungierte der mehrmals inhaftierte Historiker als Berater der Gewerkschaft Solidarność (Solidarität) (vgl. Ash 1990: 191). Ähnlich wie Havel lässt sich auch bei Michnik eine Art nichtpolitische Politik, verstanden als Strategie zur Herausforderung des politischen Systems und Veränderung der Gesellschaft sowie eine „antipolitische Politik“, verstanden als normative Politikvorstellung, unterscheiden. Allerdings verwendete Michnik diese Formulierungen nicht, dennoch sind sie „in all seinen Schriften präsent“ (ebd.: 199).

Michnik entwickelte seine Ideen wie Havel vor dem Hintergrund nationaler und internationaler Realitäten und darüber hinaus auch mehrerer historischer Ereignisse. Ein erster historischer Ausgangspunkt war die ungarische Erfahrung aus dem Jahre 1956 sowie das Scheitern des Prager Frühlings in der Tschechoslowakei im Jahre 1968. Die für Michnik hieraus hervorgehende Lektion lautete, dass die „Möglichkeit einer Veränderung“ des politischen Systems ihre Grenzen hat. Zugleich aber demonstriere sie „die Zerbrechlichkeit der totalitären Stabilität, wie die hoffnungslose brutale Reaktion des bedrohten Imperiums“ bewies (Michnik 1976: 44f.; vgl. Michnik 1980: 22). Insbesondere „die schmerzliche Erfahrung des tschechoslowakischen Experiments“ sei für Polen eine Lektion hinsichtlich der Frage, wie sich dessen Bürger verhalten sollten, um nicht der

[94] Das „Komitee für Soziale Selbstverteidigung (KSS)“ ging aus dem 1976 gegründeten KOR (Komitet Obrony Robotników - Komitee zur Verteidigung der Arbeiter) hervor, welches im September 1977 in „Komitee für soziale Selbstverteidigung KSS-KOR“ umbenannt wurde (vgl. Stokes 1993: 27; Falk 2003: 35ff.).

Gefahr einer Intervention fremder Truppen ausgeliefert zu sein (Michnik 1980: 24). Zweiter Ausgangspunkt war die eingeschränkte politische Handlungsmöglichkeit Polens infolge der Konferenz von Jalta am Ende des 2. Weltkrieges[95] und die sich hierauf gründende „internationale Situation, d. h. die Zugehörigkeit Polens zum Warschauer Pakt“ (ebd.: 22). Verbunden war dies mit der Anerkennung der Tatsache, dass Polen keinen Einfluss auf das Handeln der beiden damaligen Supermächte USA und UdSSR und somit „keinen wesentlichen Einfluss auf die globale Politik“ habe (Michnik 1983: 79, 82). Es ging ihm demnach, wie auch Havel, um die Frage, was getan werden könne, wenn nicht getan werden könne (vgl. Stokes 1993: 21).

Der dritte (innenpolitische) Ausgangspunkt war die politische Macht in Polen, d. h. die Polnische Vereinigte Arbeiterpartei (PZPR): „Die einzigen Bevollmächtigten und Partner, die die Sowjetunion ernstnimmt, sind nach wie vor die Kommunisten“ (Michnik 1980: 22). Aus diesem Grund gebe sich der nationale „Machtapparat auf lange Sicht mit keinerlei Kompromissen“ zufrieden (Michnik 1983: 73).[96] Vierter (ebenfalls innenpolitischer) Ausgangspunkt war für Michnik, ähnlich wie für Havel, ein spezifischer Gesellschaftsvertrag.[97] Dieser besagte, dass die politische Macht, d. h. die von Moskau abhängige Arbeiterpartei, einerseits und die polnische Gesellschaft andererseits auf etwas verzichten würden. „Die Macht verzichtet auf ihren Wunsch, alle Bereiche des öffentlichen Lebens zu kontrollieren, und die Gesellschaft verzichtet auf Versuche, die Macht abzuschaffen bzw. auf Schritt und Tritt zu blockieren“ (Michnik 1980: 25f.). Es handele sich um eine stille, im Grunde nicht ohne tiefere Umwälzungen zu brechende Übereinkunft zwischen der organisierten Macht und der nichtorganisierten Gesellschaft (vgl. ebd.: 26). Ob dieser *Gesellschaftsvertrag*, wie im tschechischen Fall, auch eine materielle Komponente beinhaltete, lässt sich nicht feststellen. Michnik sprach diesen Punkt nicht an.

---

[95] Auf dieser vom 4. bis 11. Februar 1945 stattfindenden Konferenz berieten die Staatschefs der Sowjetunion, Stalin, der Vereinigten Staaten, Roosevelt, und Großbritaniens, Churchill, das militärisch-politische Vorgehen in der Schlussphase des 2. Weltkrieges und die Behandlung des Deutschen Reiches und der von ihm besetzten Gebiete nach dessen Niederlage (vgl. URL 5).

[96] Zu beachten sei des Weiteren die spezifische geographische Lage Polens „zwischen Russland und Deutschland“ (vgl. Michnik 1980: 30).

[97] Michnik berief sich hier auf den tschechischen Film- und Literaturkritiker Antonín Jaroslav Liehm (*1924), den Begründer der Kulturzeitschrift *Lettre International*.

Da auf Grund dieser klar definierten Ausgangsbedingungen ein Aufbegehren, d. h. eine Revolution durch die Straße, nicht durchführbar war (vgl. Hirsch 1985: 8f.), verfolgte Michnik, ebenso wie Havel, eine nichtpolitische Strategie, die aber ebenso politische Konsequenzen haben sollte. Von Bedeutung ist in diesem Zusammenhang Michniks im Jahre 1976 erschienener Essay „Der Neue Evolutionismus" (Michnik 1976). Dieser stellt zunächst eine Kritik an den bisherigen Strategien der Revisionisten und der Neopositivisten dar. Das revisionistische Konzept implizierte laut Michnik die Humanisierung und Demokratisierung des Machtsystems und Assimilierung aktueller Ideen aus den Geistes- und Sozialwissenschaften durch die marxistische Doktrin (vgl. ebd. 40f.). Das neopositivistische Konzept ging von geopolitischen Voraussetzungen und vom Katholizismus als unveräußerlichem Faktor im öffentlichen Leben Polens aus. Ziel war die Schaffung einer politischen Bewegung, die sich im richtigen Moment „an die Spitze der polnischen Nation setzen könnte". Die Schwäche beider Konzepte erkannte Michnik in deren Hoffnung auf eine „Veränderung von oben". Beide erwarteten eine Evolution in der (Arbeiter-)Partei. „Sie verließen sich [...] auf die Vernunft eines ‚kommunistischen Fürsten'" (ebd. 41). Die Annahme führte aber zu deren politischer und auch intellektueller Niederlage (vgl. ebd.: 42). Sie hingen gleichsam der Illusion an, „dass der Weg der Demokratisierung über die Partei verläuft". Darüber verfielen sie auch der Illusion, dass „auch der Weg zur Unabhängigkeit [von der Vormacht der Sowjetunion] über die Partei verläuft" (Michnik 1980: 21).

Zugleich zeigte Michnik in diesem Text eine neue Strategie auf: die des „Neuen Evolutionismus" (Jørgensen 1992: 45; Hankiss 1990: 149ff.; Michnik 1976: 41ff.). Dessen Kernelement ist, wie bereits der Name anzeigt, die *Evolution*, d. h. langsam fortschreitende Veränderungen „des gesellschaftlichen Lebens hin zu einer Demokratisierung", nicht aber gewaltsame Revolution (Michnik 1976: 50f., vgl. ebd. 52; Koselleck 1994: 749ff.). Bestandteil dieses neuen Evolutionismus war wie bei der Charta 77 in der Tschechoslowakei die ausdauernd und konsequent verfolgte Einhaltung der Bürger- sowie der nationalen Rechte. Zu diesem Evolutionismus gehörte darüber hinaus auch die Schaffung gesellschaftlicher Bindungen „außerhalb der offiziellen Strukturen", was an Václav Bendas Konzept der parallelen Polis erinnert (vgl. Benda 1978), sowie, in Verbindung damit, der Aufbau einer „souveränen Gesellschaft in einem nichtsouveränen Staatswesen" (Michnik 1983: 82). Diese Strategie setze, so Michnik, aber voraus, dass „man jedesmal, wenn man die Barriere der *Angst* niederreißt, auch ein neues politisches Bewusstsein formt" (Michnik 1976: 51). Michniks Ziel bestand darin, die Gesellschaft zu politisieren, und zwar auf friedlichem Wege und von unten, durch den „gewöhnlichen" Bürger (vgl. Jørgensen 1992: 42f.).

Michniks Ablehnung von Gewalt ist nicht allein im Zusammenhang mit dem realhistorischen Kontext, d. h. pragmatisch, zu sehen, wonach die Erfahrungen von 1956 und 1968 verdeutlichten, dass eine „gewaltsame Revolte in der gegenwärtigen geopolitischen Ordnung keine Chance" gehabt hätte (Ash 1990: 206). Sie ist wie bei Havel ebenso ethisch begründet: Gewalt korrumpiert. Sie war zudem die Methode der herrschenden Arbeiterpartei (vgl. ebd.). Dem Geist Havels folgend, vertrat Michnik die Ansicht, dass sich die Dissidenten eher inhaftieren und verfolgen ließen als Gewalt anzuwenden (vgl. Michnik 1985: 14). Darüber hinaus ist diese, sich auf die Anerkennung der realen Gegebenheiten stützende Strategie der friedlichen Evolution und Reformation der Gesellschaft, ebenso wie bei Havel, im weiteren Kontext der nationalen Ideengeschichte zu sehen. Sie steht in gewisser Weise in der Tradition der Strategie der „organischen Arbeit" des polnischen Positivismus im 19. Jahrhundert, die von Michnik etwas umgedeutet wurde (vgl. Michnik 1973: 93; Hirsch 1985: 8).

Im polnischen politischen Vokabular des 19. Jahrhunderts impliziert die Phrase *organische Arbeit* zweierlei: erstens die Akzeptanz des politischen Status quo, d. h. die Anerkennung des Verlustes des polnischen Staates nach den drei polnischen Teilungen am Ende des 18. Jahrhunderts, sowie zweitens die gemeinsame Anstrengung, das wirtschaftliche, kulturelle und politische Wohlergehen der auf Preußen, Österreich und Russland aufgeteilten Nation zu verbessern. Es ging darum, sich trotz oder gerade wegen der Teilungen auf die zivilisatorische und materielle Entwicklung Polens zu konzentrieren und sich gleichzeitig von Vorstellungen zu verabschieden, unabhängig von der inneren Lage der polnischen Nation, einen bewaffneten Kampf um die staatliche Selbstständigkeit zu führen bzw. sich auf eine passive Haltung oder individuelles Erfolgsstreben zurückzuziehen (vgl. Janowski 2003: 300). Die Anhänger der organischen Arbeit, die polnischen Positivisten, sahen ihre Aufgabe darin, dafür zu sorgen, dass die polnische Nation mit der Entwicklung in Europa Schritt halte (vgl. ebd.: 142; Brykalska 1995: 775ff.). Dergestalt unterschieden sie sich von den romantischen Aufständischen, die die polnische Selbstständig- und Eigenstaatlichkeit auf dem revolutionären Wege erreichen wollten. Als dringendste (inhaltliche) Aufgabe der nationalen Arbeit betrachteten die Positivisten die Formierung und Erziehung der polnischen Gesellschaft. Reformen im bildungserzieherischen und kulturellen Bereich sollten die Grundlagen der polnischen Identität, Sprache, Tradition sowie des historischen Gedächtnisses bewahren und ausweiten. Der Sinn der organischen Arbeit lag in der Propagierung moderner ökonomischer und kultureller Lebensformen in Industrie, Landwirtschaft und Handel. Ziel war es, die zivilisatorischen Standards und Ressourcen der polnischen Gesellschaft zu stärken. Die Veränderungen im wirtschaftlichen Bereich und der Bildung sollten den verbliebenen polnischen Besitzstand wahren und stärken. Wirtschaft und Bildung waren so zu organisieren, dass kein Stück Erde, kein Intellektueller und kein Kapital dem Land verloren geht. Um das Land der geteilten Nation vor Zerstörung zu schützen, ihren Geist zu befruchten und die verlorene staatliche Einheit zumindest geistig zurückzugewinnen, sollten alle geistigen, materiellen und moralischen Schätze zum allgemeinen Nutzen eingesetzt werden (vgl. Bujnicki 1992: 13).[98]

Anders als die Anhänger der organischen Arbeit im 19. Jahrhundert setzte Michnik jedoch nicht so sehr auf Arbeit und Bildung, Ökonomie und Technologie. Anders als die romantischen Revolutionäre setzte er nicht auf Politik und Militär. Den Schlüssel für die Zukunft sah er, wie Havel, in der inneren, subjektiven Beschaffenheit der Individuen, in deren Streben nach Wahrheit und in deren würdevollen Leben (vgl. Ash 1990: 203; Michnik 1976: 54). Michnik dachte genau wie sein tschechischer Dissidentenkollege vorrangig in ethischen Kategorien. Ändere sich das Individuum, dann verändert sich allmählich auch der kommunistische Staat (vgl. Ash 1990: 201). Die Parallelen zu Havel sind zwar unübersehbar. Nichtsdestotrotz bleibt Michnik, auch wenn er einen moralischen Wertewandel forderte, der einen politischen Effekt auslösen sollte, weitgehend vage. Während Havel konkret von einer existentiellen Revolution im Allgemeinen und dem „Versuch, in der Wahrheit zu leben“ im Besonderen sprach, bleibt Michniks „Neuer Evolutionismus“ hier weitgehend vage. Allerdings fordert auch er, die „Sprache der Wahrheit“ zu benutzen (Michnik 1980: 31). Denn diese „ist ein äußerst dauerhaftes Fundament für eine realistische und effektive Politik, die Waffe der Wehrlosen und der Panzer der Nackten“ (Michnik 1983: 83),

---

[98] Diese Ansichten beeinflussten nicht zuletzt auch Karel Havlíček und, in Verbindung mit diesem, die tschechischen Vertreter der nichtpolitischen Politik in den Jahren von 1890 bis 1914 (vgl. Dalberg 2013: 146ff.).

d. h. der Bürger. Wahrheit hat hier, wie bei Havel, eine doppelte Bedeutung: erstens tatsächlich nicht lügen und zweitens, im Sinne Havels, authentisch leben. Und gerade dieses authentische Leben in Würde ist neben der Gewaltlosigkeit eines der grundlegenden Merkmale Michniks Denken. Der britische Historiker Timothy Garton Ash (*1955) sprach mit Blick auf Michnik und Havel von einer „Politik der Wahrheit", mit der das kommunistisches Regime herausgefordert werden sollte. Diese war auch Bestandteil der Gewerkschaft Solidarność. Im ersten Kapitel ihres Programms wurde die Ablehnung der Lüge im öffentlichen Leben als verbindlich deklariert (vgl. Ash 1990: 203). Als Inbegriff des Widerstands stand die erste im damaligen Ostblock zugelassene unabhängige Gewerkschaft, in der sich Arbeiter, Bauern, Intellektuelle, Katholiken, Atheisten, Sozialdemokraten, Liberale und Konservative engagierten, für eine Geisteshaltung, deren zentrale Werte Würde, Solidarität und nationale Identität waren (vgl. Paczkowski 2013: 221; Olschowsky 2013: 271; Falk 2003: 45ff.).

Wie im tschechischen Fall kam bei der moralischen Umgestaltung der Gesellschaft der polnischen Intelligenz eine entscheidende Rolle zu. Dem traditionellen polnischen Selbstverständnis entsprechend, war diese verpflichtet, ihren Teil zur sittlichen Erneuerung beizutragen. Sie sollte vorangehen und ein tragbares, prinzipientreues Konzept politischen Handelns vorlegen. Gemeint war ein Leben in Würde und das Streben nach Wahrheit (vgl. Hirsch 1985: 9). Im Gegensatz zur Tschechoslowakei war die polnische dissidentische Intelligenz von der breiten Bevölkerung nicht isoliert, sondern das Zentrum, der Mittelpunkt „der gesamten gesellschaftlichen Bewegung" und die „Achse der neuen Gesellschaft" (Raina 1982: 53). Sie schuf Formen und Richtungen. Ebenso verfügte sie über einen selbst geschaffenen eigenen Stil. Sie bildete die öffentliche Diskussion und integrierte den sozialen Prozess (vgl. ebd.: 53). Der polnische Intellektuelle war sich seiner historischen Stellung bewusst und gab Werte und Ideale weiter und konnte kein passiver Beobachter sein (vgl. ebd. 55).

Aufbauend auf bzw. in Verbindung mit dieser Strategie, das politische System auf dem Wege der moralischen Erneuerung herauszufordern und die Gesellschaft dergestalt zu verändern, entwarf Michnik auf einer zweiten Ebene in Ansätzen ein normatives Politikverständnis, welches gewisse Parallelen zu Havels „antipolitischer Politik" aufweist. Auch ihm ging es um die Frage der Performance der Politik. Allerdings ist die Vorstellung, was und wie Politik sein soll bzw. was und wie sie nicht sein soll, bei ihm nur ansatzweise herausgearbeitet und zudem enger als bei Havel mit der Strategie, das bestehende System zu verändern, verbunden. Da ihm moralische Kategorien wichtiger als Macht waren (vgl. Jørgensen 1992: 44), forderte er konsequenterweise

> „eine auf Wahrheit basierende Politik. Niemand darf mit Versprechungen über einen leichten und schnellen Erfolg in die Irre geführt werden. Man darf die Wahrheit nicht fürchten. Die Wahrheit raubt niemandem die Hoffnung und treibt niemanden zur Verzweiflung" (Michnik 1983: 83).

Ebenso wie Havel lehnte Michnik klassische politische Kategorien, wie das Rechts-Links-Schema, ab. Sie waren für ihn irrelevant, da es sich um abstrakte Begriffe aus einer vergangenen Zeit handele: „Die eigentliche Unterscheidung ‚Rechts-Links' entstand in einer anderen Epoche, und es ist unmöglich im heutigen Polen [...] diese Begriffe sinnvoll wiederaufzunehmen". Für den größten Teil der Polen seien „Rechts" und „Links" nichts weiter als abstrakte Unterscheidungen (zit. Ash 1990: 201). Nicht übersehen werden sollte jedoch, dass Adam Michnik, im Gegensatz zu Havel, sich selbst als Repräsentant der linksliberalen Tradition in Polen sah (vgl. Jørgensen 1992: 44).

Der im Jahre 1933 in der Nähe der ostungarischen Großstadt Debrecen geborene György Konrád entwickelte mit seiner „Antipolitik" wie Václav Havel mit seiner „antipolitischen Politik" scheinbar eine *normative Politikvorstellung.*[99]

Diese gründet sich auf einen realhistorischen und einen philosophischen Ausgangspunkt. Realhistorische Basis ist wie bei Havel und Michnik der realexistierende Sozialismus sowie die Blockkonfrontation zwischen Ost und West am Ende der Siebziger- und zu Beginn der Achtzigerjahre des 20. Jahrhunderts. Philosophischer Ausgangspunkt ist Konráds ursprüngliches Verständnis von Politik. Diese ist für ihn zunächst mit Macht identisch und weder aus der Wirtschaft noch aus der Kultur, noch aus der Religion ableitbar, sondern nur aus der Macht (vgl. Konrád 1982: 90f.; Konrád 1986: 235). Wenn Konrád wie auch Havel Politik mit Macht gleichsetzt, nähert er sich dem Politikbegriff Max Webers, wo-

---

[99] So lautet der Titel seines Anfang 1982 geschriebenen Buches (vgl. Konrád 1982, 1987: 20). Ein Pendant zum „Versuch, in der Wahrheit zu leben Leben" ist bei Konrád nur in groben Ansätzen zu finden. Die bei Havel und Michnik zu findende Trennung von politischer Strategie und normativer Politikvorstellung ist bei Konrád weniger klar ausgeprägt. Dies ist mit der Tatsache zu erklären, dass die „Antipolitik" Konráds eine andere Bedeutung hat, als die „antipolitische Politik" Havels.

nach der, der Politik treibt, Macht erstrebt. Politik ist bei Weber das „Streben nach Machtanteil oder nach Beeinflussung der Machtverteilung, sei es zwischen Staaten, sei es innerhalb eines Staates zwischen den Menschengruppen, die er umschließt“ (Weber 1918: 507, 506). Macht wiederum ist für Weber jede Chance, innerhalb einer sozialen Beziehung den eigenen Willen auch gegen Widerstreben durchzusetzen. In der Politik geht es für Konrád im Sinne Machiavellis aber immer auch um die Bedingungen, unter denen Herrschaft aufrechterhalten werden könne (vgl. Konrád 1982: 91). Politik ist für Konrád somit grundsätzlich eine *Technik der Machtbildung* und *Machtbehauptung* und in dieser Hinsicht Havels Vorstellung von der technischen Politik nicht unähnlich. Seine Antipolitik als Gegenentwurf zu diesem Politikverständnis hat zwei Ebenen: eine äußere, außenpolitische, und eine innere, innenpolitische. Auf der ersten – *äußeren* – Ebene heißt Antipolitik für ihn:

> „mit dem Atomkrieg auf gar keinen Fall als einer adäquaten Antwort rechnen. Antipolitik heißt, für unmöglich halten, dass es ein historisches Unglück geben könnte, das schlimmer wäre als der Tod von ein bis zwei Milliarden Menschen. Die Antipolitik gründet die Politik auf die bewusste Todesangst“ (Konrád 1982: 89).

Konrads Antipolitik ist auf dieser Ebene eine Kritik an der internationalen Blockpolitik der Achtzigerjahre des 20. Jahrhunderts, deren Ausgangpunkt die bereits angesprochene Konferenz von Jalta war. In diesem Kontext ist die Antipolitik eine Antwort auf die, aus der Blockkonfrontation hervorgehenden atomaren Bedrohung (vgl. Jørgensen 1992: 47; Dalberg 2009: 84ff.). Als „politische Philosophie“ verzichte die in radikaler Konfrontation zur nuklearen Ultima Ratio stehende Antipolitik auf physische Machtgarantien (vgl. Konrád 1982: 89). Konrád folgend geht es der Antipolitik darum, nicht in die falsche und korrupte Welt der Großmächte und deren Machtstreben involviert zu werden. Sie fordert die Revision der Ergebnisse der Jalta-Konferenz und in Verbindung damit die Auflösung der beiden Blöcke. Nicht die Stärke, sondern der differenzierte Wettbewerb der Qualitäten sei entscheidend. Interessanter und wichtiger „als die Feststellung, wie groß die technologische Macht ist, über die eine Gemeinschaft verfügt“ (ebd. 214f.), sei jedoch die Frage, inwiefern eine Gemeinschaft in der Lage ist, ein intelligentes und ehrliches Bild von sich selbst, zu entwerfen. Wird Konráds Antipolitik im Sinne Havels nichtpolitischer oder Halb- bzw. Krypto-Politik als (außenpolitische) Strategie betrachtet, so ist sie:

> „geistreich, flexibel, realistisch und utopistisch, sie versucht, die nervöse Aggressivität zu beruhigen. [Sie] verlangt nicht die Sprache des Zwangs, nicht das Ethos des Kampfes, nicht die gemeine Mentalität des Drohens, der Vorbereitung auf das Zuschlagen und nicht den Kampf auf Leben und Tod" (ebd. 63f.).

Antipolitik ist hier genau wie Havels „antipolitische Politik" auch eine *Kritik an der Macht* (vgl. Jørgensen 1992: 42). Allerdings auf einer anderen Ebene. Wenn Macht für Konrád ein integraler Bestandteil der Politik ist, dann ist seine Kritik an der Macht zugleich auch eine Kritik an der Politik als solcher.

Auf der zweiten – *inneren* – Ebene ist die Antipolitik eine Kritik an der Staatsmacht und als solche enger mit Havels Vorstellungen verbunden als die erste (außenpolitische) Ebene. Konráds persönlicher Ausgangspunkt ist die konservative Auffassung von der Autonomie des Individuums in der Situation historisch-sozialer Spannungen zwischen der Macht des Geistes und der Macht des Staates. Kern Konráds „Antipolitik" ist das Suchen nach Absonderungsmöglichkeiten des Handelns, die die offizielle Politik nicht anerkennt, ohne jedoch zugleich in politische Resignation zu verfallen (vgl. Havelka 1998: 457). Auch hier tritt in Ansätzen das hervor, was Václav Benda (1978) als parallele Polis bezeichnete. Konrád versteht seine Antipolitik als Basis für die Ausformung eines kulturellen Netzes und paralleler Gesellschaften bzw. Strukturen, die ihrerseits eine Opposition zum Staat und seiner revolutionären Rhetorik bilden sollen (vgl. Konrád 1987: 19). Ob hierdurch, ähnlich wie bei Havel, auf indirektem Wege die Staatsmacht herausgefordert und bedrängt werden soll, wird bei Konrád nicht richtig klar. Allerdings ließ sich die politische Macht im Ostblock nicht auf einen Rückzug aus der Gesellschaft ein. Sie war im Gegenteil bestrebt, ihre Macht weiter auszudehnen.

Bedeutsam ist in diesem Zusammenhang, dass sich die Antipolitik gegenüber *jeder* Regierungsform ihre Distanz und Unabhängigkeit bewahrt (vgl. Konrád 1982: 213, 96; Auer 2004: 43). Dies verdeutlicht Parallelen zu Havel. Sie hat, wie dessen antipolitische Politik, ein *universelles* Element. Kernpunkt Konráds Antipolitik ist die systematische Skepsis gegenüber dem Staat im Allgemeinen. Die Antipolitik will die Politik „auf ihren Platz verweisen" und darüber wachen,

„dass sie sich selbst nicht über ihren Zuständigkeitsbereich hinaus ausdehnt" (Konrád 1982: 89). Konrád erläutert freilich nicht, was der eigentliche Zuständigkeitsbereich der Politik ist. Die Antipolitik will durch ihren kulturell-moralischen Rang die politische Macht kontrollieren. In der westlichen Demokratie bewahre sie gegenüber jeder Regierung „ihre Distanz und Unabhängigkeit". Allerdings ist sie ebensowenig eine Stütze der Opposition (ebd.: 213). Im sozialistischen Ostmitteleuropa, dem geografischen Ausgangspunkt des Konzepts, bedeutet Antipolitik Widerstand gegen überzogene politische Strukturen und ein Eintreten für die Reduzierung des ausufernden Staates (vgl. Konrád 1987: 10, 13). Antipolitik ist hier ein Mittel gegen die Hypertrophie des Staates, die dafür verantwortlich sei, dass die Menschen „überall von viel, von allzu viel Politik umgeben" sind (Konrád 1982: 211). Sie will das von der Politik überschwemmte Leben „entpolitisieren" und entstaatlichen (ebd.; vgl. Konrád 1987: 10, 13; Havelka 1998: 457). Sie wehrt sich dagegen, dass der Staat und somit die Politik in alle Lebensbereiche eindringt. In der Tradition des 19. Jahrhunderts setzte Konrád hier Staat und Politik gleich (vgl. Palonen 1985: 34, 79f.):

> „Wir müssen uns von der Politik befreien wie von einer Heuschreckenplage. Wir müssen unsere eigentlich einfachen Angelegenheiten von der Wichtigtuerei der Politiker befreien. Ich wünsche mir vom Staat, dass er sich um seine Angelegenheiten kümmert, dass er sich darum gut kümmert" (Konrád 1982: 211f.).

Hier bestehen gewisse Parallelen zu Havels Aussagen, wonach im posttotalitären System jede private Handlung eine politische Bedeutung hat; sie unterstützt oder bedroht das System. Insofern dehnt sich die Politik auch bei Havel über ihren Bereich aus und dringt in gesellschaftliche Bereiche vor, in denen sie ursprünglich nichts zu suchen hat.

Für Konrád ist derjenige Antipolitiker, der die Gesellschaft *gewaltlos* von der „pathologischen Wucherung des politischen Staates befreien" und den Staat also zum Abnehmen zwingen will (ebd. 212). Er will Staat und Politik „mit der entschiedensten Wachsamkeit der zivilen Gesellschaft [...] umgeben" (Konrád 1982: 97). Die Zurückdrängung des Staates ist mit der Zurückdrängung der Politik gleichzusetzen. Es ging ihm um die Selbstverteidigung des bourgeoisen Individuums vor der Allmacht des Staates und also der Politik (vgl. Konrád 1987: 10; 20). Der Antipolitiker ist „kein Repräsentant, sondern ein Hüter der geistigen Macht“ und in diesem Sinne der Gegenspieler des Politikers (Konrád 1982: 209).[100] Der Antipolitiker ist jedoch keinesfalls apolitisch. Den *apolitischen* Menschen lehnt Konrád ab (vgl. Konrád 1987: 20).[101] Dieser ist für den Berufspolitiker nur eine Marionette. Überhaupt würde derjenige, der sich als apolitisch bezeichnet, irren oder nicht die Wahrheit sagen, denn apolitische Menschen waren für Konrád sogar „sehr politisch“. In ihrer gesamten Lebensführung seien sie „sorgsam darauf bedacht, mit der Politik nicht in Konflikt zu geraten“ (Konrád 1982: 212). Der Antipolitiker wolle stattdessen die Menschen politisieren, die keine Macht haben und keine Politiker sein wollen (vgl. ebd.: 213).[102] Für Konrad, als jemand, der zwar kein Politiker, aber auch nicht apolitisch ist, ist „ein Politiker umso besser, je weniger Macht er besitzt“ (ebd.: 91). Allerdings war er sich dessen bewusst, dass ein Politiker nach Macht streben muss, was sich bereits aus seiner allgemeinen Definition der Politik ableiten lässt (vgl. ebd.: 90).

Zusammengefasst ist Konráds Antipolitik intellektuelle *Distanz* von der Politik und dem Staat, und zwar in jedem politischen System. Sie ist somit eher eine Haltung gegenüber der Politik als eine normative Vorstellung von der Politik. Ihr Ideal ist im Sinne Julien Bendas (1927) die „*vita contemplativa*“. Nicht um die Polis, sondern um das Individuum, um seine Freiheit, Unabhängigkeit und Selbstständigkeit, um seinen Schutz vor politischer Begrenztheit und Massenhörigkeit gehe es (vgl. Havelka 1994: 69). Der Antipolitiker, für Konrád zumeist ein Schriftsteller, „versucht, sich der Macht der Organisation zu entziehen, seine Verpflichtung dem Kollektiv gegenüber setzt er außer Kraft, Aufträge und Vollmachten kennt er nicht, es sei denn, er hätte sie sich selbst erteilt“ (Konrád 1987: 7). In diesem Sinne wolle die Antipolitik auch niemanden leiten oder gar sozialisieren. Ein Antipolitiker ist dann konsequenterweise kein Wortführer einer Mehr- oder Minderheit (vgl. ebd.).

---

[100] Hiernach fehlt den Politikern die geistige Reife, eine Gesellschaft führen zu können (vgl. Konrád 1982: 209f.).

[101] Apolitisch bedeutet, sich nicht um das Ganze kümmern, „den Bildschirm nicht beachten [...], die Zensur nicht bemerken [...], den Inhabern der Macht von vornherein recht geben“, aufgeben, „sich nicht in die Angelegenheiten der Großen“ einmischen (Konrád 1987: 17f.).

[102] Nicht vernachlässigt werden sollte bei der Betrachtung Konrads Konzept, dass seine Distanzierung von der Politik sich auf dessen Isolierung von den alltäglichen Sorgen der Bevölkerung gründet. Im Gegensatz zu Havel und Michnik saß Konrád nicht im Gefängnis, sondern lebte abwechselnd in Berlin (West) und Ungarn. Gerade aus diesem Grunde konnte seine „Antipolitik“ radikal persönlich und privat sein (vgl. Ash 1990: 192; Otáhal 1998: 468).

Konráds Antipolitik hat, wie ausgeführt, eine universelle Komponente. Sie soll in jedem politischen Regime das bewahren, „was durch die objektivierende ‚Perfektion' des Staates und infolge der [...] Vermassung der Gesellschaft in die Sphäre der Innerlichkeit verdrängt worden ist und die menschliche Freiheit bedroht" (Havelka 1994: 69). Die geistigen Kräfte wirken positiv gegen die Vergesellschaftung der Freiheit, gegen die Vermassung der Authentizität und die Verflachung der Kreativität (vgl. ebd.). Aber auch wenn Konráds Antipolitik universell ist; ihr konkreter Ausgangspunkt ist der Ostblock, denn gerade hier sei der Staat „sehr fett" und breitet sich überall aus (Konrád 1987: 12).

Die Mittel Konráds Antipolitik sind, wie in Havels „Versuch, in der Wahrheit zu leben", gewaltfreier Widerstand, zivilgesellschaftliche Selbstverteidigung, Würde und Freiheit der Person, „Opposition gegen die Hypertrophie des Staates" und den Militär- und Polizeiapparat sowie Protest gegen revolutionäre Rhetorik (vgl. Konrád 1987: 19). Die Antipolitik richtet sich gegen standardisierte Elemente der Sprache. Es geht ihr um die eigenständige Benutzung grundlegender Begriffe und eine verfeinerte Solidarität mit denen, die sich in dieselbe Richtung bewegen (vgl. ebd.; Havelka 1998: 457). Nur auf dieser Grundlage können sich Kultur und Eigenständigkeit entwickeln (vgl. Konrád 1982: 202). Konráds „Antipolitik" ist gegen die Ausdehnung der Politik gerichtet. Es ist deshalb nachvollziehbar, dass er im Gegensatz zu Havel, der nach „antipolitischer Politik" verlangte, „keine andere Politik", sondern „ganz einfach überhaupt keine Politik" forderte (ebd. 211). Seine Antipolitik ist Affekt, Ressentiment und Verständnislosigkeit gegenüber politischem Handeln (vgl. Mandt 1998: 106). Er wollte die Politik aber nicht abschaffen, sondern lediglich auf ihren Platz verweisen und darüber wachen, dass sie sich nicht über ihren Zuständigkeitsbereich ausdehnt (vgl. Konrád 1982: 89). Konrád strebte die Entpolitisierung der Gesellschaft, d. h. „die Reduzierung des staatlichen Organismus auf jene Funktionen [an], die außer dem Staat niemand wahrzunehmen imstande ist" (Konrád 1987: 13).[103] Hierbei bleibt jedoch unklar, welche Funktionen dies sind; vermutlich solche, die im Sinne Thomas Hobbes' die Sicherheit der Bürger gewährleisten sollen (vgl. Schmidt 2001: 134).

---

[103] Auch Konrad ist somit kein Antipolitiker. Er will die Politik nicht „töten", wie es Bakunin wollte, sondern nur zurückdrängen. Dieses Ziel stellt eine rudimentäre Form der Antipolitik dar.

Konráds Idee von der Antipolitik steht in einem engen Zusammenhang mit Thomas Manns kulturkritischer Konzeption aus den „Betrachtungen eines Unpolitischen“, die er später jedoch selbst widerrief.[104] Von einer patriotisch-patriarchalischen Distanz gegenüber der modernen Massengesellschaft ausgehend (vgl. Havelka 1999: 14), wehrte sich Mann gegen die *Überwucherung aller Lebensbereiche* mit Politik und wollte dieser entweichen. Die Tendenz der Politik, sich möglichst alle Lebensbereiche unterzuordnen, bezeichnete er als „Politizismus und Politisierung“ (Mann 1918: 48, 249). Diese verband er wiederum mit der Demokratie, die für die umfassende Politisierung „des Geistes“ verantwortlich war. Hierunter verstand er das Eindringen politischer Maßstäbe in Bereiche, in denen die Politik nichts zu suchen habe. Dem allumfassenden „Herrschaft der Politik“ stellt Mann die geistige Tat entgegen. Als „das Gegenteil von Ästhetizismus“ (ebd. 57; vgl. ebd. 264, 237) verfolge die Politik das *Ziel*, sich mit dem Geist, dem nationalen Ethos, zu verbinden. Deshalb sei es nötig, ihr zu entfliehen, und zwar so, dass sich jede geistige Tat gegen die politisch-soziale Sphäre, d. h. gegen das Parlament und die Parteiwirtschaft, stellt. Vor diesem Hintergrund ist folgender Ausspruch zu verstehen, der den später auch bei Konrád zu findenden Gegensatz von Geist und Politik konkretisiert:

> „Der Unterschied von Geist und Politik enthält den von Kultur und Zivilisation, von Seele und Gesellschaft, von Freiheit und Stimmrecht; und Deutschtum, das ist Kultur, Seele, Freiheit, Kunst und *nicht* Zivilisation, Gesellschaft, Stimmrecht und Literatur. Der Unterschied von Geist und Politik ist zum weiteren Beispiel, der von kosmopolitisch und international. Jener entstammt der kulturellen Sphäre und ist deutsch; dieser entstammt der Sphäre der Zivilisation und Demokratie und ist – etwas ganz anderes“ (Mann 1918: 52).

Aus diesem Grunde ist *apolitisches* Verhalten für Mann nicht negativ, sondern eine (nationale) Pflicht. Seine Betrachtungen stellen eine Absage an einen modern-instrumentalistischen Politikbegriff dar. Dies gilt besonders dann, wenn er die „Politisierung jedes Ethos“ angreift, sich gegen die Verleugnung und

[104] Anzumerken ist hierbei, dass bei Konrád kein direkter Verweis auf Mann zu finden ist. Es handelt sich deshalb entweder um eine bloße Analogie der Gedanken, oder aber Konrád erwähnte Mann bewusst nicht. Dass Konrád Mann nicht kannte, ist auf Grund seiner vielen Aufenthalte in Berlin (West) und auch Wien auszuschließen.

Schmähung jedes nichtpolitischen Ethos ausspricht (ebd. 29; vgl. Borchmeyer 1997: 93) und betont, „dass es eine dem Staate und dem politischen Leben unzweifelhaft überlegene Sphäre gibt", dass der Mensch also nicht nur ein politisch-soziales, sondern auch ein metaphysisches Wesen ist" (Mann 1918: 247f.; vgl. Borchmeyer 1997: 94). Für Thomas Mann ist die Kunst frei, das bedeutet konkret, dass sie nichts taugen muss, „schon gar nicht zu etwas Politischem" (Ottmann 2010: 152). Freilich gesteht er zu, dass die Politik unersetzlich ist, und weder Kunst noch Kultur ihren Platz einnehmen kann. Die Politik ist jedoch „kein Bereich des Lebens, der sich allein aus sich heraus bestimmen lässt" (ebd.). Diese Punkte sind es letzten Endes, die auch Konráds Vorstellung von der Antipolitik ausmachen. Konrád und Mann plädieren im Sinne einer alten politischen Tradition gegen die Verabsolutierung des Politischen und „den Terrorismus der Politik" (Mann 1918: 364) als eine „spezifisch moderne säkulare Ideologie" (Borchmeyer 1997: 94). Auch wenn sich Mann selbst als unpolitisch betrachtete. Im Sinne Konráds ist er dies keinesfalls, denn er ist „sorgsam darauf bedacht, mit der Politik nicht in Konflikt zu geraten" (Konrád 1982: 212). Mann ist somit „durchaus und in einem durch lange Tradition legitimierten Sinne *politisch*" (Borchmeyer 1997: 93).[105]

Abschließend ist wiederholt festzuhalten, dass Konráds Ansatz ein etwas anderer ist als der Havels und auch Michniks. Ihm geht es zwar auch um eine Auseinandersetzung mit der Macht im Allgemeinen und der Staatsmacht im Besonderen, aber auf einer anderen Ebene als Havel und Michnik. Er will den mit Politik und Macht gleichgesetzten (kommunistischen) *Staat* zurückdrängen. Es ging ihm im Sinne Thomas Manns um weniger Politik und, in Verbindung damit, um mehr persönliche Freiheit. Havel und Michnik hingegen wollen das bestehende (posttotalitäre) System beseitigen, und zwar auf dem Wege der moralischen Erneuerung der Gesellschaft. Vor allem Havel wollte *eine andere Politik* als die bisherige technische Politik, eine „antipolitische Politik" (vgl. Schmidt 2001: 135).

[105] Konrád selbst wollte, im Gegensatz zu Mann, nie unpolitisch sein. Den unpolitischen Menschen lehnte er, wie angedeutet, ab (vgl. Konrád 1982: 213; Konrád 1987: 20).

# V ZUSAMMENFASSENDE SCHLUSSBETRACHTUNG

Vorliegende Abhandlung beschäftigte sich mit dem Politikbegriff bzw. den Politikbegriffen des Dramatikers, ehemaligen Dissidenten und Präsidenten der Tschechoslowakei sowie Tschechiens, Václav Havel. Vorgestellt und untersucht wurden dessen Biografie, der realhistorische Entstehungskontext seiner Ideen, seine subjektiv-kritische Analyse dieses Kontextes, die Inhalte seiner Begriffe von der „herkömmlichen“, der „technischen“, der „nichtpolitischen“ und der „antipolitischen“ Politik sowie deren ideengeschichtlichen Traditionen und philosophischen Grundlagen. Havels Denken wurde auf diese Weise in den weiteren Kontext der tschechischen Ideengeschichte des 19. und 20. Jahrhunderts eingeordnet. Seine Überlegungen wurden mit Verweis auf den polnischen Dissidenten Adam Michnik sowie den ungarischen Dissidenten György Konrád zudem in die Welt des politischen Denkens des ostmitteleuropäischen Dissens‘ der Siebziger- und Achtzigerjahre des 20. Jahrhunderts gestellt. Diese Einordnungen verdeutlichen, dass Havels Denken nicht unbedingt etwas grundsätzlich Neues oder Einzigartiges darstellte. Es war vielmehr eine eklektische, aber keinesfalls uninteressante Zusammenstellung sich ähnelnder Argumente verschiedener Autoren, die Havel jedoch seinen eigenen Erfahrungen und Bedürfnissen anpasste und mithin weiterentwickelte. In diesem Zusammenhang lässt sich eine klare Linie im tschechischen politischen Denken von der Mitte des 19. bis zum Ende des 20. Jahrhunderts ziehen. Darüber hinaus durchleuchtete die Untersuchung die jeweiligen Funktionen und die politiktheoretische Bedeutung der nichtpolitischen und der „antipolitischen“ Politik. Um die Komplexität der vorgestellten und analysierten Ideen und ihre Interdependenzen greifbar zu machen, kamen neben politikwissenschaftlichen auch historische und ideengeschichtliche Methoden zur Anwendung.

Der als nichtpolitische Politik bezeichnete „Versuch, in der Wahrheit zu leben“ ist das Ergebnis einer kritischen Auseinandersetzung mit dem tschechoslowakischen Normalisierungsregime, welches im Jahre 1969 nach der Niederschlagung des Prager Frühlings im August des vorhergehenden Jahres installiert wurde und dessen technischem Politikbegriff. Der „Versuch, in der Wahrheit zu leben“ ist die positive Antwort auf die Frage, wie dieses, von Havel kritisierte und abgelehnte Regime, ohne den Einsatz von Gewalt oder herkömmlichen politischen Mitteln herausgefordert werden könne. Hierunter verstand er das Wirken in den bekannten politischen Institutionen, den Parteien und dem Parlament.

Das Funktionieren des tschechoslowakischen Normalisierungsregimes beschrieb Havel mittels vier eng miteinander verbundener Begriffe: Macht, Ideologie, Normen und Kommunikation. Ein weiteres wichtiges Kennzeichen dieses Systems war das Verschwinden der herkömmlichen Politik. Unter dieser verstand Havel einen bestimmten Bereich des menschlichen Handelns, der durch Pluralismus, Öffentlichkeit und Organisation gekennzeichnet war. Die verschwundene herkömmliche Politik wurde von einer technischen Politik abgelöst, die nicht allein kennzeichnend für das posttotalitäre System war, sondern für die gesamte moderne Zivilisation. Das posttotalitäre System stand für Havel demnach nicht allein für sich. Es war vielmehr Bestandteil der modernen westlichen Zivilisation und zugleich Ausdruck deren Krise. Gekennzeichnet ist diese durch den Verlust der menschlichen Identität und Authentizität sowie einen spezifischen Politikbegriff. Die herkömmliche Politik war zu einer Technik der Machterringung und -bewahrung entartet, deren augenfälligster Ausdruck die Politik der Kommunistischen Partei war. Bei seiner Analyse des Normalisierungsregimes und der modernen technischen Zivilisation orientierte sich Havel, wenn auch nicht immer direkt, an Philosophen und Soziologen wie Karl W. Deutsch, Emanuel Rádl, Josef Šafařík, Václav Bělohradský, Martin Heidegger, Jan Patočka und nicht zuletzt auch Hannah Arendt, die insbesondere Havels Vorstellung von der herkömmlich Politik beeinflusste.

Der von Jan Patočkas Philosophie von den „Drei Bewegungen der menschlichen Existenz“ beeinflusste „Versuch, in der Wahrheit zu leben“ ist in Havels Verständnis eine alternative positive Strategie für die Auseinandersetzung mit dem realen politischen System in der Tschechoslowakei. Als solche ist er für Havel mit der Frage verbunden, wie die Bürger der Tschechoslowakei im gegebenen politischen, wirtschaftlichen und gesellschaftlichen Rahmen des Normalisierungsregimes handeln können und sollen bzw. nicht handeln können und dürfen, um – politische – Ziele zu erreichen. Havels Hauptziel bestand darin, dem Menschen der modernen technischen Zivilisation seine Identität zurückzugeben, das posttotalitäre Normalisierungsregime zu verändern, zu beseitigen und eine postdemokratische Gesellschaft mit einer neuen – „antipolitischen“ – Politik zu schaffen. Die Strategie, ein wahrhaftes Leben, d. h. ein Leben „in der Wahrheit“

zu führen, ist für Havel hierbei ein Gegenentwurf zu einem herkömmlichen politischen Systemwechsel, der seinerseits bspw. durch eine Revolution, d. h. Gewalt, stattfinden könne. Der „Versuch, in der Wahrheit zu leben“ war für Havel zugleich der konkrete Ausdruck einer existentiellen Revolution, durch die der Mensch in der technischen Zivilisation seine verlorengegangene Identität zurückgewinnen kann.

Diesem „Leben in Wahrheit“ misst Havel, da es die bestehende politische Ordnung der Gesellschaft verändert, eine politische Bedeutung zu. Er selbst bezeichnete es als Halb-Politik bzw. krypto-politische Erscheinung. Später sprach er, wie auch seine Interpreten, von nichtpolitischer Politik. Politik ist es deshalb, weil es die bestehende Gesellschaft verändert. Nichtpolitisch ist diese Politik, weil die Veränderung der Gesellschaft weder von den herkömmlichen politischen Institutionen vorgenommen noch von diesen geplant wird, sondern auf der Ebene der menschlichen Existenz, d. h. auf einer außer-, vor-, bzw. nichtpolitischen Ebene stattfindet. Die nichtpolitische Politik ist hiernach ein Kategorienbegriff. Die Vorstellung, mit nichtpolitischen Mitteln politische Veränderungen zu erreichen, steht im weiteren Kontext der tschechischen politischen Ideengeschichte. Sie gründet sich auf die in den Jahren von 1890 bis 1940 v. a. von Thomas G. Masaryk entwickelte und von Karel Havlíček beeinflusste Idee der sozusagen klassischen nichtpolitischen Politik. Dieser Idee zufolge haben Arbeit und Bildung einen positiven gesellschaftsverändernden Effekt und sind somit Politik. Allerdings handelt es sich um Politik außerhalb der herkömmlichen politischen Institutionen, d. h. den Parteien, den Parlamenten und Regierungen. Sie ist ansatzweise ebenso in Adam Michniks „Neuem Evolutionismus“ zu finden.[106] Havels „Versuch, in der Wahrheit zu leben“ wurde im tschechischen Dissens der Siebziger- und Achtzigerjahre kritisch rezipiert. Kernpunkt der Kritik war der hohe moralische Anspruch der Dissidenten, ein Leben in Wahrheit zu führen, was letztlich zu ihrer gesellschaftlichen Isolierung führte.

Havels „antipolitische Politik“ ist neben der Veränderung der individuellen Existenz und der Veränderung des politischen Systems, es entsteht ein postdemokratisches Regime, die dritte Folge der existentiellen Revolution, d. h. des „Versuchs, in der Wahrheit zu leben“. Sie bezeichnet einerseits das geforderte Handeln in der Politik. Andererseits bindet sie die Politik in gewisser Weise an

[106] Im Denken György Konráds ist eine solche Idee hingegen nicht nachweisbar.

politische Institutionen, die in der postdemokratischen Gesellschaft allerdings nicht dauerhafter Art sein sollen, wie bspw. Parteien, sondern eher im Sinne von Bürgerinitiativen im Zuge des Aufkommens von Problemen entstehen und nach dessen Lösung wieder verschwinden. Insofern ist die „antipolitische Politik“ ein *Qualitäts-* und *Richtungsbegriff.* Sie zielt vorrangig auf die Interpretationen und Normen ab, an denen die Legitimität politischen Handelns bemessen wird, und auf die Vorstellungen eines guten politischen Designs. Politisches Handeln muss mit Havels politisch-ästhetischen Maximen übereinstimmen (vgl. Rohe 1990: 341f.). Die Politik und mit ihr die kritisch betrachteten politischen Institutionen (Parteien, Parlamente und Regierungen) sollten nicht der Ausdruck von Macht und Herrschaft, sondern guten moralischen und authentischen Handelns sein. Politiker sollen sich um das allgemeine Wohl der Polis und nicht allein um ihr eigenes sorgen. Auch hier folgt Havel älteren tschechischen Ansichten, wie sie bspw. von Thomas G. Masaryk, Emanuel Rádl und František Krejčí vertreten wurden. Sie ist in Ansätzen ebenso beim polnischen Dissidenten Adam Michnik nachweisbar. György Konráds Idee von der Antipolitik versucht im Gegensatz dazu, die Politik als solche aus der Gesellschaft zurückzudrängen. Sie hat somit eine andere Bedeutung als Havels „antipolitische Politik“. Diese ist ihrerseits ein positiver Gegenentwurf zum technischen an Machiavelli orientierten Politikverständnis des posttotalitären Systems in der technischen Zivilisation. Diese von Havel grundsätzlich abgelehnte Form der Politik, in der es allein um Macht geht, löste wiederum die bisherige „normale“ bzw. „herkömmlich Politik“ ab, worunter er die sich auf den Pluralismus der verschiedenen Meinungen stützende öffentliche und freie Leitung der öffentlichen Sachen verstand (vgl. Havel 1989a zit. Suk 2013: 229; Havel 1985b: 164f.).

Das von Havel als nichtpolitische Politik bezeichnete „Leben in Wahrheit“, welches das persönliche Leben des Individuums und mit diesem die bestehende Gesellschaft verändert und eine neue, „antipolitische“, Politik schafft sowie diese selbst, die ihren Ausgangspunkt in der herkömmlichen bzw. technischen Politik finden, sind auf das Engste miteinander verbunden. Das „Leben in Wahrheit“ als Ausdruck einer existentiellen Revolution, die dem Menschen seine verlorene Authentizität zurückbringt, ist die Voraussetzung der „antipolitischen Politik“, die der konkrete Ausdruck dieser menschlichen Authentizität ist. Ohne die existentielle Revolution, d. h. den „Versuch, in der Wahrheit zu leben“, kann es keine „antipolitische Politik“ geben. Diese ist ein Ziel, deren konkrete und unabdingbare Voraussetzung das wahrhafte und aufrechte „Leben in Wahrheit" ist. Hinsichtlich des Verhältnisses von herkömmlicher und Halb- bzw. Krypto-Politik sowie technischer und „antipolitischer Politik" ist schlussendlich festzuhalten, dass es sich jeweils um komplementäre Begriffe handelt. Die herkömmliche, d. h. die politische und die Halb- bzw. Krypto-Politik, also der „Versuch, in der Wahrheit zu leben", gehören als gegensätzliche, aber sich ergänzende Begriffe ebenso zusammen wie die technische und die „antipolitische Politik". Hinsichtlich des Verhältnisses von „antipolitischer", technischer und herkömmlicher Politik ist festzuhalten, dass letztere antipolitisch, d. h. moralisch verankert und nicht technisch sein soll.[107]

Nichtpolitische und antipolitische Konzeptionen der Politik stehen im Verdacht, ideologische Befreiungsschläge aus einer politisch nichtbewältigten Gegenwart heraus zu sein. Dieser Argwohn konnte in der vorliegenden Untersuchung nur teilweise ausgeräumt werden. Havels Vorstellung, dass durch die existentielle Revolution, d. h. ein Leben in Wahrheit, ein politischer Wandel eingeleitet werde, ist überaus idealistisch. Dies betrifft die Ansicht, dass ein authentisches „Leben in Wahrheit" zu Zugeständnissen beim politischen Gegner, dem kommunistischen Regime, führen würde. Den „Versuch, in der Wahrheit zu leben" betrachtete Havel zwar als (reale) Kraft eines (politischen) Umsturzes. In historischer Perspektive erreichte er mit seiner Strategie, dem „Leben in Wahrheit", hingegen keines seiner Ziele. Das posttotalitäre System wurde nicht durch die existentielle Revolution beseitigt, sondern durch weltpolitische Vorgänge in der Sowjetunion nach dem Machtantritt von Michail Gorbatschow im Jahre 1985[108]. Havels Idee des „Lebens in Wahrheit" lässt zudem die Frage unbeantwortet, wie aus dem „Versuch, in der Wahrheit zu leben", der ihm zufolge eine politische Bedeutung hat, tatsächlich politische Macht erwachsen kann, mit der politische Ziele erreicht werden können. Da die Frage der Macht für Havel zweitrangig war, stellte sie sich für ihn nicht wirklich.[109] Politische Ziele waren im Verständnis Havels allein durch das moralische Gewicht bzw. durch die mo-

[107] In diesem Sinne sind die herkömmliche sowie die technische Politik der politiktheoretische Ausgangspunkt von Havels Vorstellungen von der nicht- und der „antipolitischen" Politik.

[108] Über die Frage, ob dessen Entscheidung, die Politik der Glasnost und Perestroika zu beginnen, Ausdruck einer persönlichen existentiellen Revolution im Sinne Václav Havels ist, kann nur spekuliert werden (s. Geierhos 2013).

[109] Dies beweist vor allem auch seine Idee der „antipolitischen Politik".

ralische Haltung des Individuums zu erreichen. Beantwortet ist hiermit zugleich eine zweite wichtige Frage: Ist es möglich, politische Ziele zu erreichen bzw. und umzusetzen, wenn hierzu keine Macht vorhanden ist? Es liegt der Verdacht nahe, dass Havel sich mit solchen Fragen überhaupt nicht beschäftigte. Dies aber erklärt sich aus seiner gefühlten Machtlosigkeit, obgleich diese nicht absolut war, da, paradoxer Weise, gerade sie eine Form der Macht war.

Ebensowenig hatte Havel einen konkreten politischen Plan für die Zeit nach der samtenen Revolution 1989. Es ist deshalb wenig überraschend, dass der „Versuch, in der Wahrheit zu leben" und die aus ihm hervorgehende Vorstellung von der „antipolitischen Politik" nach der „samtenen Revolution" von 1989 recht schnell verworfen wurde.[110] Durch die Konfrontation mit der Realität war es nicht mehr möglich, die beiden Vorstellungen als eine bloße intellektuelle Geste zu erfassen. Sie musste sich in der neuen gesellschaftlichen post-posttotalitären Realität beweisen. Hierbei wurde jedoch recht schnell klar, dass für ein modernes demokratisches System, für die Privatisierung und den Wiederaufbau der Wirtschaft und für die Errichtung einer modernen Gesellschaft der Gedanke vom authentischen persönlichen Leben zwar überaus wichtig, aber allein für sich genommen keinesfalls ausreichend ist. Die neue politische Situation war eine pragmatische und keine metaphysische (vgl. Havelka 1998: 465). Dies sollte allerdings, wie der tschechische Soziologe Miloš Havelka (*1944) befand, nicht dazu führen, staatsbürgerliche Tugenden, nationale, öffentliche, kulturelle sowie die Natur betreffende Werte zu diskreditieren (vgl. ebd.), geht es doch immer auch darum, den Politikstil zugungsten des Menschen und seinen Bedürfnissen zu verändern.

---

[110] Zum politischen Wirken Václav Havels nach 1989 z.B. Suk (2008: 37ff.) und Mandler (2004: 81ff.).

VI QUELLEN- UND LITERATURVERZEICHNIS

## 1. Quellenverzeichnis

**Aktionsprogramm (1968)**: Akční program Komunistické strany Československa. Přijatý na plenárním zasedání ÚV KSČ dne 5. dubna 1968 [Aktionsprogramm der Kommunistischen Partei der Tschechoslowakei. Angenommen auf der Plenarsitzung des ZK der KPTsch am 5. April 1968], Praha.

**Arendt, Hannah (1950)**: Was ist Politik? Fragment 1 (August 1950), in: Dies., Was ist Politik? Fragmente aus dem Nachlaß, hrsg. von Ursula Ludz, München / Zürich 2003, S. 9-12.

**Arendt, Hannah (1958)**: Vita activa oder Vom tätigen Leben, München 1992.

**Bakunin, Michail (1871)**: Protest der Allianz, in: Ders., Staatlichkeit und Anarchie und andere Schriften, hrsg. von Horst Stuke, Frankfurt/Main 1983, S. 348-394.

**Batěk-Sommer, Alexander (1919)**: Radost z práce [Freude an der Arbeit], Praha.

**Bělohradský, Václav (1980)**: Evidence a norma [Evidenz und Norm], in: Ders., Přirozený svět jako politický problém. Eseje o člověku pozdní doby [Die natürliche Welt als politisches Problem. Essays über den Menschen der Spätzeit], Praha 1991, S. 158-178.

**Bělohradský, Václav (1981)**: Krize eschatologie neosobnosti [Die Krise der Eschatologie der Unpersönlichkeit], in: Ders., Přirozený svět jako politický problém. Eseje o člověku pozdní doby [Die natürliche Welt als politisches Problem. Essays über den Menschen der Spätzeit], Praha 1991, S. 61-125.

**Bělohradský, Václav (1984)**: Přirozený svět jako politický problém [Die natürliche Welt als politisches Problem], in: Ders., Přirozený svět jako politický problém. Eseje o člověku pozdní doby [Die natürliche Welt als politisches Problem. Essays über den Menschen der Spätzeit], Praha 1991, S. 147-157.

**Benda, Julien (1927)**: Der Verrat der Intellektuellen, Frankfurt/Main 1988.

**Benda, Václav (1978)**: Paralelní polis [Die parallele Polis], in: Prečan, Vilem (Hrsg.), Charta 77, 1977-1989. Od morální k demokratické revolucí. Dokumentace [Die Charta 77, 1977-1989. Von der moralischen zur demokratischen Revolution. Dokumentation], Praha / Brno 1990, S. 43-51.

**Beneš, Edvard (1929)**: Podmínky úspěšného života [Bedingungen eines erfolgreichen Lebens], Praha 1938 (4. Auflage).

**Charta 77**: Prohlášení Charty 77 [Die Verkündung der Charta 77]. URL: http://libpro.cts.cuni.cz/charta/docs/prohlaseni_charty_77.pdf (Zugriff: 25. September 2013)

**Deutsch, Karl W. (1963)**: Politische Kybernetik. Modelle und Perspektiven, Freiburg 1970.

**Drtina, František (1912a)**: O úkolu a směrech lidového vzdělání [Über die Aufgabe und Richtungen der Volksbildung], in: Ders., Spisy Františka Drtiny, sv. 3: Ideály vychovy. Soubor programových a historických statí z pedagogiky [Schriften František Drtinas, Bd. 3: Erziehungsideale. Sammlung programmatischer und historischer Aufsätze aus der Pädagogik], Praha 1930, S. 33-88.

**Drtina, František (1912b)**: Kulturní poslání českého národa [Die kulturelle Sendung der tschechischen Nation], in: Ders., Spisy Františka Drtiny, sv. 3: Ideály vychovy. Soubor programových a historických statí z pedagogiky [Schriften František Drtinas, Bd. 3: Erziehungsideale. Sammlung programmatischer und historischer Aufsätze aus der Pädagogik], Praha 1930, S. 89-106.

**Drtina, František (1913)**: Kulturní vývoj a význam českého národa [Die kulturelle Entwicklung und Bedeutung der tschechischen Nation], in: Ders., Spisy Františka Drtiny, sv. 3: Ideály vychovy. Soubor programových a historických statí z pedagogiky [Schriften František Drtinas, Bd. 3: Erziehungsideale. Sammlung programmatischer und historischer Aufsätze aus der Pädagogik], Praha 1930, S. 107-120.

**Fischer, Josef Ludvík (1938)**: Národní tradice a česká filosofie [Die nationale Tradition und die tschechische Philosophie], in: Havelka, Miloš (Hrsg.), Spor o smysl českých dějin 1895-1938 [Streit um den Sinn der tschechischen Geschichte 1895-1938], Praha 1995, S. 810-826.

**Havel, Václav (1965)**: Projev na konferenci Svazu československých spisovatelů v červnu 1965 [Ansprache auf der Konferenz des Bundes der tschechoslowakischen Schriftsteller im Juni 1965], in: Ders., Do různých stran. Eseje a články z let 1983-1989 [In verschiedene Richtungen. Essays und Artikel aus den Jahren 1983-1989], Praha 1989, S. 385-398.

**Havel, Václav (1967)**: Projev na konferenci Svazu československých spisovatelů v červnu 1967 [Ansprache auf der Konferenz des Bundes der tschechoslowakischen Schriftsteller im Juni 1967], in: Ders., Do různých stran. Eseje a články z let 1983-1989 [In verschiedene Richtungen. Essays und Artikel aus den Jahren 1983-1989], Praha 1989, S. 399-412.

**Havel, Václav (1968)**: Na téma opozice [Zum Thema Opposition], in: Ders., Do různých stran. Eseje a články z let 1983-1989 [In verschiedene Richtungen. Essays und Artikel aus den Jahren 1983-1989], Praha 1989, S. 413-420.

**Havel, Václav (1969)**: Brief an Alexander Dubček, in: Ders., Am Anfang war das Wort, Reinbeck bei Hamburg 1990, S. 9-32. / Dopis Alexandru Dubčekovi z 9. srpna 1969 [Brief an Alexander Dubček vom 9. August 1968], in: Ders., Do různých stran. Eseje a články z let 1983-1989 [In verschiedene Richtungen. Essays und Artikel aus den Jahren 1983-1989], Praha 1989, S. 428-441.

**Havel, Václav (1975)**: Offener Brief an Gustáv Husák, in: Ders., Am Anfang war das Wort, Reinbeck bei Hamburg 1990, S. 33-80. / Dopis Gustávu Husákovi [Brief an Gustav Husák], in: Ders., O lidskou identitu. Úvahy, fejetony, protesty, polemiky, prohlášení a rozhovory z let 1969-1979 [Um die menschliche Identität. Betrachtungen, Feuilletons, Proteste, Polemiken, Erklärungen und Gespräche aus den Jahren 1969-1979], Praha 1990, S. 19-49.

**Havel, Václav (1977a)**: Das letzte Gespräch, in: Patočka, Jan, Texte, Dokumente, Bibliographie, Freiburg / München / Prag 1999, S. 486-489. / Poslední rozhovor [Das letzte Gespräch], in: Ders., O lidskou identitu. Úvahy, fejetony, protesty, polemiky, prohlášení a rozhovory z let 1969-1979 [Um die menschliche Identität. Betrachtungen, Feuilletons, Proteste, Polemiken, Erklärungen und Gespräche aus den Jahren 1969-1979], Praha 1990, S. 152-155.

**Havel, Václav (1977b)**: Praská ledový krunýř lhostejnosti [Der Eispanzer der Gleichgültigkeit zerspringt], in: Ders., O lidskou identitu. Úvahy, fejetony, protesty, polemiky, prohlášení a rozhovory z let 1969-1979 [Um diemenschliche Identität. Betrachtungen, Feuilletons, Proteste, Polemiken, Erklärungen und Gespräche aus den Jahren 1969-1979], Praha 1990, S. 250-256.

**Havel, Václav (1978a)**: Versuch, in der Wahrheit zu leben, Reinbeck bei Hamburg 1990. / Moc bezmocných [Die Macht der Machtlosen], in: Ders., O lidskou identitu. Úvahy, fejetony, protesty, polemiky, prohlášení a rozhovory z let 1969-1979 [Um die menschliche Identität. Betrachtungen, Feuilletons, Proteste, Polemiken, Erklärungen und Gespräche aus den Jahren 1969-1979], Praha 1990, S. 55-133.

**Havel, Václav (1978b)**: Říkat pravdu má smysl vždycky, za každých okolností [Die Wahrheit sagen hat immer Sinn, unter allen Umständen], in: Ders., O lidskou identitu. Úvahy, fejetony, protesty, polemiky, prohlášení a rozhovory z let 1969-1979 [Um die menschliche Identität. Betrachtungen, Feuilletons, Proteste, Polemiken, Erklärungen und Gespräche aus den Jahren 1969-1979], Praha 1990, S. 221-249.

**Havel, Václav (1978c)**: Nedělíme se na disidenty a ty ostatní. Bezpráví bude kritizováno bez ohledu na to, na kom je pácháno [Wir unterscheiden nicht zwischen Dissidenten und den Anderen. Unrecht wird kritisiert, ohne Rücksicht darauf wer es erleidet], in: Ders., O lidskou identitu. Úvahy, fejetony, protesty, polemiky, prohlášení a rozhovory z let 1969-1979 [Um die menschliche Identität. Betrachtungen, Feuilletons, Proteste, Polemiken, Erklärungen und Gespräche aus den Jahren 1969-1979], Praha 1990, S. 257-261.

**Havel, Václav (1979a)**: Milý pane Ludvíku [Lieber Herr Ludwig], in: Ders., O lidskou identitu. Úvahy, fejetony, protesty, polemiky, prohlášení a rozhovory z let 1969-1979 [Um die menschliche Identität. Betrachtungen, Feuilletons, Proteste, Polemiken, Erklärungen und Gespräche aus den Jahren 1969-1979], Praha 1990, S. 204-206.

**Havel, Václav (1979b)**: Milý pane Pitharte [Lieber Herr Pithart], in: Ders., O lidskou identitu. Úvahy, fejetony, protesty, polemiky, prohlášení a rozhovory z let 1969-1979 [Um die menschliche Identität. Betrachtungen, Feuilletons, Proteste, Polemiken, Erklärungen und Gespräche aus den Jahren 1969-1979], Praha 1990, S. 211-217.

**Havel, Václav (1981a)**: Brief 62 vom 02.-06.01.1981, in: Ders., Briefe an Olga. Betrachtungen aus dem Gefängnis, Hamburg 1991, S. 91-95. / Dopisy Olze [Briefe an Olga], Praha 1999, S. 223-229.

**Havel, Václav (1981b)**: Brief 96 vom 03.10.1981, in: Ders., Briefe an Olga. Betrachtungen aus dem Gefängnis, Hamburg 1991, S. 176-179. / Dopisy Olze [Briefe an Olga], Praha 1999, S. 377-382.

**Havel, Václav (1982a)**: Brief 118 vom 06.03.1982, in: Ders., Briefe an Olga. Betrachtungen aus dem Gefängnis, Hamburg 1991, S. 235-238. / Dopisy Olze [Briefe an Olga], Praha 1999, S. 478-483.

**Havel, Václav (1982b)**: Brief 135 vom 03.07.1982, in: Ders., Briefe an Olga. Betrachtungen aus dem Gefängnis, Reinbeck bei Hamburg 1991, S. 271-274. / Dopisy Olze [Briefe an Olga], Praha 1999, S. 550-554.

**Havel, Václav (1982c)**: Brief 136 vom 10.07.1982, in: Ders., Briefe an Olga. Betrachtungen aus dem Gefängnis, Reinbeck bei Hamburg 1991, S. 274-278. / Dopisy Olze [Briefe an Olga], Praha 1999, S. 554-558.

**Havel, Václav (1982d)**: Brief 143 vom 28.08.1982, in: Ders., Briefe an Olga. Betrachtungen aus dem Gefängnis, Reinbeck bei Hamburg 1991, S. 303-307. / Dopisy Olze [Briefe an Olga], Praha 1999, S. 596-600.

**Havel, Václav (1984a)**: Politik und Gewissen, in: Ders., Am Anfang war das Wort, Reinbeck bei Hamburg 1990, S. 81-113. / Politika a svědomi [Politik und Gewissen], in: Ders., Do různých stran. Eseje a články z let 1983-1989 [In verschiedene Richtungen. Essays und Artikel aus den Jahren 1983-1989], Praha 1989, S. 41-59.

**Havel, Václav (1984b)**: Thriller [Thriller], in: Ders., Do různých stran. Eseje a články z let 1983-1989 [In verschiedene Richtungen. Essays und Artikel aus den Jahren 1983-1989], Praha 1989, S. 60-64.

**Havel, Václav (1984c)**: Šest poznámek o kultuře [Sechs Anmerkungen über die Kultur], in: Ders., Do různých stran. Eseje a články z let 1983-1989 [In verschiedene Richtungen. Essays und Artikel aus den Jahren 1983-1989], Praha 1989, S. 141-152.

**Havel, Václav (1985a)**: Anatomie einer Zurückhaltung, in: Ders., Am Anfang war das Wort, Reinbeck bei Hamburg 1990, S. 115-159. / Anatomie jedné zdrženlivosti [Anatomie einer Zurückhaltung], in: Ders., Do různých stran. Eseje a články z let 1983-1989 [In verschiedene Richtungen. Essays und Artikel aus den Jahren 1983-1989], Praha 1989, S. 65-91.

**Havel, Václav (1985b)**: Odpověď mladým křesťanům [Antwort an junge Christen], in: Ders., Do různých stran. Eseje a články z let 1983-1989 [In verschiedene Richtungen. Essays und Artikel aus den Jahren 1983-1989], Praha 1989, S. 161-167.

**Havel, Václav (1986a)**: Fernverhör. Ein Gespräch mit Karel Hvížďala, Reinbeck bei Hamburg 1987 / Dálkový výslech. Rozhovor s Karlem Hvížďalou [Fernverhör. Ein Gespräch mit Karel Hvížďalá], Praha 1990.

**Havel, Václav (1986b)**: O smyslu Charty 77 [Über den Sinn der Chart 77], in: Ders., Do různých stran. Eseje a články z let 1983-1989 [In verschiedene Richtungen. Essays und Artikel aus den Jahren 1983-1989], Praha 1989, S. 99-115.

**Havel, Václav (1987)**: Ereignis und Totalität, in: Ders., Am Anfang war das Wort, Reinbeck bei Hamburg 1990, S. 173-206. / Příběh a totalita [Ereignis und Totalität], in: Do různých stran. Eseje a články z let 1983-1989 [In verschiedene Richtungen. Essays und Artikel aus den Jahren 1983-1989], Praha 1989, S. 116-137.

**Havel, Václav (1989a)**: Terén, na který nikdy nevstoupim. Rozhovor Václava Havla s Ivanem Lamperem [Ein Terrain, das ich nie betreten werde. Ein Gespräch mit Ivan Lamper], in: Sport – časopis pro kulturní a společenskou informaci (samizdat), Jg. 1, Nr. 3, September 1989, S. 6-11.

**Havel, Václav (1989b)**: Projekt Hoffnung, in: Ders., Am Anfang war das Wort, Reinbeck bei Hamburg 1990, S. 225-232.

**Havel, Václav (1990)**: Von welcher Republik ich träume. Neujahrsansprache 1990, in: Ders., Am Anfang war das Wort, Reinbeck bei Hamburg 1990, S. 233-246.

**Havel, Václav (1991)**: Sommermeditationen, Berlin 1992. / Letní přemítání [Sommermeditationen], Praha 1991.

**Havel, Václav (1994)**: Ztráta paměti [Verlust des Gedächtnisses], in: Lidové noviny, Nr. vom 13. November 1994, S. 8.

**Havlíček, Karel (1849)**: Vysvětlení nynějších okolností [Erklärung der gegenwärtigen Verhältnisse], in: Ders., Vybrané spisy Karla Havlíčka Borovského, Díl prvý [Ausgewählte Schriften Karel Havlíček Borovskýs, erster Teil], hrsg. von Karel Tůma, Kutná Hora 1886, S. 140-146.

**Havlíček, Karel (1851a)**: Über die Revolution, in: Ders., Polemische Schriften. Ausgewählt und mit einem Geleitwort von Peter Demetz, Stuttgart / München, S. 219-229. / Revoluce [Revolution], in: Ders., Vybrané spisy Karla Havlíčka Borovského. Díl třetí [Ausgewählte Schriften Karel Havlíček

Borovskys. Dritter Teil], hrsg. von Karel Tůma, Kutná Hora 1887, S. 36-43.

**Havlíček, Karel (1851b)**: Gesetzlicher Widerstand, in: Ders., Polemische Schriften, hrsg. von Demetz Peter u.a., München / Stuttgart 2001, S. 243-247. / Něco o zákonním odporu [Etwas über den gesetzlichen Widerstand], in: Ders., Vybrané spisy Karla Havlíčka Borovského, Díl třetí [Ausgewählte Schriften Karel Havličeks, Dritter Teil], Kutná Hora 1887, S. 322-324.

**Havlíček, Karel (1851c)**: Ende!, in: Ders., Polemische Schriften. Ausgewählt und mit einem Geleitwort von Peter Demetz, Stuttgart / München, S. 247-254. / Konec! [Ende!], in: Ders., Vybrané spisy Karla Havlíčka Borovského. Díl třetí [Ausgewählte Schriften Karel Havlíček Borovskys. Dritter Teil], hrsg. von Karel Tůma, Kutná Hora 1887, S. 329-333.

**Heidegger, Martin (1927)**: Sein und Zeit, Tübingen 1986.

**Heidegger, Martin (1953)**: Die Frage nach der Technik, in: Ders., Die Technik und die Kehre, Pfullingen 1988 (7. Auflage), S. 5-36.

**Hejdánek, Ladislav (1983)**: Variace a reflexe na témata vězeňských dopisů Václava Havla [Variationen und Reflexionen zu Themen aus den Gefängnisbriefen Václav Havels], in: Listy, Jg. 20, Nr. 6 1990, S. 6-19.

**Husserl, Edmund (1936)**: Die Krise der europäischen Wissenschaften und die transzendentale Phänomenologie. Eine Einleitung in die phänomenologische Philosophie, Hamburg 1996 (3. Auflage).

**Jirous, Ivan (1975)**: Zpráva o třetím českém hudebním obrození [Nachricht über die dritte tschechische musikalische Wiedergeburt].
URL: http://www.moderni-dejiny.cz/clanek/file/id/830/ (Zugriff 25. September 2013).

**jř (1904)**: Povinnost intelligence [Die Verpflichtung der Intelligenz], in: Česká stráž, Jg. 3, Nr. 9 vom 12.03.1904, S. 1.

**Kantůrková, Eva (1994)**: Památník [Gedenkbuch], Praha.

**Konrád, György (1982)**: Antipolitik. Mitteleuropäische Meditationen, Frankfurt/Main 1985.

**Konrád, György (1986)**: Politik in Ungarn ist etwas, das zu dir nach Hause kommt, in: Paetzke, Hans-Henning (Hrsg.), Andersdenkende in Ungarn, Frankfurt/Main 1986, S. 235-244.

**Konrád, György (1987)**: Die Antipolitik eines Romanschriftstellers, in: Ders. Stimmungsbericht, Frankfurt/Main 1988, S. 7-21.

**Krejčí, Václav (1933)**: Politika a mravnost [Politik und Sittlichkeit], Praha.

**Kundera, Milan (1983)**: Die Tragödie Mitteleuropas, in: Busek, Erhard / Wilflinger, Gerhard (Hrsg.), Aufbruch nach Mitteleuropa. Rekonstruktion eines versunkenen Kontinents, Wien 1986, S. 133-144.

**Machiavelli, Niccolò (1513)**: Der Fürst, Stuttgart 1978.

**Macek, Josef (1939)**: O práci pro národ [Über die Arbeit für die Nation], in: Naše doba, Jg. 46, Nr. 8, Juni, S. 449-451.

**Mann, Thomas (1918)**: Betrachtungen eines Unpolitischen, Frankfurt/Main 2000.

**Masaryk, Thomas G. (1876)**: Teorie a praxis [Theorie und Praxis], in: Ders., Juvenilie. Studie a stati 1876-1881 [Juvenile. Studien und Abhandlungen 1876-1881], Praha, S. 7-24.

**Masaryk, Thomas G. (1893)**: Úvodní slovo redakce [Ein einführendes Wort der Redaktion], in: Naše doba, Jg. 1, Nr. 1, Oktober 1893, S. 1-3.

**Masaryk, Thomas G. (1895a)**: Česká otázka. Snahy a tužby národního obrození [Die tschechische Frage. Bestrebungen und Wünsche der nationalen Wiedergeburt], in: Ders., Česká otázka – Naše nynější krize – Jan Hus [Die Tschechische Frage – Unsere gegenwärtige Krise – Jan Hus], Praha 2000, S. 8-169.

**Masaryk, Tomáš G. (1895b)**: Naše nynější krize. Pád strany staročeské a počatkové směrů nových [Unsere gegenwärtige Krise. Der Fall der alttschechischen Partei und die Anfänge neuer Strömungen], in: Ders., Česká otázka – Naše nynější krize – Jan Hus [Die Tschechische Frage – Unsere gegenwärtige Krise – Jan Hus], Praha 2000, S. 171-309.

**Masaryk, Thomas G. (1896a)**: Jan Hus. Naše obrození a naše reformace [Jan Hus. Unsere Wiedergeburt und unsere Reformation], in: Ders., Česká otázka – Naše nynější krize – Jan Hus [Die Tschechische Frage – Unsere gegenwärtige Krise – Jan Hus], Praha 2000, S. 310-366.

**Masaryk, Thomas G. (1896b)**: Karel Havlíček. Snahy a tužby politického probuzení [Karel Havlíček. Die Bestrebungen und Wünsche des politischen Erwachens], Praha 1996.

**Masaryk, Thomas G. (1897)**: Ohne Titel, in: Ders., Politické myšlenky [Politische Gedanken], Praha 1923, S. 81-85.

**Masaryk, Thomas G. (1898a)**: Die philosophischen und sociologischen Grundlagen des Marxismus. Studien zur socialen Frage, Wien 1899. / Otázka sociální. Základy marxismu filosofické a sociologické [Die Soziale Frage. Die philosophischen und soziologischen Grundlagen des Marxismus], Praha 1898.

**Masaryk, Thomas G. (1898b)**: Jak pracovat? [Wie soll man arbeiten?], Praha 1946.

**Masaryk, Thomas G. (1901)**: Ideale der Humanität, Prag 1935. / Ideály humanitní [Humanitätsideale], in: Ders., Ideály humanitní, Problém malého národa, Demokratism v politice [Ideale der Humanität, Das Problem der kleinen Nation, Demokratismus in der Politik], Praha 1968, S. 7-63.

**Masaryk, Thomas G. (1905)**: Problém malého národa [Das Problem der kleinen Nation], in: Ders., Ideály humanitní, Problém malého národa, Demokratism v politice [Ideale der Humanität, Das Problem der kleinen Nation, Demokratismus in der Politik], Praha 1968, S. 65-95.

**Masaryk, Thomas G. (1906)**: Politika vědou a umění [Politik als Wissenschaft und Kunst], in: Ders., Politické myšlenky [Politische Gedanken], Praha 1923, S. 3-25.

**Masaryk, Thomas G. (1912)**: Demokratism v politice [Demokratismus in der Politik], in: Ders., Ideály humanitní, Problém malého národa, Demokratism v politice [Ideale der Humanität, Das Problem der kleinen Nation, Demokratismus in der Politik], Praha 1968, S. 97-113.

**Masaryk, Thomas G. (1913)**: Nesnaze demokracie. Dvě úvahy [Probleme der Demokratie. Zwei Betrachtungen], Praha.

**Masaryk, Thomas G. (1925)**: Die Weltrevolution. Erinnerungen und Betrachtungen 1914–1918, Berlin. / Světova revoluce. Za války a ve válce 1914-1918 [Die Weltrevolution. Während des Krieges und im Krieg 1914-1918], Praha.

**Michnik, Adam (1973)**: Die Schatten vergessener Ahnen, in: Ders., Polnischer Frieden. Aufsätze zur Konzeption des Widerstands, Berlin 1985, S. 85-105.

**Michnik, Adam (1976)**: Der Neue Evolutionismus, in: Ders., Polnischer Frieden. Aufsätze zur Konzeption des Widerstands, Berlin 1985, S. 40-54.

**Michnik, Adam (1980)**: Was wir wollen und was wir können, in: Ders., Polnischer Frieden. Aufsätze zur Konzeption des Widerstands, Berlin 1985, S. 16-31.

**Michnik, Adam (1983)**: Betrachtungen im Dezember, in: Ders., Polnischer Frieden. Aufsätze zur Konzeption des Widerstands, Berlin 1985, S. 63-84.

**Michnik, Adam (1985)**: An die deutschen Leser, in: Ders., Polnischer Frieden. Aufsätze zur Konzeption des Widerstands, Berlin 1985, S. 12-15.

**Nejedlý, Zdeněk (1921)**: Lidově a pokrokově [Volklich und fortschrittlich], in: Var, Jg. 1, Nr. 1 vom 01.12.1921, S. 1-13.

**o.A. (1902)**: Studovat či nestudovat [Studieren oder nicht studieren], in: Osvěta lidu, Jg. 7, Nr. 55 vom 02.07.1902 S. 1.

**Palacký, František (1836/67)**: Geschichte von Böhmen, Prag.

**Palacký, František (1848)**: Eine Stimme über Österreichs Anschluß an Deutschland. An den Fünfziger-Ausschuß zu Handen des Herren Präsidenten Soiron in Frankfurt a. M., in: Ders., Oesterreichs Staatsidee, Prag 1866, S. 79-86.

**Palacký, František (1861)**: Stručný přehled dějin Českých doby starší (až po r. 1526) [Grundriss der böhmischen Geschichte der alten Zeit (bis zum Jahre 1526)], in: Ders., Františka Palackého Spisy drobné, II, Články z oboru dějin [František Palackýs Kleine Schriften, II, Aufsätze aus dem Bereich der Geschichte], Praha 1900, S. 376-413.

**Palacký, František (1875)**: O roztržce v národu českém [Über die Entzweiung in der tschechischen Nation], in: Ders., Františka Palackého Spisy drobné, I, spisy a řeči z oboru politiky [František Palackýs Kleine Schriften, I, Schriften und Reden aus dem Bereich der Politik], Praha 1898, S. 411-426.

**Patočka, Jan (1969a)**: Co je existence? [Was ist Existenz], in: Sociologický časopis, Jg. 17, Nr. 5-6, Dezember 1969, S. 682-702.

**Patočka, Jan (1969b)**: O smysl dneška. Devět kapitol o problemých světových i českých [Über den Sinn des Heute. Neun Kapitel über weltweite und tschechische Probleme], Purley 1987.

**Patočka, Jan (1973)**: Die Gefahren der Technisierung in der Wissenschaft bei Edmund Husserl und das Wesen der Technik als Gefahr bei Martin Heidegger, in: Ders., Die Bewegung der menschlichen Existenz. Phänomenologische Schriften II, hrsg. von Klaus Nellen, Stuttgart 1991, S. 330-359.

**Patočka, Jan (1975a)**: Der geistige Mensch und der Intellektuelle, in: Ders., Texte, Dokumente, Bibliographie, hrsg. von Ludger Hagedorn, Freiburg / München / Prag 1999, S. 103-123.

**Patočka, Jan (1975b)**: Vom Anfang der Geschichte, in: Ders., Ketzerische Essais zur Philosophie der Geschichte und ergänzende Schriften, hrsg. von Klaus Nellen, Wien 1988, S. 50-76.

**Patočka, Jan (1975c)**: Hat Geschichte einen Sinn?, in: Ders., Ketzerische Essais zur Philosophie der Geschichte und ergänzende Schriften, hrsg. von Klaus Nellen, Wien 1988, S. 77-104.

**Patočka, Jan (1975d)**: Ist die technische Zivilisation zum Verfall bestimmt?, in: Ders., Ketzerische Essais zur Philosophie der Geschichte und ergänzende Schriften, hrsg. von Klaus Nellen, Wien 1988, S. 121-145.

**Patočka, Jan (1977)**: Was die Charta 77 ist und was sie nicht ist, in: Ders., Schriften zur tschechischen Kultur und Geschichte, hrsg. von Klaus Nellen, Stuttgart 1992, S. 315-318.

**Peroutka, Ferdinand (1939a)**: Naše ústava [Unsere Verfassung], in: Ders., O věcech obecných II (Výbor z politické publicistiky) [Über allgemeine Sachen II (Auswahl aus der politischen Publizistik)], Praha 1991, S. 456-459.

**Peroutka, Ferdinand (1939b)**: Hrdinové naší doby [Die Helden unserer Zeit], in: Lidové noviny, Jg. 47, Nr. 182 vom 09.04.1939, S. 1.

**Peroutka, Ferdinand (1939c)**: Když všechno se mění ... [Wenn sich alles ändert ...], in: Ders., O věcech obecných II (Výbor z politické publicistiky) [Über allgemeine Sachen II (Auswahl aus der politischen Publizistik)], Praha 1991, S. 463-468.

**Peroutka, Ferdinand (1939d)**: Druhý dech [Die zweite Luft], in: Ders., O věcech obecných II (Výbor z politické publicistiky) [Über allgemeine Sachen II (Auswahl aus der politischen Publizistik)], Praha 1991, S. 469-471.

**Pithart, Petr (1978)**: Bedra některých [Das Schicksal etlicher], in: Havel, Václav, O lidskou identitu. Úvahy, fejetony, protesty, polemiky, prohlášení a rozhovory z let 1969-1979 [Um die menschliche Identität. Betrachtungen, Feuilletons, Proteste, Polemiken, Erklärungen und Gespräche aus den Jahren 1969-1979], Praha 1990, S. 207-211.

**P.O. (1904)**: Drobná práce národní. Pojem – důležitost – cíle její [Nationale Kleinarbeit. Ihr Begriff – ihre Wichtigkeit – ihre Ziele], in: Vzdělaní lidu, Jg. 1, Nr. 22/23 vom 25.08.1904, S. 351-352.

**Programm (1900)**: Ramcový program české strany lidové (realistické) [Rahmenprogramm der tschechischen (Realistischen) Volkspartei], Praha.

**Programm (1912)**: Program České strany pokrokové [Progamm der tschechischen Fortschrittspartei], Praha.

**Rádl, Emanuel (1919a)**: Dosti slavnosti [Genug der Feierlichkeit], in: Česká stráž, Nr. 27 vom 12.07.1919, S. 2.

**Rádl, Emanuel (1919b)**: Kritická poznámka k dnešní situaci [Eine kritische Anmerkung zur heutigen Situation], in: Česká stráž, Jg. 2, Nr. 39 vom 04.10.1919, S. 2-3.

**Rádl, Emanuel (1921a)**: Realistická politika [Realistische Politik], in: Realistická stráž, Jg. 2, Nr. 2 vom 29.01.1921, S. 1-3.

**Rádl, Emanuel (1921b)**: K dikussím o poměru Čechů k Němcům [Zu den Diskussionen über das Verhältnis der Tschechen zu den Deutschen], in Realistická stráž, Jg. 2, Nr. 22 vom 26.11.1921, S. 1-3.

**Rádl, Emanuel (1928)**: Krise inteligence [Die Krise der Intelligenz], in: Křesťanská revue, Jg. I, Nr. 5, Januar, S. 130-136, Nr. 7, März, S. 199-204.

**Rádl, Emanuel (1933)**: Dějiny filosofie, sv. 2: Novověk [Geschichte der Philosophie, Bd. 2: Neuzeit], Praha.

**Rádl, Emanuel (1942)**: Trost der Philosophie, in: Demetz, Peter u.a. (Hrsg.), Tschechische Philosophen im 20. Jahrhundert. Klíma, Rádl, Patočka, Havel, Kosík, ausgewählt und mit einem Nachwort von Ludger Hagedorn, Stuttgart / München 2002, S. 87-208 / Útěcha z filosofie [Trost der Philosophie], Praha, 1946.

**Rambousek, Antonín (1929)**: Masaryk a lidová výchova česká [Masaryk und die tschechische Volkserziehung], in: Česká osvěta, Jg. 25, Nr. 5, Januar, S. 201-207, Nr. 6, Februar, S. 230-234.

**Rezek, Petr (1991)**: Filozofie a politika kýče [Philosophie und die Politik des Kitsches], Praha.

**Rudé právo (1977)**: Ztroskotanci a samozvanci [Die Gescheiterten und die Usurpatoren], in: Rudé právo vom 12. Januar 1977, S. 2.
URL: http://archiv.ucl.cas.cz/getimg?path=RudePravo/1977/1/12/2.png&rand=1364135912 (Zugriff: 25. September 2013).

**Šafařík, Josef (1948)**: Sedm listů Melinovi [Sieben Briefe an Melin], Praha.

**Šafařík, Josef (1967)**: Člověk ve věku stroje [Der Mensch im Zeitalter der Maschine], Liberec 1969.

**Schauer, Hubert Gordon (1886)**: Naše dvě otázky [Unsere zwei Fragen], in: Čas, Jg. 1, Nr. 1 vom 20.12.1886, S. 1-4.

**Schmitt, Carl (1929)**: Das Zeitalter der Neutralisierungen und Entpolitisierungen, in: Ders., Positionen und Begriffe im Kampf mit Weimar-Genf-Versailles, Berlin 1994 (3. Auflage), S. 138-150.

**Šimečka, Milan (1967)**: Krízia utopismu. O kontinuite a vyústení utopických názorov [Die Krise des Utopismus. Über die Kontinuität und die Ausmündung utopischer Anschauungen], Bratislava.

**Šimečka, Milan (1979a)**: Obnovení pořádku. Příspěvek k typologii reálného socialismu [Die Erneuerung der Ordnung. Ein Beitrag zur Typologie des realen Sozialismus], Köln 1990.

**Šimečka, Milan (1979b)**: Společenství strachu [Gemeinschaft der Angst], in: Prečan, Vilem (Hrsg.), Charta 77, 1977-1989. Od morální k demokratické revolucí. Dokumentace [Die Charta 77, 1977-1989. Von der moralischen zur demokratischen Revolution. Dokumentation], Praha / Brno, S. 99-106.

**Smetáček, Zdeněk (1939)**: O nepolitické politice – tentokrát z Havlíčka [Über die nichtpolitische Politik – Diesmal Havlíček], in: Přítomnost, Jg. 16, Nr. 17 vom 26.04. 1939, S. 253-255.

**Sviták, Ivan (1984)**: Devátá vlna [Die neunte Welle], in: Ders., Nesnesitelné břemeno dějin. Novosvětská symfonie [Die unerträgliche Last der Geschichte. Eine neuweltliche Symphonie], Praha 1990, S. 109-122.

**Svoboda, Emil (1924)**: Práce [Arbeit], in: Naše doba, Jg. 31, Nr. 9, Juni, S. 537-545.

**TASS (1968)**: TASS-Erklärung zur militärischen Intervention in der Tschechoslowakei vom 21. August 1968, in: Meissner, Boris, Die „Breschnew-Doktrin. Das Prinzip des „proletarisch-sozialistischen Internationalismus“ und die Theorie von den „verschiedenen Wegen zum Sozialismus“. Dokumentation, Köln 1969, S. 56-57.

**Uhl, Petr (1979)**: Alternativní společnost jako revoluční avantgarda [Die alternative Gesellschaft als revolutionäre Avantgarde], in: Prečan, Vilem (Hrsg.), Charta 77, 1977-1989. Od morální k demokratické revoluci. Dokumentace [Die Charta 77, 1977-1989. Von der moralischen zur demokratischen Revolution. Dokumentation], Praha / Brno, S. 81-88.

**Vaculík, Ludvik (1968)**: Manifest 2000 slov [Manifest der 2000 Worte]. URL: http://www.svedomi.cz/dokdoby/19680627_dvatisiceslov.htm (Zugriff 25. September 2013).

**Vaculík, Ludvik (1978)**: Poznámky o statečnosti [Anmerkungen über die Tapferkeit], in: Havel, Václav, O lidkou identitu. Úvahy, fejetony, protesty, polemiky, prohlášení a rozhovory z let 1969-1979 [Um die menschliche Identität. Betrachtungen, Feuilletons, Proteste, Polemiken, Erklärungen und Gespräche aus den Jahren 1969-1979], Praha 1990, S. 201-203.

**Všetečka, J. (1907)**: Potřeba vzdělání lidového [Der Bedarf an Volksbildung], in: Vzdělání lidu, Jg. 5, Nr. 18 vom 15.05.1907, S. 271-273.

**Weber, Max (1918)**: Politik als Beruf, in: Ders., Gesammelte politische Schriften, Tübingen 1988, S. 505-560.

## 2. Literaturverzeichnis

**Alan, Josef (2001)**: Alternativní kultura jako sociologické téma [Die alternative Kultur als soziologisches Thema], in: Ders. (Hrsg.), Alternativní kultura. Příběh české společnosti 1945-1989 [Die alternative Kultur. Geschichte der tschechischen Gesellschaft 1945-1989], Praha, S. 9-59.

**Alexander, Manfred (2008)**: Kleine Geschichte der böhmischen Länder, Stuttgart.

**Ash, Timothy Garton (1990)**: Mitteleuropa – aber wo liegt es? in: Ders., Ein Jahrhundert wird abgewählt. Aus den Zentren Mitteleuropas 1980-1990, München 1990, S. 188-226.

**Auer, Stefan (2004)**: Das Erbe von 1989, in: Osteuropa, Jg. 54, Nr. 5-6, S. 31-45.

**Baer, Josette (1998)**: Politik als praktische Sittlichkeit. Zum Demokratiebegriff von Thomas G. Masaryk und Václav Havel, Sinzheim.

**Batscha, Zwi (1994)**: Eine Philosophie der Demokratie. T.G. Masaryks Beginn einer neuzeitlichen Demokratie, Frankfurt/Main.

**Beck, Ulrich (1986)**: Risikogesellschaft. Auf dem Weg in eine andere Moderne, Frankfurt/Main.

**Beck, Ulrich / Hajer, Maarten A. / Kesselring, Sven (1999)**: Der unscharfe Ort der Politik – eine Einleitung, in: Dies. (Hrsg.), Der unscharfe Ort der Politik. Empirische Fallstudien zur Theorie der reflexiven Modernisierung, Opladen, S. 7-20.

**Bednář, Miloslav (1995)**: Die Wertung in Patočkas Konzeption von den drei Grundbewegungen des menschlichen Lebens, in: Bloss, Jochen / Stróżewski, Władysław / Zumr, Josef (Hrsg.), Intentionalität - Werte - Kunst, Husserl - Ingarden – Patočka. Beiträge zur gleichnamigen Prager Konferenz vom Mai 1992, Prag 1995, S. 174-182.

**Bednař, Miloslav (2001)**: Filozofická východiska Masarykova pojetí demokracie, politického jednání a československé státní ideje [Die philosophischen Ausgangspunkte Masaryks Demokratiebegriff, politischen Handelns und der tschechoslowakischen Staatsidee], in: Voráček, Emil (Hrsg.), T.G. Masaryk, idea demokracie a současné evropanství [T.G. Masaryk, die Idee der Demokratie und der gegenwärtige Europäismus], Praha, S. 187-198.

**Bednář, Miloslav (2002)**: Havlíčkův liberální demokratický konzervatismus, česká státní idea a nepolitická politika [Havlíčeks liberal-demokratischer Konservatismus, tschechische Staatsidee und nichtpolitische Politik], in: Ders. (Hrsg.), Karel Havlíček Borovský liberální politik a ekonom [Der liberale Politiker und Ökonom Karel Havlíček Borovský], Praha, S. 13-22.

**Bělič, Jaromír (1940)**: Havlíček a slované. Ideografická studie [Havlíček und die Slawen. Eine ideographische Studie], Praha.

**Bělohradský, Václav (1980)**: Evidence a norma [Evidenz und Norm], in: Ders., Přirozený svět jako politický problém. Eseje o člověku pozdní doby [Die natürliche Welt als politisches Problem. Essays über den Menschen der Spätzeit], Praha 1991, S. 158-178.

**Bělohradský, Václav (1981)**: Krize eschatologie neosobnosti [Die Krise der Eschatologie der Unpersönlichkeit], in: Ders., Přirozený svět jako politický problém. Eseje o člověku pozdní doby [Die natürliche Welt als politisches Problem. Essays über den Menschen der Spätzeit], Praha 1991, S. 61-125.

**Bělohradský, Václav (1984)**: Přirozený svět jako politický problém [Die natürliche Welt als politisches Problem], in: Ders., Přirozený svět jako politický problém. Eseje o člověku pozdní doby [Die natürliche Welt als politisches Problem. Essays über den Menschen der Spätzeit], Praha 1991, S. 147-157.

**Bermes, Christian (2002)**: „Lebenswelt" (1836-1936). Von der Mikroskopie des Lebens zur Inszenierung des Erlebens, in: Archiv für Begriffsgeschichte, Bd. 44, S. 175-197.

**Bollenbeck, Georg (1994)**: Bildung und Kultur. Glanz und Elend eines deutschen Deutungsmusters, Frankfurt/Main / Leipzig.

**Bolton, Jonathan (2012)**: Worlds of dissent. Charter 77, The Plastic People of the Universe and Czech Culture under Communism, Cambridge / Massachuetts / London.

**Borchmeyer, Dieter (1997)**: Politische Betrachtungen eines angeblich Unpolitischen, in: Thomas Mann Jahrbuch, Nr. 10, S. 83-105.

**Braun Eberhard / Heine, Felix / Opolka, Uwe (2008)**: Politische Philosophie. Ein Lesebuch: Texte Analysen, Kommentare, Reinbeck.

**Brenner, Christiane (2009)**: „Zwischen Ost und West". Tschechische politische Diskurse 1945-1948, München.

**Broklova, Eva (1992):** Československá demokracie. Politický systém ČSR 1918-1938 [Die tschechoslowakische Demokratie. Das politische System der ČSR 1918-1938], Praha.

**Brykalska, Maria (1995):** Praca organiczna i praca u podstaw [Die organische Arbeit und die Arbeit an den Grundlagen], in: Bachórz, Józef / Kowalczykowa, Alina (Hrsg.), Słownik literatury Polskiej XIX. wieku [Wörterbuch der polnischen Literatur des 19. Jahrhunderts], Wrocław, S. 775-778.

**Bujnicki, Tadeusz (1992):** Pozytywizm [Der Positivismus], Warszawa.

**Casteyger, Curt (2005):** Europa zwischen Spaltung und Einigung. Darstellung und Dokumentation 1945-2005, Bonn (überarbeitete Neuauflage).

**Císařovská, Blanka (2006):** Charta 77, in: Kocian, Jiří (Hrsg.), Slovníková příručka k československým dějinám 1948-1989 (Kapitola XV: Protirežimní aktivity) [Handwörterbuch zur tschechoslowakischen Geschichte 1948-1989 (Kapitel XV: Antiregimeaktivitäten)], Praha, S. 21-27. URL: http://www.usd.cas.cz/UserFiles/File/Publikace/Prirucka48_89.pdf (Zugriff 25. September 2013)

**Císařovská, Blanka / Prečan, Vílem (Hrsg.) (2007a):** Charta 77: Dokumenty 1977-1989, sv. 1-2 [Charta 77: Dokumente 1977-1989, Bde. 1-2], Praha.

**Císařovská, Blanka / Prečan, Vílem (Hrsg.) (2007b):** Charta 77: Dokumenty 1977-1989, sv. 3 [Charta 77: Dokumente 1977-1989, Bd. 3], Praha.

**Conze, Werner (1972):** Arbeit, in: Brunner, Otto / Conze, Werner / Koselleck, Reinhart (Hrsg.), Geschichtliche Grundbegriffe, Bd. 1, Stuttgart, S. 154-216.

**Dalberg, Dirk Mathias (2009):** Antipolitik, antipolitische Politik und Europa. Václav Havel und György Konrád, in: Berthel, Ralph / Kühne, Eberhard (Hrsg.), Polizeiwissenschaftliches Studium im 21. Jahrhundert. Kritische Bestandsaufnahmen und Visionen, Rothenburg/OL, S. 77-100.

**Dalberg, Dirk Mathias (2012):** „Nepolitická politika". Obsahy a významy [Die nichtpolitische Politik. Inhalte und Bedeutungen], in: Sklenářova, Sylva (Hrsg.), České, slovenské a československé dějiny 20. století VI (Tschechische, slowakische und tschechoslowakische Geschichte des 20. Jahrhunderts VI.], Ústí nad Orlicí, S. 287-294.

**Dalberg, Dirk Mathias (2013):** Die nichtpolitische Politik. Eine tschechische Strategie und Politikvorstellung (1890-1940), Stuttgart.

**Dalos, György (1991)**: Über die Entwicklung der Träume, in: Deppe, Reinhard (Hrsg.), Demokratischer Umbruch in Osteuropa, Frankfurt/Main, S. 182-188.

**Dalos, György (2007)**: 1956. Der Aufstand in Ungarn, Bonn.

**Demetz, Peter (2001)**: Zum Geleit, in: Karel Havlíček. Polemische Schriften, Stuttgart / München, S. 5-8.

**Fach, Wolfgang (2008)**: Das Verschwinden der Politik, Frankfurt/Main.

**Falk, Barbara J. (2003)**: Dilemmas of Dissidence in East-Central Europe, New York.

**Fidelius, Petr (1992)**: Morálka a politika, pokušení a alibi [Moral und Politik, Versuchung und Alibi], in: Literarní noviny, Jg. 3, Nr. 21, S. 3.

**Geierhos, Wolfgang (2013)**: Michail Gorbatschows Weg zur demokratischen Gesellschaft, in: Dalberg, Dirk Mathias (Hrsg.): Die Freiheit des Wortes - Wissenschaft und demokratische Gesellschaft. Festschrift anlässlich des 60. Geburtstags von Herrn Prof. Dr. Anton Sterbling, Rothenburg/OL, S. 161-182.

**Göhler, Gerhard (1990)**: Einleitung: Politische Ideengeschichte – institutionentheoretisch gelesen, in: Ders. / Lenk, Kurt / Münkler, Herfried / Walther, Manfred (Hrsg.), Politische Institutionen im gesellschaftlichen Umbruch. Ideengeschichtliche Beiträge zu einer Theorie politischer Institutionen, Opladen, S. 7-20.

**Grygar, Filip (2004)**: Motivy krize vědy u pozdního Rádla a pozdního Husserla [Motive der Krise der Wissenschaft beim späten Rádl und späten Husserl, in: Hermann, Tomáš / Markoš, Anton (Hrsg.), Emanuel Rádl – vědec a filosof [Emanuel Rádl – Wissenschaftler und Philosoph], Praha, S. 381-409.

**Hain, Radan (1999)**: Staatstheorie und Staatsmacht in T.G. Masaryks Ideenwelt, Zürich.

**Hankiss, Elemér (1990)**: East European Alternatives, Oxford.

**Havelka, Miloš (1994)**: Apolitische Politik, Antipolitik und die mitteleuropäischen Traditionen, in: Gerlich, Peter / Glass, Krysztof (Hrsg.), Bewältigen oder Bewahren. Dilemma des mitteleuropäischen Wandels, Wien, S. 65-74.

**Havelka, Miloš (1997)**: TGM a český Liberalismus [TGM a der tschechische Liberalismus], in: Broklová, Eva (Hrsg.), Sto let Masarykovy České otázky [Einhundert Jahre Masaryks Tschechische Frage], Praha, S. 120-130.

**Havelka, Miloš (1998)**: „Nepolitická politika“: kontexty a tradice [“Nichtpolitische Politik”: Kontexte und Traditionen], in: Sociologický časopis, Jg. 34, Nr. 4, S. 455-466.

**Havelka, Miloš (1999)**: Pojem „antipolitická politika” a jeho proměny [Der Begriff antipolitische Politik und seine Veränderungen], in: Proglas. Revue pro politiku a kulturu, Jg. 9, Nr. 3, S. 14-18.

**Havelka, Miloš (2002)**: Proměny české otázky [Metamorphosen der tschechischen Frage], in: Lakosilová, Jarmila (Hrsg.), Cesta a odkáz T.G. Masaryka. Fakta – úvahy – souvislosti [Weg und Vermächtnis T.G. Masaryks. Fakten – Betrachtungen – Zusammenhänge], Praha, S. 22-31.

**Hejdánek, Ladislav (1983)**: Variace a reflexe na témata vězeňských dopisů Václava Havla [Variationen und Reflexionen zu Themen aus den Gefängnisbriefen Václav Havels], in: Listy, Jg. 20, Nr. 6, 1990, S. 6-19.

**Hejdánek, Ladislav (1993)**: Národ: ideologie či idea [Die Nation: Ideologie oder Idee], in: Rádl, Emanuel, Válka Čechů s Němci [Der Krieg der Tschechen mit den Deutschen], hrsg. von Ladislav Hejdánek, Praha, S. 274-287.

**Hirsch, Helga (1985)**: Vorwort, in: Michnik, Adam, Polnischer Frieden. Aufsätze zur Konzeption des Widerstands, Berlin, S. 7-11.

**Hlušičková, Růžena / Otáhal, Milan (1993)**: Čas Demokratické iniciativy 1987-1990. Sborník dokumentů [Die Zeit der Demokratischen Initiative 1987-1990. Dokumentensammlung], Praha.

**Hoensch, Jörg K. (1992)**: Geschichte der Tschechoslowakei, Stuttgart.

**Hromádka, Josef Lukl (1943)**: Don Quijote české filosofie. Emanuel Rádl (1873-1942) [Der Don Quijote der tschechischen Philosophie. Emanuel Rádl (1873-1942)], Brno 2005 (3. Auflage).

**Janowski, Maciej (2003)**: Gab es im 19. Jahrhundert in Polen eine Zivilgesellschaft? Erste Überlegungen, in: Bauerkämper, Arnd (Hrsg.), Die Praxis der Zivilgesellschaft. Akteure, Handeln und Strukturen im internationalen Vergleich, Frankfurt/Main, S. 293-316.

**Jičínský, Zdeněk / Škaloud, Jan (1996)**: Transformace politického systému k demokracii [Die Transformation des politischen Systems zur Demokratie], in: Šafaříková, Vlasta (Hrsg.), Transformace české společnosti 1989-1995 [Die Transformation der tschechischen Gesellschaft 1989-1995], Brno, S. 50-113.

**Jørgensen, Knud Erik (1992)**: The End of Anti-politics in Central Europe, in: Lewis, Paul (Hrsg.), Democracy and Civil Society in Eastern Europe, New York, S. 32-59.

**Kaplan, Karel (1990)**: Pravda o Československu 1945-1948 [Die Wahrheit über die Tschechoslowakei 1945-1948], Praha.

**Kaplan, Karel (1997)**: Pět kapitol o únoru 1948 [Fünf Kapitel über den Februar 1948], Brno.

**Kaplan, Karel / Paleček, Pavel (2011)**: Komunistický režim a politické procesy v Československu [Das kommunistische Regime und die politischen Prozesse in der Tschechoslowakei], Brno.

**Kárník, Zdeněk (2008)**: Malé dějiny československé (1867-1939) [Die Kleine tschechoslowakische Geschichte (1867-1939)], Praha.

**Kautmann, František (1992)**: T.G. Masaryk a problém národní identity [T.G. Masaryk und das Problem nationaler Identität], in: Masarykův sborník VII. T.G.M a naše současnost (1980) [Masaryk Sammelband VII. T.G.M. und unsere Gegenwart (1980)], Praha, S. 118-127.

**Keane, John (2000)**: Václav Havel. Biographie eines tragischen Helden, München.

**Kilias, Jaroslav (1997)**: Co je „malý národ"? Pokus interpretaci pojmu [Was ist eine „kleine Nation". Interpretationsversuch eines Begriffs], in: Broklová, Eva (Hrsg.), Sto let Masarykovy České otázky [Einhundert Jahre Masaryks Tschechischer Frage], Praha, S. 155-160.

**Kocian, Jiří / Devátá, Makéta (Hrsg.) (2011)**: Únor 1948 v Československu. Nástup komunistické totality a proměny společnosti [Februar 1948 in der Tschechoslowakei. Der Beginn der kommunistischen Totalität und der Veränderung der Gesellschaft], Praha.

**Komárek, Michal (1990)**: Moc mocných [Die Macht der Mächtigen], in: Tvar, Jg. 1, Nr. 32 vom 11. Oktober 1990, S. 1, 4-5.

**Kopeček, Michal (2002)**: Politics, Antipolitics, and Czechs in Central Europe. The Idea of "Visegrád Cooperation" and its Reflection in Czech Politics in the 1990s, in: Bove, Andrew (Hrsg.), Questionable Returns, IWM Junior, Visiting Fellows Conferences, Vol. 12, Wien.
URL: http://www.iwm.at/publ-jvc/jc-12-01.pdf (Zugriff 25. September 2013)

**Korbel, Josef (1977)**: 20th-century Czechoslovakia, New York.

**Kosatík, Pavel (2000)**: Ferdinand Peroutka. Později život (1938-1978) [Ferdinand Peroutka. Das spätere Leben (1938-1978)], Praha.

**Kosatík, Pavel (2010)**: Čeští demokraté. 50 nejvýznamnějších osobností veřejného života [Tschechische Demokraten. Die 50 bedeutendsten Persönlichkeiten des öffentlichen Lebens], Praha.

**Koselleck, Reinhart (1994)**: Revolution, in: Ders. / Brunner, Otto / Conze, Werner (Hrsg.), Geschichtliche Grundbegriffe. Historisches Lexikon zur politisch-sozialen Sprache in Deutschland, Bd. 5, S. 653-788.

**Kremendahl, Hans (1977)**: Pluralismustheorie in Deutschland. Entstehung, Kritik, Perspektiven, Leverkusen.

**Křen, Jan (1992)**: Historické proměny češství [Die historischen Veränderungen des Tschechentums], Praha.

**Křen, Jan (2000)**: Die Konfliktgemeinschaft: Tschechen und Deutsche. 1780–1918, München (2. Auflage).

**Kriseová, Eda (1989)**: O životě a díle Václava Havla [Über das Leben und Werk Václav Havels], in: Havel, Václav, Do různých stran. Eseje a články z let 1983-1989 [In verschiedene Richtungen. Essays und Artikel aus den Jahren 1983-1989], Praha 1989, S. 399-412.

**Kriseová, Eda (1991)**: Václav Havel. Dichter und Präsident. Die autorisierte Biografie, Berlin.

**Kritika & Kontext (1999)**: Jg. 4, Nr. 3-4, 1999.

**Kučera, Martin (2001)**: Několik poznamek k Masarykově teorii politiky [Einige Anmerkungen zu Masaryks Theorie der Politik], in: Voraček, Emil (Hrsg.), T.G. Masaryk, idea demokracie a současné evropanství [T.G. Masaryk, die Idee der Demokratie und der gegenwärtige Europäismus], Praha, S. 79-96.

**Kučera, Martin (2005a)**: Skica vývoje českého politického realismu [Eine Skizze zur Entwicklung des tschechischen politischen Realismus], in: Na pozvání Masarykova ústavu 2 [Auf Einladung des Masaryk-Instituts 2], Praha, S. 21-30.

**Kučera, Martin (2005b)**: Realisté [Die Realisten], in: Malíř, Jiří / Marek, Pavel (Hrsg.), Politické strany. Vývoj politických stran a hnutí v českých zemích a Československu 1861-2004, sv. 1 [Politische Parteien Die Entwicklung politischer Parteien und Bewegungen in den böhmischen Ländern und der Tschechoslowakei 1861-2004, Bd. 1], Brno, S. 373-393.

**Kusin, Vladimir (1979)**: Challenge to Normalcy: Political Oppostion in Czechoslovakia, 1968-77, in: Tőkes, Rudolf L. (Hrsg.), Opposition in Eastern Europe, Baltimore / London, S. 26-59.

**Kusý, Miroslav (2005)**: Masarykovská drobná praca [Masaryks Kleinarbeit], in: Parlamentní kurier Národnej rady Slovenské republiky [Parlamentarischer Kurier des Nationalrates der Slowakischen Republik], Nr. 128, S. 55.

**Loewenstein, Bedřich (2003)**: Die Intellektuellen und die totalitäre Versuchung, in: Ders., Wir und die anderen. Historische und kultursoziologische Betrachtungen, Dresden, S. 15-30.

**Loewenstein, Bedřich (2005)**: Ein tschechischer Denker der Krise. Emanuel Rádl (1873-1942), in: Bohemia, Jg. 46, Heft 1, S. 135-151.

**Lübcke, Poul (1992)**: Edmund Husserl. Die Philosophie als strenge Wissenschaft, in: Ders. / Hügli, Anton (Hrsg.), Philosophie im 20. Jahrhundert. Bd. 1: Phänomenologie, Hermeneutik, Existenzphilosophie und Kritische Theorie, Reinbeck bei Hamburg, S. 68-110.

**Luks, Leonid (1987)**: Dissens in Osteuropa, in: Fetscher, Iring / Münkler, Herfried (Hrsg.), Pipers Handbuch der politischen Ideen, Bd. 5, Neuzeit: Vom Zeitalter des Imperialismus bis zu den neuen sozialen Bewegungen, München, S. 577-588.

**Maier, Hans (1987)**: Der Begriff der Politik, in: Zeitschrift für Politik (ZfP), Jg. 34, Nr. 4, S. 378-382.

**Mandler, Emanuel (1995)**: Intelektuálové na cestě k nepolitické politice [Die Intellektuellen auf dem Weg zur nichtpolitischen Politik], in: Soudobé dějiny, Jg. 1, Nr. 1, S. 65-92.

**Mandler, Emanuel (2004)**: Oba moji prezidenti. Václav Havel & Václav Klaus [Meine beiden Präsidenten. Václav Havel & Václav Klaus], Praha.

**Mandler, Emanuel (2007)**: O Demokratické iniciativě hned dvakrát [Gleich zweimal über die Demokratische Initiative], in: ČS Magazín, März 2007. URL: http://www.cs-magazin.com/index.php?a=a2007031062 (Zugriff 25. September 2013).

**Mandt, Hella (1998)**: Antipolitik, in: Dies., Politik in der Demokratie. Aufsätze zu ihrer Theorie und Ideengeschichte, Baden-Baden, S. 103-117.

**Marschall, Stefan (2005)**: Parlamentarismus. Eine Einführung, Baden-Baden.

**Meissner, Boris (1969)**: Die „Breschnew-Doktrin". Das Prinzip des „proletarisch-sozialistischen Internationalismus" und die Theorie von den „verschiedenen Wegen zum Sozialismus", Dokumentation, Köln.

**Mervart, Jan (2005)**: Český úděl z pohledu konce šedesátých let: několik poznámek k polemice Kundera vs. Havel [Das tschechische Schicksal von Ende der Sechzigerjahre aus betrachtet. Einige Anmerkungen zur Polemik zwischen Kundera und Havel], in: Dějiny-Teorie-Kritika, Jg. 2, Nr. 2, S. 255-266.

**Mervart, Jan (2010)**: Naděje a iluze. Čeští a slovenští spisovatelé v reformním hnutí šedesatých let [Hoffnung und Illusion. Tschechische und slowakische Schriftsteller in der Reformbewegung der Sechzigerjahre], Brno.

**Meyer, Thomas (2009)**: Was ist Demokratie?, Wiesbaden.

**Meyer, Thomas (2010)**: Was ist Politik?, Wiesbaden (3. Auflage).

**Mlynař, Zdeněk (1983)**: Krisen und Krisenbewältigung im Sowjetblock, Köln.

**Münkler, Herfried (1990a)**: Vorwort, in: Machiavelli, Niccolò, Politische Schriften, hrsg. von Herfried Münkler, Frankfurt/Main, S. 13-14.

**Münkler, Herfried (1990b)**: Einleitung, in: Machiavelli, Niccolò, Politische Schriften, hrsg. von Herfried Münkler, Frankfurt/Main, S. 15-47.

**Musil, Jiří (1995)**: Demokracie jako filosofie života a forma vlády [Die Demokratie als Lebensphilosophie und Regierungsform, in: První světová válka, moderní demokracie a T.G. Masaryk [Der Erste Weltkrieg, die moderne Demokratie und T.G. Masaryk], Praha, S. 325-333.

**Novák, Arne / Novák, Jan V. (1995)**: Přehledné dějiny české literatury [Übersichtsgeschichte der tschechischen Literatur], Olomouc (4. Auflage).

**Olivová, Věra (2000)**: Dějiny první republiky [Geschichte der ersten Republik], Praha.

**Olschowsky, Burkhard (2013)**: Revolution statt Revolution. Wirkung und Wahrnehmung der *Solidarność*, in: Osteuropa, Jg. 63, Nr. 5-6, S. 271-281.

**Otáhal, Milan (1994)**: Opozice, moc, společnost 1969-1989. Příspěvek k dějinám „normalizace" [Opposition, Macht, Gesellschaft 1969-1989. Ein Beitrag zur Geschichte der „Normalisierung"], Praha.

**Otáhal, Milan (1998)**: O nepolitické politice [Über die nichtpolitische Politik], in: Sociologický časopis. Jg. 34, Nr. 4, S. 467-476.

**Otáhal, Milan (2006)**: Komunistický režim v období tzv. Normalizace (Kapitola I: Politický režim v Československu) [Das kommunistische Regime in der Zeit der so genannten Normalisierung (Kapitel I: Das politische Regime in der Tschechoslowakei], in: Kocian, Jiří (Hrsg.), Slovníková příručka k československým dějinám 1948-1989 [Handwörterbuch zur tschechoslowakischen Geschichte 1948-1989], Praha, S. 36-40. URL: http://www.usd.cas.cz/UserFiles/File/Publikace/Prirucka48_89.pdf (Zugriff 25. September 2013)

**Otáhal, Milan (2011)**: Opoziční proudy v české společnosti 1969-1989 [Oppositionelle Strömungen in der tschechischen Gesellschaft 1969-1989], Praha.

**Ottmann, Henning (2006)**: Geschichte des politischen Denkens. Bd. 3/1 Die Neuzeit. Von Machiavelli bis zu den großen Revolutionen, Stuttgart.

**Ottmann, Henning (2010)**: Geschichte des politischen Denkens. Bd. 4/1 Das 20. Jahrhundert. Der Totalitarismus und seine Überwindung, Stuttgart.

**Ottmann, Henning (2012)**: Geschichte des politischen Denkens. Bd. 4/2 Das 20. Jahrhundert. Von der kritischen Theorie bis zur Globalisierung, Stuttgart.

**Paczkowski, Andrzej (2013)**: Das „schwächste Glied". Polen unter kommunistischer Herrschaft, in: Osteuropa, Jg. 63, Nr. 5-6, S. 207-222.

**Palonen, Kari (1985)**: Politik als Handlungsbegriff. Horizontwandel des Politikbegriffs in Deutschland 1890-1933, Helsinki.

**Patočka, Jan (1972)**: Die Philosophie der Krisis der Wissenschaften nach Edmund Husserl und sein Verständnis einer Phänomenologie der Lebenswelt, in: Ders., Die Bewegung der menschlichen Existenz. Phänomenologische Schriften II, hrsg. von Klaus Nellen, Stuttgart 1991, S. 310-329.

**Patočka, Jan (1973)**: Die Gefahren der Technisierung in der Wissenschaft bei Edmund Husserl und das Wesen der Technik als Gefahr bei Martin Heidegger, in: Ders., Die Bewegung der menschlichen Existenz. Phänomenologische Schriften II, hrsg. von Klaus Nellen, Stuttgart 1991, S. 330-359.

**Patočka, Jan (1974)**: Heidegger, in: Ders., Texte, Dokumente, Bibliographie, hrsg. von Ludger Hagedorn, Freiburg / München / Prag, S. 397-401.

**Patzelt, Werner J. (2007)**: Einführung in die Politikwissenschaft. Grundriss des Faches und studienbegleitende Orientierung, Passau (6. Auflage).

**Pecka, Emanuel (2000)**: Proměny politické kultury v 60. a 70. letech [Die Veränderungen der politischen Kultur in den 60er und 70er Jahren, in: Ders. (Hrsg.), Politická kultura v ČR [Die politische Kultur in der Tschechischen Republik], Praha, S. 69-98.

**Pernes, Jiří (2013)**: Rückhalt im eigenen Land. Die Kommunisten in der Tschechoslowakei, in: Osteuropa, Jg. 63, Nr. 5-6, S. 191-206.

**Petrusek, Miloslav (2000)**: Masaryk na prahu nového tisíciletí (150 let od narození TGM) [Masaryk an der Schwelle zum neuen Jahrtausend (Zum 150. Jahrestag seiner Geburt], in: Vita nostra revue. Časopis 3. lékarské fakulty Univerzity Karlovy, Jg. 9, Nr. 2, S. 4-11.

**Pinc, Zdeněk (1990)**: Moc mocných, bezmochných a nemocných [Die Macht der Mächtigen, Ohnmächtigen und Leidenden], in: Přítomnost, Jg. 1, Nr. 5, S. 8.

**Pithart, Petr (1977)**: Nečekání na Godota [Das Nichtwarten auf Godot], in: Ders., Dějiny a politika [Geschichte und Politik], Praha 1990, S. 305-325.

**Polák, Stanislav (2001)**: T.G. Masaryk. Za ideálem a pravdou, sv. 2: 1882-1893 [T.G. Masaryk. Ideal und Wahrheit, Bd. 2: 1882-1893], Praha.

**Prečan, Vilem (Hrsg.) (1990)**: Charta 77, 1977-1989. Od morální k demokratické revolucí. Dokumentace [Die Charta 77, 1977-1989. Von der moralischen zur demokratischen Revolution. Dokumentation], Praha / Brno.

**Procházka, Václav (1961)**: Karel Havlíček-Borovský, Praha.

**Putna, Martin C. / Hron Jan (Hrsg.) (2010)**: Rozhovory '36. Stříbrný vítr: výběr z tvorby Šestatřicátníků [Die Gespräche der '36er. Silberwind: Auswahl aus dem Schaffen der Sechsunddreißiger], Praha.

**Raina, Peter (1982)**: Die Intelligenz und die gesellschaftlichen Bewegungen, in: Uschakow, Alexander (Hrsg.), Polen – Das Ende der Erneuerung? Gesellschaft, Wirtschaft und Kultur im Wandel, München, S. 53-70.

**Rataj, Jan (1997)**: O autorativní národní stát. Ideologické proměny české politiky v Druhé republice 1938-1939 [Um den autoritären Nationalstaat. Ideologische Veränderungen der tschechischen Politik in der Zweiten Republik 1938-1939], Praha.

**Reese-Schäfer, Walter (2007)**: Klassiker der politischen Ideengeschichte. Von Platon bis Marx, München / Wien.

**Rezek, Petr (1991)**: Filozofie a politika kýče [Philosophie und die Politik des Kitsches], Praha.

**Ricœur, Paul (1988)**: Jan Patočkas Ketzerische Essais, in: Patočka, Jan: Ketzerische Essays zur Philosphie der Geschichte und ergänzende Schriften, hrsg. von Klaus Nellen, Wien, S. 7-18.

**Rohe, Karl (1990)**: Politische Kultur und ihre Analyse. Probleme und Perspektiven der politischen Kulturforschung, in: Historische Zeitschrift, Bd. 250, S. 321-346.

**Rohe, Karl (1994)**: Politische Kultur. Zum Verständnis eines theoretischen Konzepts, in: Niedermeyer, Oskar / Beyme, Klaus von (Hrsg.), Politische Kultur in Ost- und Westdeutschland, Berlin, S. 1-21.

**Schmidt, Rainer (2001)**: Die Wiedergeburt der Mitte Europas. Politisches Denken jenseits von Ost und West, Berlin.

**Schneider, Emil (1938)**: Politische, religiöse und soziale Fragen bei Karel Havlíček, Karel Sabina und Svatopluk Čech, Prag.

**Sellin, Volker (1993)**: Politik, in: Brunner, Otto / Conze, Werner / Koselleck, Reinhart (Hrsg.), Geschichtliche Grundbegriffe, Bd. 4, Stuttgart, S. 789-874.

**Simmons, Michael (1992)**: Václav Havel. Staatsmann mit Idealen. Eine Biographie, Zürich.

**Skilling, H. Gordon (1976)**: Czechoslovakia's interrupted Revolution, Princeton / New Jersey.

**Skilling, H. Gordon (1989)**: Samizdat and an Independent Society in Central and Eastern Europe, Columbus.

**Schüttemeyer, Suzanne S. (2002)**: Honoratiorenparlament, in: Nohlen, Dieter / Schulze, Rainer-Olaf (Hrsg.), Lexikon der Politikwissenschaft. Bd. 7, München, S. 254.

**Šolle, Zdeněk (1998)**: Století česke politiky. Počátky moderní české politiky od Palackého a Havlíčka až po realisty Kaizla, Kramáře a Masaryka [Ein Jahrhundert der tschechischen Politik. Die Anfänge der modernen tschechischen Politik. Von Palacký und Havlíček bis zu den Realisten Kaizl, Kramář und Masaryk], Praha.

**Sotelo, Ignacio (1987)**: Reformkommunismus, in: Fetscher, Iring / Münkler, Herfried (Hrsg.), Pipers Handbuch der politischen Ideen, Bd. 5, Neuzeit: Vom Zeitalter des Imperialismus bis zu den neuen sozialen Bewegungen, München, S. 454-470.

**Stokes, Gale (1993)**: The walls came tumbling down. The collaps of Comunism in Eastern Europe, New York.

**Ströker, Elisabeth (1999)**: Noema/Noesis, in: Sandkühler, Hans Jörg (Hrsg.), Enzyklopädie Philosophie, Bd. 1: A-N, Hamburg, S. 951-953.

**Šrubář, Ilja (1985)**: Vom begründeten Leben. Zu Jan Patočkas praktischer Philosophie, in: Orth, Wolfgang (Hrsg.), Studien zur Philosophie von Jan Patočka, Freiburg, S. 10-31.

**Suk, Jiří (1997)**: Občanské forum. Listopad-prosinec 1989. 1. díl, události [Das Bürgerforum. November-Dezember 1989. 1. Teil, Ereignisse], Brno.

**Suk, Jiří (2006)**: Občanské forum [Das Bürgerforum], in: Kocian, Jiří (Hrsg.), Slovníková příručka k československým dějinám 1948-1989 (Kapitola XX: Pád komunismu v Československu) [Handwörterbuch zur tschechoslowakischen Geschichte 1948-1989 (Kapitel XX: Der Fall des Kommunismus in der Tschechoslowakei)], Praha, S. 4-7.

**Suk, Jiří (2008)**: Od nemožnosti politiky k politice jako umění možného: Paradoxní život občana Václava Havla v letech 1969-1992 [Von der Unmöglichkeit der Politik zur Politik als Kunst des Möglichen: Das paradoxe Leben des Bürgers Václav Havel in den Jahren 1969-1992], in: Gjuričová, Adéla / Kopeček, Michal (Hrsg.), Kapitoly z dějin české demokracie po roce 1989 [Kapitel aus der Geschichte der tschechischen Demokratie nach 1989], Praha / Litomyšl, S. 16-51.

**Suk, Jiří (2013)**: Politika jako absurdní drama. Václav Havel v letech 1975-1989 [Politika als absurdes Drama. Václav Havel in den Jahren 1975-1989], Praha.

**Suk, Jiří / Vaněk, Miroslav (2006)**: 17. listopad 1989 [17. November 1989], in: Kocian, Jiří (Hrsg.), Slovníková příručka k československým dějinám 1948-1989 (Kapitola XX: Pád komunismu v Československu) [Handwörterbuch zur tschechoslowakischen Geschichte 1948-1989 (Kapitel XX: Der Fall des Kommunismus in der Tschechoslowakei)], Praha, S. 1-3. URL: http://www.usd.cas.cz/UserFiles/File/Publikace/Prirucka48_89.pdf (Zugriff 25. September 2013)

**Sviták, Ivan (1984)**: Devátá vlna [Die neunte Welle], in: Ders., Nesnesitelné břemeno dějin. Novosvětská symfonie [Die unerträgliche Last der Geschichte. Eine neuweltliche Symphonie], Praha 1990, S. 109-122.

**Szporluk, Roman (1981)**: The political thought of T.G. Masaryk, Boulder.

**Thaa, Winfried (2004)**: Zivilgesellschaft – ein schwieriges Erbe aus Ostmitteleuropa, in: Osteuropa, Jg. 54, Nr. 5-6, S. 196-215.

**Tucker, Aviezer (1997)**: Fenomenologie a politika. Od Patočky k V. Havlovi [Phänomenologie und Politik. Von Patočka zu V. Havel], Olomouc.

**Tucker, Aviezer et al. (2000)**: From republican virtue to technology of political power: Three episodes of Czech nonpolitical politics, in: Political Science Quarterly, Jg. 115, Nr. 3, S. 421-445.

**URL 1**: http://www.czso.cz/csu/2008edicniplan.nsf/publ/4220-08-1920___2006 (Zugriff 25. September 2013).

**URL 2**: http://www.hdg.de/lemo/html/DieDeutscheEinheit/WandelImOsten/glasnostUndPerestroika.html (Zugriff 25. September 2013).

**URL 3**: http://www.slovnikceskeliteratury.cz/showContent.jsp?docId=132 (Zugriff 25. September 2013)

**URL 4**: http://www.vaclavhavel-library.org (Zugriff 25. September 2013).

**URL 5**: http://www.dhm.de/lemo/html/wk2/kriegsverlauf/jalta/ (Zugriff 25. September 2013)

**Vašíček, Zdeněk (1990)**: Úskalí nepolitické politiky. Problémy „nepolitické politiky“ Václava Havla [Die Klippen der nichtpolitischen Politik. Probleme Václav Havels „nichtpolitischer Politik”], in: Přitomost, Jg. 1, Nr. 2 vom 27. Juli 1990, S. 8-9.

**Velek, Luboš (2005)**: The political culture of the Czech lands 1848-1918, in: Hułas, Magdalena / Pánek, Jaroslav (Hrsg.), Political culture in Central Europe. Part II: 19. - 20. Century, Warsaw, S. 45-70.

**Vrba, Tomáš (2006)**: Česká alternativní kultura [Die tschechische alternative Kultur], in: Kocian, Jiří (Hrsg.), Slovníková příručka k československým dějinám 1948-1989 (Kapitola X: Věda, školství, kultura a sport) [Handwörterbuch zur tschechoslowakischen Geschichte 1948-1989 (Kapitel X: Wissenschaft, Schulwesen, Kultur und Sport], Praha, S. 87-91. URL: http://www.usd.cas.cz/UserFiles/File/Publikace/Prirucka48_89.pdf (Zugriff 25. September 2013).

**Winkler, Martina (1998)**: Die Krise der Intelligenz: Zur Debatte um die Rolle der tschechischen Intelligenz in der Zeitschrift Přitomnost 1924-1939, in: Bohemia, Jg. 39, Heft 2, S. 297-321.

**Znoj, Milan (2005)**: Realistické pojeti národa [Ein realistischer Nationsbegriff], in: Na pozvání Masarykova ústavu 2 [Auf Einladung des Masaryk-Instituts 2], Praha, S. 9-20.

**Zouhar, Jan / Pavlíncová, Helena / Gabriel, Jiří (2005)**: Demokracie je diskuse ... Česká filozofie 1918-1938 [Demokratie ist Diskussion ... Die tschechische Philosophie 1918-1938], Olomouc.

# VII PERSONENVERZEICHNIS

*Dirk Mathias Dalberg*

# Die nichtpolitische Politik

## Eine tschechische Strategie und Politikvorstellung (1890-1940)

ISBN 978-3-8382-0471-0
442 Seiten, 17 x 24 cm. Paperback.
€ 49,90

Was verbirgt sich hinter dem tschechischen Konzept der *nichtpolitischen Politik* ("nepolitická politika"), das in Deutschland, wohl aufgrund der provokant-widersprüchlichen Formulierung, bislang zu Unrecht nur wenig Aufmerksamkeit gefunden hat? Politik umfasst zwar auch – sollte es aber idealerweise nicht – , was gemeinhin in ihrem Namen getrieben wird: Ewiger Streit, faule Kompromisse, Parteiengezänk, unverbindliche Phrasendrescherei bis hin zu glatten Lügen.

In Tschechien zählt die Idee der *nichtpolitischen Politik* zum Archiv und Laboratorium der politischen Ideen und wurde bislang überwiegend mit Václav Havel in Verbindung gebracht.

Dirk Mathias Dalberg zeigt in seiner Studie auf, dass die Idee einer *nichtpolitischen Politik* älter ist als der tschechische Dissens der Siebziger- und Achtzigerjahre des 20. Jahrhunderts. Ihre Ursprünge reichen bis in die Mitte des 19. Jahrhunderts zurück. Als normative Politikvorstellung, vor allem aber als alternative Strategie zur Erreichung längerfristiger politischer Ziele wie der Erringung und Bewahrung eines eigenen Staates und der Bewahrung der Nation erlebte die Idee der *nichtpolitischen Politik* in den Jahren von 1890 bis 1940 im tschechischen Kontext der böhmischen Länder ihre Blütezeit. Die von der Formulierung in Art eines (rhetorischen) Oxymorons und einer (logischen) *contradictio in adiecto* ausgelösten Assoziationen und damit verbundenen Vorstellungen hatten in dieser Zeit eine besondere politische Relevanz und Sprengkraft.

**Bestellen Sie** per Fax: 0511 26 222 01 | telefonisch: 0511 26 222 00 | online: www.ibidem-verlag.de
in Ihrer Buchhandlung

***ibidem*-Verlag**
Melchiorstr. 15
D-70439 Stuttgart
info@ibidem-verlag.de

www.ibidem-verlag.de
www.ibidem.eu
www.edition-noema.de
www.autorenbetreuung.de

Zeitfracht Medien GmbH
Ferdinand-Jühlke-Straße 7
99095 Erfurt, Deutschland
produktsicherheit@kolibri360.de